启予国学

启予国学丛书

中庸别讲

杨　军 / 著

U0889688

長春出版社
国家一级出版社
全国百佳图书出版单位

图书在版编目(CIP)数据

中庸别讲 / 杨军著. —长春 : 长春出版社,
2020.1(2022.10 重印)
(启予国学丛书)
ISBN 978-7-5445-5740-5

Ⅰ. ①中… Ⅱ. ①杨… Ⅲ. ①儒家②《中庸》–研究
Ⅳ. ①B222.15

中国版本图书馆 CIP 数据核字(2019)第 248544 号

中庸别讲

著　　者:杨　军
责任编辑:孙振波
封面设计:宁荣刚

出版发行:長春出版社　　总编室电话:0431-88563443
编辑室电话:0431-88561184　　发行部电话:0431-88561180
地　　址:吉林省长春市建设街 1377 号
邮　　编:130061
网　　址:www.cccbs.net
制　　版:荣辉图文
印　　刷:吉林省科普印刷有限公司
经　　销:新华书店

开　　本:880 毫米×1230 毫米　1/32
字　　数:220 千字
印　　张:8.75
版　　次:2020 年 1 月第 1 版
印　　次:2022 年 10 月第 4 次印刷
定　　价:35.00 元

目　录

第 一 讲　天命之谓性 / 001
第 二 讲　率性之谓道 / 022
第 三 讲　道也者，不可须臾离也 / 036
第 四 讲　中也者，天下之大本也 / 057
第 五 讲　君子中庸 / 068
第 六 讲　舜其大知也与 / 088
第 七 讲　素隐行怪 / 104
第 八 讲　庸德之行，庸言之谨 / 123
第 九 讲　君子之道 / 142
第 十 讲　哀公问政 / 164
第十一讲　凡为天下国家有九经 / 183
第十二讲　自诚明谓之性 / 199
第十三讲　至诚无息 / 217
第十四讲　愚而好自用 / 231
第十五讲　祖述尧舜，宪章文武 / 251
附　录　《中庸》原文 / 266
跋 / 273

第一讲　天命之谓性

关于《中庸》的书我看得比较少。据金景芳先生讲，古人专门讲解《中庸》的著作大概在一百五十种以上，很多我都没有看过。下面只是粗略地谈一谈我个人对《中庸》的理解。

《中庸》本来是儒家经典《礼记》中的一篇。我们都知道，儒家的《诗》《书》《礼》《易》《春秋》五部经典，合称“五经”。《礼》有“三礼”之说，即《周礼》《仪礼》《礼记》。到了北宋，作为程朱理学开创者之一的程颐非常重视《中庸》这篇文章，把它从《礼记》里面摘出来，单独加以解释，给予其特殊地位。到了南宋，朱熹把《大学》《论语》《中庸》《孟子》合在一起加以注释，这就是非常有名的“四书”了。

《大学》《中庸》《论语》《孟子》称为“四书”，体现着儒家的道统，或者说正统性。《论语》是记载孔子和弟子的言论的。《大学》传说是孔子的弟子曾子所作。《中庸》传说是曾子的学生子思，也就是孔子唯一的孙子孔伋所作。传说孟子是子思的学生，现在有学者考证说年代对不上，因此孟子更可能是子思学生的学生，但可以肯定的是，孟子也属于这一系。那我们就明白了，被称为“四书”的这四本书，实际上是按照一条线索贯穿下来的，四部书的作者基本都存在师生关系，属于一个思想学派。在历史上，儒家的这一派叫“思孟学派”，“思”

指子思，“孟”指孟子。

孔子去世之后，按照史书记载，到了战国时期，儒家就分为八派了，这叫“八家之儒”，其中之一就是子思这一派。宋代以后，一般把思孟学派作为儒家正统。我们可以说，“四书”就是思孟学派的著作。

这篇文章为什么名为“中庸”？中庸是什么意思？古人有三种不同的解释。

第一种，也是最古老的解释，出自东汉著名经学家郑玄。郑玄“遍注群经”，他对《中庸》的“庸”的解释是“用”，因为这篇文章记述的是“中”“和”的作用、应用。“中”“和”两个概念见于《中庸》正文的第一个自然段，我们下面会详细解释。按郑玄的解释，这篇文章的核心就是讲这两个概念的作用的，所以名为“中庸”，就是“中”的作用、应用的意思。但这种解释在宋朝之后就不流行了。

宋朝之后的学者多倾向于两个人的解释，一个是程颐，程朱理学的开创者之一，另一个是朱熹，程朱理学的集大成者。

关于“中庸”的第二种解释出自程颐。程颐讲：“不偏之谓中，不易之谓庸。”所谓“中”，就是“不偏”，不要偏激。什么叫“庸”？就是“不易”，意思是不变化、没有变化。“庸”是不变，是永恒，是一种常态。将“庸”与“中”连起来解释，“中”作为人生的规律，是永恒的，不可改变的也就是说不要偏激是人生永恒的、不变的规律。此书就是谈人生怎样做到不偏激，所以书名为“中庸”。

第三种解释出自朱熹。朱熹说“庸”的意思是平常，平常就是平庸、就是平凡、就是普通。按照朱熹的解释，“中”不是超然物外的东西，也不是艰深的、无法理解的东西，更不是平常见不到的东西，它是在人的日常生活中，平平常常的、随处可见的、一直在发挥作用的人生规律。

宋代以后，特别是明清两朝，在科举考试中，要本着程朱理学的思想论述，所以程颐和朱熹对“中庸”的解释逐渐成为标准答案。直到现在，这种解释也是最流行的。大家都是按照朱熹的解释来理解“中庸”一词的内涵的。

古往今来的儒家学者对《中庸》的“庸”字的理解就是上述三种：第一种解释为“用”，第二种解释为“不易”，第三种解释为“平常”。这三种解释中的后两种还有相通之处。说“中”是可以见于日常生活的一种平平常常的规律，与说“中”是见于生活的一种平平常常的、永恒的、不可改变的、不可放弃的人生规律、哲理的说法好像也差不多。这就是说，朱熹和程颐的解释有相通之处，但是，他们与郑玄的解释是不相通的，是无法调和的。

当年吕绍纲老师给我讲《中庸》的时候，说“庸”不是“不易”，不是“平常”，是“中之为用”。“中庸”就是“中用”，或者是“用中”，即怎么去运用“中”。他说“中庸”也就是“执两用中”，就是“允执厥中”。显然，吕先生是赞同郑玄的解释的。

简单地说，《中庸》的“庸”是用的意思，“中庸”书名的含义是“中”的作用，或怎么去应用“中”。但是我觉得不无问题，有些困惑，等讲到相关部分的时候再说。

这三种讲法有什么区别呢？为什么要纠结书名中的一个字呢？这三种讲法最重要的区别在于会影响我们理解《中庸》内容的整体思路。如果按照郑玄的讲法去理解，“庸”是用，“中庸”就是怎么去运用“中”，那么这篇文就是讲方法论的，是在教我们一些人生处事的方法。如果按照程颐的说法去理解，“庸”是不易、不变，那么本文重点阐释的应该是，“中”这个原则是一种永恒的、不可改变的、放之四海而皆准的真理，属于讲本体论的著作，就很抽象了！如果按照朱熹的解释，“庸”是平常，“中”就在你身边，就在你的生活当中，是平平常常的、平平庸庸的一个东西。人要在生活当中去体会这个“中”，那么这篇文章就变成讲修行、讲修养的了。

按照我老师的解释，我们把“庸”理解为用，也就是说，我们本着方法论的角度去理解《中庸》这篇文章，认为它讲的是一种为人处事或者修养的具体方法。但是，我们还应该清楚，它是从哲学的角度、高度去讲方法的，不是很庸俗地告诉我们这事儿应该怎么做。比如说，你现在开车到路口了，要打转向灯。它不是这么具体地告诉你应该怎么做，而是从哲学的高度给你讲方法。这是《中庸》行文的一个特点，我们要从这个角度去理解，才能明白《中庸》的结构和行文的特殊性。开篇第一句话：“天命之谓性，率性之谓道，修道之谓教。”就是先提升到一个思想的高度，而不是从具体的方法入手。

但是，影响中国思想界数百年的宋明理学不是这么理解的。宋明理学的主流是程朱理学。朱熹把“庸”理解为平常、平庸，理解为日常生活。他是要通过日常生活去参悟天理，要通过这个去悟道。换句话说，朱熹是把这篇文章理解为修炼方法的，后世由此引申出另一套东西，就有点抽象了。

不管怎么说，对于书名的理解不同，导致对这篇文章理解的思路是不一致的，对文章带给我们的启示，对我们人生指导意义的理解，也就完全不一样了。

我下面讲具体内容的时候，百分之七十左右按照第一种思路，就是把它理解为方法论，本着我老师的讲法去讲，大概还掺杂着百分之三四十朱熹的理解。也就是说，我把这两种解释绞缠在一起讲，而不是像刚才这样，把它们分得很清晰。

这是对书名“中庸”两个字的解释，下面进入正文。

第一句话：“天命之谓性，率性之谓道，修道之谓教。”

这句话仅按字面的意思好理解。“天命之谓性”，就是老天赋予你的叫作“性”；“率性之谓道”，“率”是遵循的意思，遵循你的“性”去行动，这些方法、举措叫作“道”；“修道之谓教”，怎么去学习和修养这个“道”，叫作“教”。我这个翻译就是本着程朱理学的理解翻译的，明清两朝也都是这么翻译的，这是字面上的意思。

儒家的经典也好，先秦诸子的经典也好，仅仅将其翻译成白话文是没有意义的，必须进行阐释。

我觉得，学习也好，修养也好，都有一个三段论，因为认识是分不同层次的。就拿学习来说，首先是最低层次，即把字面意思搞清楚，但这仅仅是入门。然后在这个层次上去展开、去分析、去延展，进行详细的分析和考辨，这是第二个层次。第三个层次是由繁入简。大道至简嘛，通过第二个层次的繁，再由繁入简，最后才能真正理解。因此，我们必须经过比较烦琐的讲授，才能对“天命之谓性”有比较深刻的感悟。

首先，我们必须把相关概念的内涵弄明白。这句话里的第一个概念是“天”，第二个概念是“命”，然后是“性”“道”，最后是“教”，一共提出了四个或五个概念。

怎么是四个或五个呢？因为“天命”到底是一个概念还是两个概念，古人的认识不一样。有人说“天命”应该拆开，是两个概念。有人说“天命”是一个概念，是一个词，不能拆开。如果说它是一个词，好理解，就是天道，古人是这么理解的。那么，这句话里面就讲了四个概念：天道、性、道、教。另一种理解，把“天”和“命”拆开，就是五个概念了。我按五个概念来讲。

第一个概念："天"。古人使用"天"这个概念，有下面几种内涵。第一种，就是你抬头看见的这个天，指天体。第二种，指大自然，就是自然界。孔子曾说过："天何言哉？四时行焉，百物生焉，天何言哉？""四时"就是四季。既然孔子说的天与四季的更迭联系在一起，显然这个天指的就是大自然。第三种，指一种崇拜对象，就是我们今天说的老天爷。第四种，就是绝对真理，宇宙的本源。

那么，"天命之谓性"的"天"的内涵是什么呢？《中庸》里面看不出来。但我刚才强调了子思到孟子这一条线的思孟学派，虽然《中庸》里面没有提到什么叫"天"、什么叫"命"，可孟子说了！我们可以参照《孟子》来理解。

《孟子》说："莫之为而为者，天也。莫之致而至者，命也。""莫"是没有的意思，或者指没有谁；"之"是代词，代指这个事情，或者翻译成"的"；"为"是做。"莫之为"，就是说没有谁去做这个事情。"而为者"，这件事却成了。这件事谁也没去干，但这事就成了，这叫作"天"。换句话说，这种事情就要归结到天了。从这个角度去理解，孟子说的"天"，实际上是指宇宙本源，也指一种规律、一种真理。

如果能找得到一个肇始者，那么这件事就不是"天"所为。比如今天温度升高了，是什么原因导致今天温度上升？或者说是谁造成今天的温度上升？是"天"。因为你不知道是谁干的。孟子说的"天"，理解为客观规律、真理，或者理解为老天爷，好像都不错，反正是和人无关的。

第二个概念："命"。按孟子的解释，"莫之致而至者，命也"。意思是，这件事也不知道是谁带来的，反正这事儿就来了，这就叫"命"。能找得到原因的都不叫"命"。比如说，我今天伤风了，我知道是因为昨天穿少了、着凉了。能找得到原因，这不叫“命”。

我们把这两个概念归纳一下，孟子说的“天”“命”实际上是一种规律，也是一种超出人类社会的决定人的力量。把那个力量理解成什么无所谓，但孟子认为，存在一种超出人类社会的力量，它对人类社会和个体的人都能够施加影响，这种东西叫“天”、叫“命”。

至于怎样理解这个力量，儒家的经典里没有探讨。为什么？因为儒家是入世的哲学，再接着探讨这个问题，就出世了，就和人类社会没关系了。那不是儒家要关注的。所以《中庸》仅仅说到这儿，后面就不说了。

所有的宗教都承认有这样一种影响人生的力量，但对这个力量是什么的答案却不一样。按基督教说，这种影响人生的力量就是上帝；按伊斯兰教说，这个力量就是真主；按佛教说，这个力量就是佛。由此可以看出，对这个问题的研究可以说是出世的思想和入世的思想的一个分水岭。儒家是入世的，所以儒家到这儿就停下来了，因为儒家关注的是怎样在今世过得好，走向成功。佛教、道教则沿着这个路子走下去，去研究这个力量的本源，这个力量发挥作用的情况，这个力量的本体，这个力量的运转规律，等等，走向了另一个思路。

当然，孔门弟子也有对这个力量感兴趣的，但孔子给他们泼了冷水。《论语》里记载，子路来请教孔子，让老师给讲讲人死后是怎么回事。孔子说：“未知生，焉知死？”意思是，你都还没弄明白怎么活着，考虑死后的事情有什么用？也可以换一个角度去理解。孔子的意思是，不能真正理解生命的人，又怎么会理解死亡的真谛？

子路也曾请教过一个与此相关的问题。他请孔子讲讲鬼的事情。孔子说：“未知事人，焉知事鬼？”孔子的言外之意是：

你想知道鬼是怎么回事，先把人际关系理顺吧。你还不知道怎么和人相处呢，却去考虑怎么和鬼打交道，有什么用？

子贡说："子之言性与天道，不可得而闻也。"听不到老师给我们解释什么叫"性"、什么叫"天道"，老师不谈这些事。子贡说孔子不谈，言外之意就是孔子有自己的思考和理解，只是不讲而已，不是没有思考过。

孔子为什么不给弟子们讲？因为这与他的整体思路不吻合。孔子要提倡一种入世的哲学、一种入世的修行方法。如果谈那些问题，容易把弟子引导到关注鬼神、天道，关注来自人类社会之外的力量方向，容易走向宗教、走向出世，这显然和孔子提倡的入世精神不吻合。他是怕误导弟子，所以他不回答、不讲。

道家则按出世的方向走下去，研究这种主宰人类社会的力量是什么，本体是什么样子。《老子》开篇第一句就是："道可道，非常道；名可名，非常名。"意思是，可以用语言表述清楚的"道"，不是"常道"，不是宇宙本源、绝对真理，不是主宰人类社会的那个力量。《老子》开篇的第一句话，就表明他关注的是什么问题了。包括《老子》后面讲的，"迎之不见其首，随之不见其后"，"有物混成，先天地生。寂兮寥兮，独立而不改，周行而不殆，可以为天地母。吾不知其名，字之曰道"，"道之为物，惟恍惟惚。惚兮恍兮，其中有象；恍兮惚兮，其中有物"，等等，这些论述，都是对那种力量的思考和研究，也就是孔子所不谈的"天道"。

我们回到孟子的话上来。孟子承认有一种人类社会之外的力量，而这种力量对人生、对人类社会是发挥作用和影响的。儒家的思想到此为止，对于这种力量是什么，不予探讨。正是从这个角度出发，我认为有些人将儒家、儒学称为儒教，是不正确的。儒家不是一种宗教，它不具备宗教应有的特点，它不探讨宗教应该回答的那些问题。儒家是入世的思想，儒家没有出世的理念。

第三个概念："性"。如果按照孟子对"天"和"命"的解释来理解"天命之谓性"，意思是宇宙本源或者人类社会之外的主宰人类社会的力量所赋予人的才叫作"性"，也就是人性。换句话说，人的本性从哪里来？是从人类社会之外的主宰人类社会的力量那里来，是那个力量给你的。这就是"天命之谓性"。

孟子把"天"和"命"都理解为名词。而郑玄把"命"理解为动词，认为"命"的意思是赋予。如果按郑玄的解释来理解，就更直白了。

朱熹的解释和郑玄差不多，朱熹说："命，令也。""令"就是使，也就是赋予。如果按郑玄的解释来理解，"天命之谓性"的意思是，天赋予你的，才叫作"性"。这个"天"是什么？就是绝对真理、宇宙本源，就是超越人类社会的一种力量。用今天最通俗的语言来解释一下，性是与生俱来的，不是后天习得的。或者说，性是先天从娘胎里带来的，不是后天修炼的。

这是《中庸》第一句话中涉及的第三个概念"性"，我们可以简单地理解为人性。说到这里，我们要注意到儒家的一种理念。既然人身上有先天带来的"性"，那么，人身上应该还有一部分东西不是先天带来的，那又是什么？实际上《三字经》开篇——"人之初，性本善，性相近，习相远"就已经提到了，那一部分东西儒家称之为"习"，也就是习染。人生的一切可以分成两大类，要么是先天的，要么是后天的；要么是"性"，要么是"习"。虽然从外表看上去人很复杂，行为、举止、言谈、表情的变化千奇百怪，但是把人生的一切，包括情感、思想、举止等，全涵盖进来，不管他有多大的变化，最终都可以分成这两类：一类是先天的，一类是后天的。

由先天带来的属于人本性的东西，所有人都差不多，都是近似的，这就是《三字经》里说的“性相近”。既然人的本性都差不多，为什么人和人之间的差距却这么大呢？那是由后天的“习”造成的。后天的人的生长环境不一样，所受到的影响不一样，导致了人千差万别，差距巨大。这是“习相远”。

《三字经》完全体现了“四书”的精神。“人之初，性本善”，是孟子的思想；“性相近，习相远”出自《论语》。因为《三字经》是宋朝末年编的，那个时候宋明理学已经占据思想界的主流，思孟学派已经被公认为儒家的正统了。

说人身上那些先天具有的东西叫作“性”，后天习得的叫作“习”，会引发另一个问题：后天“习”的这些东西，人为什么会去学？和人的本性是不是一致的？答案显然是不一定。既然跟人的本性不一致、不吻合，为什么还要去学呢？人为什么要发生改变呢？这个我们后面再谈。

“天命之谓性”，如果将“命”理解为动词，意思是，老天赋予你的叫作“性”；如果把“命”理解为名词，像孟子说的，就是来自人类社会之外的力量所赋予你的叫作“性”。这两种说法差不多，其共同点在于，都是将“天”和“性”区别开，天赋予人“性”，就是人身上那种全体人民都差不多的、先天的东西。

什么叫“天”？这个“天”可以是有神论的，也可以是无神论的。如果将“天”理解为一种人类社会之外的力量，并把这种力量理解为神，那它就是有神论的；如果将这种力量理解为自然规律、客观规律，那它就是无神论的。所以说，儒家到底是有神论的还是无神论的很难说清楚，就看你怎么理解了。

那么天给人什么了？宋明理学家讲，天给人的是“理”，所以叫天理。骂人常说“你没天理”，没天理和没人性是一样的。因为老天给你这个理，你才具有这个性，就是人性；如果身上没有了天理，也就没有了人性，言外之意，就不是人了，因为已经不具备人的基本特点了。所谓人的基本特点，就是得体现老天给你的天理。如果我们从这个角度去理解，“天命之谓性”这句话实际上体现着无神论精神。意思是客观真理的一部分在人身上有所体现，我们每一个人身上先天的、与生俱来的素质里面，都包含着来自绝对真理的内容。也就是说，人内心深处都有一种来自绝对真理的东西，只不过后来我们用人欲把它打压下去了。人的先天本性都是善良的，后来经过“习相染”，恶习、人欲才将天理压制住了。

因为这个原因，宋明理学家提倡一句话：“灭人欲，存天理。”就是将后天习染的那些乌七八糟的东西去掉，把先天本性中的人性的光辉充分展示出来。这就是儒家的修行。

那么，人先天本性中的人性的光辉是什么？就是孟子说的“四端”——仁、义、礼、智，也称“四心”。这些就是属于人本性的东西，是先天的、与生俱来的。

我们后天为什么体现不出这四种美德呢？被个人的欲望所污染了，跟着欲望去行事，这种先天的美德就被压下去了。修行，就是把后天的欲望、物质的需求降低，逐渐破除人欲，然后，人先天的“四端”——仁、义、礼、智这些美好的东西就重新体现出来了，这就是修行的过程。可以说，这就是儒家的修行方法和理论依据。

也有人说，《中庸》讲到了本体论，实际上也是因为“天命之谓性”这句话。这涉及宋明理学另一个非常有名的概念“理一分殊”。我刚才说它有点无神论的性质也是因为这个原因。

老天赋予每个人的这个“理”，就构成了人的“性”。先天的、与生俱来的本性在每个人的身上是差不多的。但是，它虽然相近，却不是统一的、不是相同的。

然后就出现问题了，“性”的本源是一个，都是老天赋予的，为什么还不完全一样呢？还有一些差异呢？难道说老天赋予每个人的是不一样的吗？还是老天给每个人的是一样的，是人自身有所变化？对于这些问题，宋明理学家的答案是：理一分殊。老天给你的“理”都是一个，是一样的，都来自绝对真理，都是绝对真理的派生物，但最后落实到每一个人身上，根据个人的人生经历、生存环境等，才出现了细微的差别。

宋明理学家非常强调这一点，因为“理”是同一个，所以通过对自身人性的感悟，就能认识绝对真理。如果老天给人的“理”千差万别，那就不具备可通性了！如果老天给我的真理是这样的，给他的真理是那样的，我俩就没法交流，也没有办法参悟了，所以必须认为“理”是一个。

正因为天理是一个，并且天理赋予在人身上，人先天就具有这个东西，所以你才能通过认识自己的性，认识自己的本心，认识自己的本来面目。因为在你的身上，有绝对真理留下的影子。把自己身上的这个印记参明白了，就能悟到绝对真理！

这也是宋明理学家受到后代指责的一个理念。我们今天说宋明理学受佛学影响，很关键的一点就在这里。“理一分殊”这个概念，一般认为受到禅宗月印万川思想的影响。

按禅宗的观念，一阐提皆有佛性，即每个人都有佛性，这就是人的真如本性，人如果能认识到自己的真如本性，就见到了如来，就能明心见性、见性成佛了。为了让人们理解这一点，禅宗提出了月印万川这个有名的比喻。

天上一轮明月，所有江河湖海里面都有这轮明月的倒影，明月就好比是真如本性、真如佛性，就是如来；江河湖海万川里边的月亮的倒影，就是每个人心里边的真如本性。江河湖海里月亮的倒影，不能视为天上的月亮，它俩不能等同。但它俩没有相似性吗？江河湖海里的月亮是天上月亮的倒影，是对它的映射。如果仔细观察江河湖海里的月亮，把它看明白了，实际上也就看明白了天上那个月亮。同样，看清楚了镜子当中的自己，实际上也就知道了真正的自己是什么样子。

佛家讲参禅，为什么从自己身上参？每一个人的心里，每一个人本身，都具有佛性，把自己身上的佛性参透了，明心见性，就能见性成佛，就见到如来了。

解释了禅宗的月印万川的比喻后，你会感觉到它和宋明理学的“理一分殊”概念非常像，所以后代一直批判宋明理学的“理一分殊”概念是抄佛家禅宗的。金景芳先生为什么对朱熹极不认同？就是因为他认为朱熹受佛学思想影响太深，是本着佛教思想来解释儒家经典的，把儒家经典讲歪了。

我年轻的时候也一直是这么认为的，因为绝大多数学者的书里面都是这么写的。但最近几年我有了一个不同的思考。这种阐释方法可能是受到佛教阐释方法的影响，修辞、行文、表述可能是受到佛教的影响。但要说这种思想是从佛教借鉴来的，儒家骨子里没有，好像不对。我们读《大学》《中庸》就会感觉到，这种思想是《大学》《中庸》里原本包含的。因此，应该是在先秦时期的儒家思想中就已经存在了，那个时候中国还没有佛教。我想，儒家应该是在形式上、表述方式上借鉴了佛教的一些描述方法，为的是把这个事儿说得更清楚。但实际上，这个思想是儒家本来就有的，不是连这个思想都是从佛教移植过来的。

我们上面讲的，实际上已经涉及一个《中庸》原文中没有出现的重要概念——“理”。前面也提到，还有一种理解，把“天命”理解为天道。如果这样理解，那么这句话的内涵就完全不一样了。“天命之谓性”，意思是“天道”就是“性”，这两个概念是一回事，“天道”等于“性”。这与前面我们讲的对这句话的理解思路完全不同。

第一种理解是说，老天赋予你的那个东西，在你身上体现出来的那个东西叫“性”，“天”和“性”是两回事，是两个东西。“天”，不管你怎么理解，它都是在人类社会之外的，“性”是它在人身上的体现。第二种理解把“天命”理解为一个词，“天命”就是天道。结果是，天道就是“性”，天道就是人性。换句话说，人性和天道是完全吻合的。按第一种理解，人性和天道不完全吻合，“理一分殊”，人的“性”来自天道，但又不是天道。老天赋予的这个东西，在我们身上有所体现，但在我们身上体现的这个东西，并不是天本身，不是天理本身，而是它的一个映射。但是如果按照第二种理解，它俩就直接画等号了。这两种理解是截然不同的，导致其人生观、世界观、方法论完全不一样。

我先说第二种理解，因为这种理解不太流行，我在这里略做解释，后面就不再提了。后面我基本会本着第一种说法来讲。

如果说天道就是人性，那么人身上那种先天的东西就是天道，就是天理。这样理解的话，“性”就是一个非常高的概念了。既然人身上体现的这种先天的东西就是天理本身，那么，在我通过修养把后天习染去掉之后，我是什么？人的先天本性即天道本身，因为受到后天的习染，才存在与天道的差异，才表现出人的诸种特点，才与天道不一致了，通过修养把后天习染的东西去掉，剩下的不就只是天道了吗？这时的你不就是天道了吗？你就是天理本身，你就是天道。南宋陆九渊讲："吾心即宇宙，宇宙即吾心。"王阳明讲："心外无事，心外无理。"实际上他们都是按照这个思路走下去的，源头就在这儿。

如果按照这种理解去修行的话，修行的目的就是向天理的回归；修行的方法必须是向内求，而不能向外求；修行的道路必须是内省式的，不能是事功式的。按照这种修行方法，你要去除习染，要体现天道，那你就成功了。你就不用再去追求知识，追求做事、当官，什么齐家、治国、平天下，都不用考虑了，但这就有点脱离主题了，这是它最大的问题。

按照这个思路，研究讨论的重点必然是"心性"问题，而这完全不切实际。所以古代就流行嘲讽宋明理学家的两句话："平时袖手谈心性，临危一死报君王。"即每天讨论的就是心性修炼，人情礼往、治国安邦一概不会，最后国家要亡了，什么办法也没有，拿不出应对方案来，只能来个尽忠一死了之。这就是人生观、世界观的不同导致方法论的不同。

这样理解"天命之谓性"，会走向比较空虚的路数，所以我们下面不会按照这个讲法去讲。但是我希望大家能知道有这么一种说法，它虽然不是主流，但这一派的思想对中国思想史的影响还是很明显的。

还有一个问题我们必须谈清楚，老天给你的叫性，但是这里面没提到"人"字呀！下一句"率性之谓道"，仍旧没有"人"字。为什么要强调两句话里都没有"人"字？因为如果把它仅仅理解为人的事情，就狭隘了！它的本义是相当宽泛的，内涵是大于人的。宇宙间万事万物都各有属性，这个属性都是老天赋予的。人身上先天具有的那些东西我们叫作人性，是老天赋予的，万事万物也都有一种先天的性质、属性，也都是老天赋予的。这叫“天命之谓性”。

讲到这儿，我们把这个话题放一放，先讲一点《大学》的内容，然后我们才能更深刻地理解为什么《中庸》开篇第一句讲“天命之谓性”。

我个人认为，《大学》和《中庸》是姊妹篇，其内容有连带关系，是相辅相成的。但《大学》更具体，《中庸》在讲到思想层面的时候比《大学》抽象。

《中庸》为什么开篇第一句先从“天命之谓性”讲起?

《大学》的核心是“三纲”“八目”“六证”。“八目”中的第一目是格物，指出人修炼的第一步是格物。“格物”的“物”，可以有两种解释：一种认为是事物，一种认为是人物。这就涉及“格物”是研究人还是研究事物了。朱熹认为“物”是事物，王阳明认为“物”是人。所以，王阳明认为“格物”是研究人、琢磨人，是要把人类社会的事、人生的事想明白；而朱熹认为，“格物”是把所有的事物都弄明白。朱熹要“格”的“物”包括宇宙间的一切事物，王阳明要“格”的“物”却仅仅是其中的一部分，就是其中与人自身相关的那部分事务。王阳明的即使涉及事物，“格”的也不是外在的客观事物本身，而是那些事物在人心中的映射。可以说，王阳明才是纯粹的向内求，因而他讽刺朱熹是“枝枝叶叶外头寻”。

《中庸》的“天命之谓性”，是不分人和物的。如果我们从这个角度重新反思《大学》的“格物”，我们会发现，恐怕朱熹说的是对的。既然“天命之谓性”，老天赋予的都叫作性，既包括人也包括万事万物，那么，格物的时候就既要“格”人性，也要“格”物性，需要“格”的“物”自然就包括宇宙间的所有事物了。格物既是了解人性，又是了解事物的规律，这样理解才是完整的。

这是我们从“天命之谓性”的角度回过头看《大学》。讲到这里，你也就明白了，《中庸》开篇第一句话先讲“天命之谓性”，显然是为了配合《大学》中“八目”的第一目格物，是在告诉你格物的方法和原理。

《大学》讲了人生修养的八个步骤，第一个步骤就是格物。按我们刚才的理解，格物就是要了解人、了解事物，但是了解人和事物的什么？要想全面都了解是做不到的，因为人的时间和精力是有限的。那么应该去把握人和事物的哪一方面呢？我们可能马上会想到，要去把握核心，抓主要矛盾。但主要矛盾是什么啊？《大学》里面没说，但《中庸》里的“天命之谓性”这句话给了启示。我们研究人也好，研究事物也好，重点是要研究它那些先天俱来的属性，而不是后天的习染。为什么呢？“性相近，习相远”，因为不管是人还是事物，先天的属性都是相似的、差不多的，也是简单的，把握了其中一个，就能把握全部。如果研究后天的习惯呢？那是千差万别的，是把握不过来的。所以，格物的重点是“格”先天俱来的东西，这样才能“格”得过来，也才能有用。

我们举个例子，比方说你作为猎人去抓兔子，要“格”的物是掌握兔子的出没规律。但是，你不能去研究每一只兔子的生活规律，那是研究不过来的。挨个儿研究森林里的兔子的生活规律，研究好多天，终于把一只兔子研究明白了，然后把它逮住了，接着你又用半个月时间研究下一只，这样做的效率实在是太低了。你要研究的是所有兔子共同的习性，也就是它们先天的与生俱来的那些共性的东西。这是老天赋予它们的，是绝对不会变的，所有兔子都差不多，将一只研究明白了，基本上就可以用同样的方法对付所有的兔子，这才高效！

格物要“格”先天的那些规律性的东西。我们认识了一个，就能认识这一类事物。格物既是研究事物的方法，也是研究人的方法。全世界的人虽然有六七十亿，但是“天命之谓性”，老天赋予的先天的、与生俱来的那种人性的东西，这六七十亿人都是差不多的。

研究人后天养成的这些东西是研究不过来的。比如说“吃”，中国分八大菜系，再看看外国的那些吃法，这些习惯都是后天养成的，千差万别。你想通过研究这个，做一款食品，全球销售，好像是永远做不到的。你应该研究的是先天的、人性方面的东西。如人类在饮食方面具有哪些天性，这种先天的、深层次的东西，全世界六七十亿人都是一样的。把这个琢磨明白了，你才能真正把餐饮业做好。所以，《中庸》第一句“天命之谓性”，和《大学》是配套的，是从《大学》“八目”的第一目说起，实际上是在教人怎样去格物。

怎么研究？个案解剖式。能解剖明白一个个案，就能明白所有这一类的东西了。能了解一只兔子的先天属性是什么，就能了解所有兔子的先天属性。人也一样，只要想明白一个人的先天属性，就明白了所有人的先天属性，因为大家都差不多。解剖谁？自己！因为你自己也是人啊，想在六七十亿人中找一个个案进行剖析，最方便的、最准确的个案就是我们自己了。

研究人的时候，去解剖别人是很困难的，解剖自己却是清楚的。因为自己有什么想法、有什么情感，可以随时随地进行自我反思、自我剖析。你去剖析别人能行吗？必须他配合你，你去采访他，问：“你现在是怎么想的？”他还得说的是真的，才能去剖析他，这是很困难的！所以想了解人，最好是从了解自己入手，这是儒家的一个出发点。能搞明白自己的本性，也就能理解所有人的本性，因为人性都是相通的。

《大学》讲的儒家修行的第一步就是格物，格物从哪儿做起？“格物致知”的根本是“诚意正心”，即端正自己的意念，端正自己的想法。只有认识自己内心的真实想法，才能认识到人性，才能把自己解剖明白，才能在自己身上找到那种先天俱来的人性层面的东西。然后，以此为思考问题的出发点，去分析其他人、去理解其他人，你才能正确地理解人、正确地理解事物。能做到这一点，你就把人和事儿都想明白了，能想明白才能做明白，才能走向人生的成功。所以说，想明白、做明白的出发点在这儿，“格物”的根本就在“天命之谓性”上。

后代理学家重点谈心性，也不是完全没有道理的。只不过没有和实用结合起来，因此才是错误的。

读《中庸》的第一句“天命之谓性”，我们应该明白，它和《大学》是配合的，是结合着《大学》“八目”的第一目格物来讲的，是对格物的一种提升。《中庸》的思想不好理解也就在这儿，因为需要从理论和哲学的高度来理解，“天命之谓性”，是对格物的提升和升华；但同时还要从方法论的角度来理解，它又是对格物的具体阐释，告诉人应该“格”什么、怎样“格”。所以一开始我就说，《中庸》的特点在于，它是从哲学的高度讲方法论，不是就事论事地讲方法，这是它行文的特点。因此《中庸》才不好理解。第一句话就充分反映出《中庸》行文的这个特点。

“天命之谓性”虽然是两千多年前的古人提出来的，但直到今天，我认为它仍旧具有真理性，仍旧是合理的，是可以照着操作的。

当今学术界有一门专门研究人的学科，叫人类学，这个学科下面有两大分支学科：第一个叫体质人类学，第二个叫文化人类学。体质人类学研究的是人身上先天的、与生俱来的那些属性，就是属于“性”的层面的东西；文化人类学研究的是人后天习得的内容，就是“习”的层面的东西。我们仔细想想，其实《中庸》里讲的和当代学术界的学科划分是吻合的。通过这个例子，我们就能看出《中庸》思想的先进性，也可见中国古人的很多认识是相当超时代的，具有超前精神。

关于“天命之谓性”，最后再谈一个小问题。我不把“天命”理解为一个词，不按照将天道和人性相等同的那种理解去讲，原因主要有两个方面：一方面是老师的传授如此，另一方面是有考古学的证据。

我讲课向来本着传世版本讲，没讲过简帛。我的出发点是，墓葬里面发现的东西，虽是原本，但它失传已久，没有影响过中国人的思想，而传世版本影响了中国人两千年的思想和生活，所以更有意义。

但这里我想提一种简帛文献，这就是在学术界非常有名的郭店楚简。郭店是村名，在今天湖北省荆门市。在这个地方发现了一批竹简，学者研究认定是战国时期楚国人留下的。这一批出土竹简量很大，保存也比较完整，识读出来的文献好像有一万三千多字。里面有儒家的，也有道家的，其中有一篇文献，学者称为《性自命出》，对我们理解《中庸》有非常大的帮助。其中有两句话说得最清楚，“性自命出，命自天降”，说得比《中庸》清楚。相比而言，《中庸》的“天命之谓性”太浓缩了。

“性自命出，命自天降”的意思是，从“天”派生出“命”，“命”体现在人身上才是“性”，这叫“性自命出”。所以，“命”不是“性”，“命”也不是“天”。我讲的对“天命之谓性”的理解有出土文献的佐证。当然，在宋朝以后，宋明理学基本也是这么解释的。因此我才认为，说宋明理学的这种思想抄自佛教，恐怕是不对的，它的表述方法可能受到了佛教的影响，但其阐释的思想是儒家本来就有的。

这是我现在的一个想法，跟多数学者可能不太一致，但我还是坚持认为我这种想法是对的。这种想法还派生出来我另一个想法。我们以前仅注意到宋明理学和宋代以后的儒家思想受到了佛教的影响，却忽视了一个问题，中国的佛教思想也受到儒家思想的影响！从年代次序上讲，是“性自命出”在前，“月印万川”在后，因此我一直怀疑禅宗的很多理念实际上受到了儒家的影响。

第二讲　率性之谓道

《中庸》第一句是最难理解的，越往后面越容易。接着讲“率性之谓道”。

这个“率”字，古人也有两种解释。宋明理学解释为“循”，是沿着的意思。“率性之谓道”，就是沿着人的“性”，顺着人的“性”，符合人的本性，这些方法才叫作道。这是宋明理学的解释，当然主要是朱熹的解释。

金景芳先生重点批判这种解释，而支持另一种解释。他说“率”的意思是率领、先导。你要对你的“性”加以引导，这就叫“率”。

按朱熹的解释，即遵循本性的方法叫作道。那么，是谁遵循本性？人。按金景芳先生的解释呢？引导本性的方法、统领本性的方法叫作道。是谁来引导人的本性呢？不是人，是天。

按金景芳先生这种解释，“天命之谓性，率性之谓道”的主语是“天”，这个词是这两句话共同的主语，意思是老天赋予人的叫作“性”，老天用来引导、先导、统帅你的“性”的东西叫作“道”。我觉得按照金先生这个方法往下去理解，相当绕圈子、相当曲折，想弄明白非常难。所以下面我按朱熹的说法去讲。

“率性之谓道”，遵循人的本性叫作道。人为什么要遵循本性？因为要存天理、灭人欲。为什么要存天理、灭人欲？为了认识规律、认识真理。老天赋予的“命”，在人身上体现出来就是“性”。如果能认识到人的本性，遵循人的本性，就能认识什么是天命。“命”是从“天”、从绝对真理派生出来的，能理解“命”，就能理解这个“天”的派生物、真理的派生物，也就能通过这个派生物认识“天”、认识到绝对真理。

从这个层面来讲，“率性之谓道”也是在讲一种方法论。人要认识自己的本性，明心见性。因为人的本性当中包含着上天赋予的东西，认识到了上天赋予的东西之后，就能通过它认识到真理、认识到规律。

如果用佛家的比喻“月印万川”来讲，明心见性就是要搞清楚、看明白江河湖海里的月亮的倒影。把这个研究明白了，就能通过倒影认识月亮的本体。月亮好比是绝对真理，月亮的倒影是绝对真理的派生物，就是“命”，它在江河湖海里体现出来，那个江河湖海就是人。在人身上体现着绝对真理的影子，如果将自己身上的绝对真理的影子认识清楚了，就能通过这个认识到绝对真理，就能认识到客观规律，就掌握了人生最根本的东西。所以，从这个层面来讲，“率性之谓道”说的是一种修心方法，也是宋明以后儒家提倡的一种修心方法。

如果从方法论的角度来讲，“天命之谓性”是在阐释格物致知。《中庸》这句话是在教你怎么去格物。“天命之谓性”，是站在哲学的高度、理论的高度，指导“格物致知”的方法，而“率性之谓道”又站在理论的高度，指导怎样“诚意正心”。《中庸》的前两句涉及《大学》“八目”的前四目——格物、致知、诚意、正心，可见，它和《大学》是完全配合的。所以我认为《大学》和《中庸》是姊妹篇。

“天命之谓性”，讲的是“格物致知”的方法；“率性之谓道”，讲的是“诚意正心”的方法。这在《大学》里没有展开，而在《中庸》里加以补充。《大学》里没有提到格物致知具体怎么“格”，“格”些什么，所以才有王阳明“格”竹子那个典故。《大学》里也没有讲到具体的“诚意正心”的方法，怎么去“诚”，“诚”些什么？《中庸》在这里给点出来了。

“诚意正心”的核心是你要认识自己的本来面目，要认识自己身上那些先天的、与生俱来的素质是什么，因为那是绝对真理的体现。认识了这些，就能通过这些认识到绝对真理，就能把握住客观规律。“诚意正心”的目的正在于此。

怎么修心，修心体现在哪儿？这就出现了不同的方法。

佛教讲的修心绝对不是从这个角度入手。禅宗二祖慧可找到菩提达摩，说：“吾心不安，来求大和尚安心。”菩提达摩讲：“将汝心来，我为汝安。”从这个对话中我们可以领会到，佛教讲的修心，是对人心境、心态的修炼，是要达到心境、心态的永恒的喜乐平和状态。儒家也讲修心，但目的和方法与佛教完全不同。儒家讲的修心，是要认识自我，并且通过认识人的本性去把握绝对真理和客观规律。

出发点不一样，修心方法自然不一样。为什么呢？因为目的不一样。佛教的目的是出世，是达到涅槃，心如果还乱动怎么能达到涅槃呢？要修到平和喜乐、心如止水、永恒不动，才能进入涅槃那种永恒的状态。儒家是入世的，修心的目的不是成佛，不是涅槃，而是在今世将人生过得更好、更精彩。怎么能在今世走向成功、过得更好？要明白真理、认识规律、把握规律，按规律行事，才能走向成功。

所以，儒家的修心讲的是要通过对自我身上那些真理影子的认识，认识到真理和规律，然后去把握规律，“时止则止，时行则行，动静不失其时”，这样人生才能走向成功。

我认为，佛教和儒家最重要的区别是入世和出世的问题。你修心的目的如果是想达到涅槃，那就用佛教那套方法；你修心的目的如果是想在今世走向成功，那就要用儒家这套方法。

“率性之谓道”，从方法论的角度启示我们修心应该怎么去做。首先要认识到自己身上的“性”，然后遵循这个“性”，这才叫道。如果对“性”的把握不对，没有做到“诚意正心”，那就要走入歧途了。“率”是很关键的，“率”是遵循，但是遵循的道路必须是正确的，才能达到目的，如果遵循的是错的，就走向歧途了。所以《中庸》讲“率性”，就是要遵循“性”，而不是率欲、率情。

人生的修炼应该跟着什么走？从这个角度讲，金景芳先生把“率”讲成先导也是对的，就是“性”在前面引导。跟着这个走，这才叫道。如果“跟着感觉走”，那就错了。感觉不是“性”，是情，跟着七情六欲走，那绝对是错的。人生如果这样处理问题的话，就不符合道了，就不是正道了。正道要“率性”，要遵循人的“性”往前走。

这里也是在给我们讲修心的一个基本方法。这个方法说简单也简单，就两步。第一步，认识到你身上那种先天的东西是什么；第二步，在生活中遵循你身上这种先天的东西的指导。这就需要有一个非常明确的区分。你身上哪些是先天的，哪些是后天的，即“性相近”那部分是什么，“习相远”那部分又是什么。

在儒家看来，没有进行过相关思考和修炼的人，其人生都是困惑的、迷惑的，甚至是误入歧途的、错误的。原因在哪儿？如果不能去参悟和修心，见不到自己身上的本性，即那个先天的、善良的东西，最后的结果必然是，指导你人生的、引导你人生的、“率”着你走的，要么是情，要么是欲。这两条路在儒家看来都是错误的。

我们想想是不是这么个道理，日常做决策时，如果没有从先天本性出发，那么，要么是从情出发，要么是从欲出发。在日常生活中，为人处事，和人接触交往，包括对一些事情的决定，左右你的经常不是情就是欲。

比如，今天明知道这种场合不应该发火，最后还是和人吵了一架，事后自己也非常后悔。毛病出在哪儿？跟着情走了。这就没有做到“率性”，而是“率情”了。

跟着情走的原因是没有能够明心见性。实际上，理智本身就是“性”的体现，你发完火之后为什么会后悔？因为你的理智告诉你，那种场合不应该发脾气。这个理智，就是儒家在《中庸》里讲的“性”，就是人身上先天的东西，是内心当中积淀的那种先天的本性、本能在告诉你不应该发火。但没有经过修炼的人，本性被后天的习染压到底下了，被七情六欲控制住了，结果火就发出去了。情发挥了作用，你就不能认识到自己的本性了，导致做出错误的决定、错误的举动。

如果是循情、率情而行，而不是率性的话，不外乎是这两种结局：要么自己总后悔，人生充满了悔恨；要么就是被所有人讨厌，最后的结果是被边缘化了。这两种情况，不管是哪一种，你的人生都不会成功。如果被大家边缘化，等于是自绝于人类社会了，还怎么可能成功？总后悔、总悔恨，人生就在纠结当中前进，还怎么能走向成功？

还有一种人，他率欲，其出发点不是人的天性、善良本性，而是欲。什么是欲？欲就是贪图得到。这种人每天忙忙碌碌，就是要得到物质利益，满脑子想的都是“这件事对我有什么好处”“我能从中得到什么”“我怎么做才能得到”，把人生的一切都弄得像做买卖似的。这种人给人表面的印象好像思考问题非常理性、非常实际，但仔细一分析，他思考问题的出发点是永远得占便宜。在现实生活当中，这种人往往也会有两种不同的结局。

第一种结局，他也会被大家边缘化。原因很简单，他总是从自己的角度去思考问题，以自我为中心，永远要得、要占便宜。这种人，没人愿意和他接触，更不用说做朋友了。

另一种结局，因为他算计得很精明，所以在短期内也会有一定的成就，但在发展到一定程度之后，要么面临瓶颈，要么会突然之间事业崩溃。为什么？因为大家都抛弃了他。相处时间长了，大家都能认清他是个什么人，结果自然是都离他远远的。另外，人与人之间的关系本来就是双向的、互动的，你以利己的方式对人，他人肯定也会以利己的方式对你。

儒家强调“己所不欲，勿施于人”，原因也就在这里。你自己不喜欢的、不想要的，就不要强加到别人身上，因为你怎么对别人，别人就怎么对你。

如果你思考问题永远从利己出发，那么跟你接触的人，他在考虑和你有关的问题时，也会从利己出发。人生如果把人际关系搞成这个样子的话，事业肯定是要么瞬间崩溃，要么很快达到一个瓶颈，无法超越。

儒家并不否定利己，但是强调在与人接触的过程中，不能完全从利己出发，要有一份利他的心。只有我们自己表现出利他的一面，跟你接触的人也才能体现出利他的一面。从表面上看，你放弃了一部分自我利益，但实际上，你放弃的这一部分利益，导致了他人的利他精神。他人利的那个他就是你，因此他人会保证你的利益，而且在他人保证你利益的情况下，会比你自己保证你的利益做得更到位。所以，细算算，这样做你的利益不仅没有受到损失，好像反而还增加了。人要靠自己保证自己的利益永远是不靠谱的，别人保证你的利益才是靠谱的。

率欲而行的人还有一种可能，就是他四处碰壁。他把“得”看得太重了，用我们今天的话说，眼里只认识钱。这种人有的时候会到处碰壁，因为他没有真正的朋友。

从这个角度去思考你才能明白，《中庸》为什么要提倡“率性”，而不是率情、率欲。如果你不学习儒家的这种思想，没有对人生进行深刻思考的话，你很容易滑向率情、率欲。因为从小经历的教育、人生的经历，都在培养你从情、欲出发思考问题，你每天在社会上生活，接触到的不是情就是欲，结果很容易就按照情或者欲来思考问题。这就是后天的经历对先天智慧的蒙蔽。

只有经过儒家心性修炼的人才会达到真正的理智，才能够理智地遵循“性”去思考问题。不是偶尔一次蒙对了，歪打正着，而是非常清晰地将此作为人生的指南、决策的指南、思考问题的出发点。但是要做到这一步，首先要做到明心见性。换句话说，想要率性，先得知道什么是性。如果认识错了，也容易走向率欲、率情。

为什么孟子非常强调“四端”？就是要告诉我们“性”是什么，让我们别认错了。不要觉得人的自私是人的本性，仁、义、礼、智才是人的本性。

作为儒家心性修炼的第一步，先要对“性”有正确的认识。这是很关键的，这才是《大学》说的“诚意正心”。真正地认识自己的思想和出发点，别模糊、别糊涂，把这个问题看清楚，还要正心，正确地去认识这个问题。只有把老天赋予的与生俱来的东西认识清楚，才能“率性”。

有一位学者对“人不为己，天诛地灭”这句话有了新的理解。他说这个“为”字，读四声就错了，得读二声。“人不为己”的“为”是作为、修为。人若不修炼自己，天诛地灭。这个解释给我留下了非常深刻的印象。读音一变，整句话的意思就完全不同了，成为强调个人修养的了。仅仅就一个读音问题，就看出来学者的重要性了。

“率性之谓道”实际在讲修“诚意正心”的方法。修“诚意正心”分两步：第一步，正确地认识自己的本性；第二步，按照自己的本性去行事。这样说好像很难理解，而且很难做到，举个生活中的例子你就会发现，这是很容易做到的，只不过我们没有去修、没有去做。

比如你走在马路上，有一个乞讨的拦住你，给不给他钱？不管给还是不给，是不是每一个人面对这种场景心里都有给的冲动？这就是“仁”，孟子讲的“四端”之一。“仁者爱人”，这就是人天生的善良本性，这种对他人的爱是老天赋予的，在每一个人内心深处都存在，这才是“性”。

但问题是有人给钱了，有人没给。我们每个人好像都有过没给的时候。仔细琢磨一下，没给的时候心里想的是什么。有人想，是不是骗子啊；有人想，这家伙年轻力壮的，天天在这儿要饭不去工作，给他钱是助长他的懒惰和不劳而获的思想。总之，没有一个人不给钱的理由是认为不应该可怜他。

你总是会有其他的理由，但是仔细想想，那些理由都是社会环境带给你的，都是后天的。为什么怀疑他是骗子？因为真有不少借要饭骗钱的，你可怜他，但最后发现他比你有钱，所以你才不愿意给了，对不对？

这是为什么？因为后天的社会的不正常现象、社会的丑恶现象，把你先天的善良本性给污染了，所以再遇到这样的场景，尽管内心有给钱的冲动，却不肯遵循内心的指导去做了，不“率性”了。这是典型的“性相近，习相远”。

我们再面对乞讨现象的时候，对于给不给他钱就会出现心理斗争。如果按照内心真实的冲动来行动，就是“率性”，就不需要纠结、不需要斗争，就会给。但因为后天的习染让你有了其他的想法，才要进行心理斗争。这种心理矛盾斗争，古人叫作“天人交战”。“天”指老天赋予人的本性，“人”指人后天养成的私欲。实际上，这种心理斗争是你的“性”和你的欲在斗，如果“性”赢得了斗争的胜利，就给钱，这就是率性；如果是欲赢得了斗争的胜利，就不给，这是率欲。跟着欲走之后还要找种种理由，想办法去说服、蒙蔽自己的“性”。

这里讲的是人的正常心态，基本与道德修养没关系，就是普通人正常的一种心态。对任何人来说，有这种矛盾、有这种思想斗争都是非常正常的。儒家的修心修的是存天理、灭人欲。在天人之战中，要让“性”占上风，最终实现“率性”，遵循先天的本性。也就是说，修行是排除后天的影响、遵循内心真实冲动的努力，去掉自己身上后天的污染，使自己的善良本性、人性的光辉充分地体现出来。

刚开始修的时候，你总是会有这种思想斗争。但你力争每次都让天理这方面获胜，习惯成自然，最后你就不纠结、不斗争了，而是完全按照自己内心的冲动去做了，这就是修心。修到这一步，就做到了“率性之谓道”，就符合道义了。

没有修心的人不知道自己的本性是什么。碰见乞讨的，他也是有时候给有时候不给，至于为什么有时候给有时候不给，他没思考过。没有思考、没有修心、没有心性的修炼，所以他认识不到慈爱之心是人的本性。为什么到这个时候你会有这个冲动？这是你善良本性的体现，你得去思考、去参悟、去修，才能真正认识到你的本性。

遵循自己的本性，比认识本性还要难。就拿刚才这个事做例子，可能经我这么一分析，大家现在都明白了，也基本能认同我的说法。人的本性是善良的，我们都有仁爱的本性，因为每次见到乞讨的我们心里确实都有给钱的冲动。认识到人的善良本性后，下次遇到乞讨的就能做到“率性”吗？恐怕还是天人交战吧？你会想：“按杨老师的说法应该给，可这家伙也不像缺钱的啊。”要最后战胜自我的私欲，真正做到率性，是需要一个漫长的修炼过程的。所以，修心得一点点来，一点点进步。

总之，“率性之谓道”谈的是修心方法。《中庸》是站在哲学和理论的高度来谈修心方法的，所以不容易理解。这句话从字面意思上来讲，就是遵循人的本性，这叫作道。遵行本性才能认识到天命，才能认识到客观规律和绝对真理，才能把握客观规律和绝对真理，人生才能走向成功。

“天命之谓性，率性之谓道，修道之谓教”，先是给“性”下定义，老天给你的叫性；然后给“道”下定义，遵循着“性”去行动，这些方法才叫作道；最后是给“教”下定义。这里要强调的是《中庸》给“道”的定义。

儒家的道和老子讲的道内涵是不一样的，不能将两者当作一回事。老子讲道，书是《道德经》，道是他重点阐释的一个方面。儒家也讲道，但你不能把这两个“道”理解为一回事，否则对孔子的思想和老子的思想就没有办法做出正确理解了。我为什么要谈这个问题？这是当下学国学的人常犯的一个错误——不求甚解，按字面意思去理解，最后把古人的思想搅成一锅粥，自己脑子里也一片混乱，根本分不清哪个是哪个。这样学国学，只能越学越糊涂，却不能增长智慧。

《道德经》第一句话“道可道，非常道”先做了一个定义，可以用语言描述清楚的道，就不是常道、就不是绝对真理。换句话说，老子的意思是，绝对真理是无法用语言表述清楚的。老子认为“道”可以指绝对真理，也可以指客观规律。绝对真理叫“常道”，规律性的东西叫“道”。

老子的“道”“常道”两个概念跟《中庸》里面的“道”的内涵完全不一致。《中庸》对“道”的定义是“率性之谓道”。或者说，你能跟着你的本性走，这才叫道。《中庸》的“道”，不是指真理，也不是指客观规律，而是指方法、方法论。

在讲“天命之谓性”的时候我提到，有人将“天命”理解为天道。如果说天命是天道的话，那么天道就是“性”，怎么还能“率性之谓道”呢？天道和“性”画等号了，“率性”本身就是天道了，那怎么这个东西还叫作道？“道”和“天道”这两个概念怎么去区分？还是将二者混为一谈？这是逻辑出现问题了，所以我觉得那种理解是不正确的。

《中庸》中的“天命之谓性，率性之谓道”，谈了两个层面，都是站在哲学的高度去谈方法。第一句话体现了格物、致知的方法。第二句话体现了诚意、正心的方法。格物、致知、诚意、正心是《大学》“八目”中的四个，也是《大学》中阐释的儒家修身的方法。

“格物”“致知”，要求你去认识“性”，这个“性”含人也含事物。“率性之谓道”，也是既含人也含事物。“道”是方法，遵循人的善良本性的方法才是正道、才是正确的方法。有了正确的方法，才能正确地处理问题，人生才能走向成功。这讲的是人类社会的层面，讲的是人与人交往的层面，但是，行文里没有用“人”字加以限定，就是含事物在其中。

必须从两个方面去理解“率性之谓道”。一方面是指，要按照善良本性去和人相处，人生才能走向成功；另一方面，要从事物的本性出发，才能把事情处理明白。“性”分人性和物性，所以“率性”即遵循“性”，既是遵循人性也是遵循物性。前面讲为人，后面讲处事，是两个层面。从为人的层面讲，遵循自己的善良本性去和人相处，才能理顺人际关系；从处事的层面讲，和事物打交道的时候，要遵循事物的本性，才能事半功倍。

比方说，我是农民，种庄稼想让粮食丰收，那就得琢磨明白庄稼的习性，遵循它的习性去播种、管理、收割，才能获得丰收。一样的土地，一样的种子，你就比别人多打粮食，这就是人生走向成功。如果栽的是水稻，你却按照荞麦那样管理，能有收成吗？这叫物性。

率性，不仅指人性，还指物性。当和事物打交道的时候，首先要了解事物的本质、天性。老天赋予它的“性”是什么，然后要符合它的“性”去和它打交道，这样才能把这个事办明白。这也是“格物”的组成部分。所以我认为，朱熹说格物“格”的是事，也是有一定道理的。格物可以分格人、格事两个层面。

各行各业有各行各业的道，这个“道”就是我们俗话说的“门道”，干哪行儿得知道哪行的门道，才能干好。但门道是什么?《中庸》告诉你，就是两个字：“率性”。先要认识到你在和什么东西打交道，认识到这个东西先天的本性是什么，然后按符合它先天本性的方法去处理，就能把这事做明白。

就拿泡茶来说，先要了解各种茶的不同的“性”，大红袍要用 100℃ 开水冲泡，碧螺春就绝对不能用 100℃ 的开水了。知道这些就是对物性的了解，然后用相应温度的水去泡茶，才能泡出好茶来，茶水才好喝，这叫“率性之谓道”。把这些相关问题都弄明白，这才叫茶道。

同样的道理，不管你从事什么行业，不管你和什么事物打交道，不了解这个事物的先天属性是不行的，那事儿就容易办不好。

儒家是入世的学说，它是在教我们人生怎样才能走向成功。当然它是抽象的，它不是关于各行各业的工作手册，它只是给我们一个理论总结。“率性之谓道”这句话对所有行业都有指导意义。你干哪行无所谓，但是你要想找到你这一行的门道，就得“率性”。你的行业是和什么事物打交道，先得把那个事物的先天本性搞明白，然后按照它的先天本性找一种适合它的方法去处理，这样就能干明白。《中庸》对我们的方法论的指导意义就在这里体现出来了。

当然，要想做明白，有一条很重要，《中庸》里没说，《大学》里说了，叫“诚意正心”。得端正你的心，心正才能做明白，心不正的话效果肯定是出不来的。为什么呢？你既知道这个物性是什么，又知道怎样对待它才能做好，可是你心不正，就是不想往好的方向努力，那这事当然办不明白，所以儒家讲“诚意正心”。

比如，我知道应该用100℃水泡大红袍，但我讨厌你，不想给你泡得那么好喝，因此用70℃的水。这个出发点错了，没有做到“诚意正心”，茶肯定是泡不好的。

“修道之谓教”中的“修道”就是学道，去学习这个道就叫“教”。学这个道是学什么？学怎样认识事物和人的本性，并且遵循事物和人的本性去处事、处人。去学这些才叫“教”，这才是真正的教育，这才是教育最核心的内容、最本质的内容。

从这一点反思，我们今天的教育在这个方面是完全缺失的。我们今天的教育，传播的、教的都是知识，或者说是一些具体技能，而没有教人真正的方法论。《中庸》强调，教育、教化最核心的内容、最重要的职能是去学习、去传授这种认识人性和物性并遵循人性和物性的方法，学习这种人生观、这种处理问题的方法。所以，真正的儒家学者，要教人明心见性，教人去认识真理、把握规律，教人怎样按规律办事。

怎样正确地认识人性、物性，并正确地把握？要把这一点作为指导思想，按照这个去行动，按照这个去和人、和物打交道，你的人生才能走向成功，这才是真正的“大人之学”。我们讲《大学》的时候提到过这一点，所以说《中庸》和《大学》是配套的。“修道之谓教”，去修炼这种方法，这才是“教”。

《中庸》的前三句话和《大学》的结合是非常紧密的，谈了三个方面。这三个方面都是方法论，都是站在哲学的高度讲具体方法。第一个方面，“天命之谓性”，紧扣《大学》的格物、致知，讲的是格物、致知的方法。第二个方面，“率性之谓道”，紧扣《大学》的诚意、正心，讲的是修心的方法。第三个方面，“修道之谓教”，紧扣《大学》的修身，讲的是个人修炼的方法。三句话，对《大学》“八目”的前五个——格物、致知、诚意、正心、修身进行总结和归纳，提炼出了儒家修行的总纲领。

我们这里讲的不是具体方案，而是总的指导思想。我们是要通过认识人性、物性去把握规律和真理，并按规律和真理的要求去进行人生的决策，去处理和人、和事的关系。这样才能做好人、做好事，人生才能走向成功。

第三讲　道也者，不可须臾离也

《中庸》第一章：

天命之谓性，率性之谓道，修道之谓教。道也者，不可须臾离也，可离非道也。是故君子戒慎乎其所不睹，恐惧乎其所不闻。莫见乎隐，莫显乎微，故君子慎其独也。喜怒哀乐之未发谓之中，发而皆中节谓之和。中也者，天下之大本也；和也者，天下之达道也。致中和，天地位焉，万物育焉。

“天命之谓性，率性之谓道，修道之谓教”，这一句上一讲已经讲完了。上天赋予的是性，遵循性叫作道，但是遵循性这个事，不是自然而然就能做到的，需要修，然后才能做到，这叫修道。怎么能够“率性”？需要去修。怎样才能按照本性去处事？这种修行叫作“教”，就是教化、教育。

下面这句话是接着前面说的，并开始向下文过渡了。如果分段的话，第一句应该单独做一段，从“道也者”开始为第二段。

道也者，不可须臾离也，可离非道也。

关于这个“道”字，有些书的注解比较复杂，如将“道”

说成天理，说成真理，等等。其实《中庸》原文前面有着对“道”的定义，即“率性之谓道”。前面刚刚给“道”下了定义，做了解释，下一句就涉及“道”这个概念，不可能马上就更换内涵吧。所以这句里的“道”应该理解为“率性”。

“道也者，不可须臾离也”中的“须臾”是片刻的意思。这句话的意思是道是你片刻都离不开的。“可离非道也”，是说如果能够离开，能脱离开、不用它，那个东西就不是《中庸》说的“道”了。

按照你先天的本性去处理问题叫作道，这种处理问题的方法，在人生的过程中是时时刻刻都离不开的。如果你能够离开的话，就说明它不是我们现在说的这个道。

这句话有过渡的性质，既照应了前面，是顺着“率性之谓道”说下来的，又已经开始往方法论上过渡了。

前面讲“率性之谓道”，那么接下来就有一个问题了：怎么知道什么是先天本性，什么是后天养成的？当然，前面有一个解释：老天给予你的是“性”，你遵循这个“性”就是道。但问题是，我说不清楚我身上哪些素质是先天的、老天给的，哪些是我后天学来的。《三字经》讲“人之初，性本善”，说人身上善的东西是先天的，恶的东西是后天的，但这并不能得到所有人的认同，毕竟还有“性本恶”说。有的学派认为，人先天本性就是罪恶的，人天生就是要干坏事的。人的善是后天练的、后天学的，因为社会这样要求人。这构成了法家的理论基础。因为人本性是恶的，所以法家主张用严刑酷法把人先天的恶的东西约束住、控制住。

那么，究竟什么东西是先天的？人的本性到底是善是恶？到底哪些东西属于人的本性？

《中庸》的作者也认识到这是一个容易产生分歧的问题，

所以接下来补充了这一句："道也者，不可须臾离也，可离非道也。"不要从善恶的角度和道德的角度去讨论了，而要从实际应用的角度去认识、去理解。看这个东西你能不能抛弃，如果能抛弃，那么它就不是内在的本性，而是后来附加的。这里是提出了一个评判的标准。

不仅人是这样，一切事物都是如此。植物的属性是什么？植物如果离开这些属性就不能存在，就不能称其为植物了，那么，这些属性就是老天赋予它的"性"。这个植物到这个季节就必然开花，这就是老天赋予它的"性"。但是植物自身的形状呢？好像不影响它开花，不影响它生长，也就是说，植物的形状是后天形成的，是可以改造的，所以我们可以人为地对植物进行整形，使它长成我们喜欢的形状，就因为它是后天的、附加的东西，不是它的本性。而到季节开花是不可改变的，是与这种植物不可分离的属性，所以开花是"性"，而形状不是。

评判人身上哪些素质是属于天命的、先天的，就看这些素质能不能抛弃掉，如果你离不开它们，就说明它们是先天的。

这句话既谈了"道"的重要性，也谈了"率性"的标准。"道"重要到什么程度？重要到人生片刻也离不开它。能离得开的就不是"道"，"可离非道也"。"率性之谓道"，遵循你先天的本性叫作"道"。遵循先天本性，这是你生活当中离不开的，用当下的概念说，这就是你的本能，在生活当中体现出来的这些本能才是你的"性"。

人的本能可以分成两个方面：一方面是物质的，一方面是精神的。比如说饿了需要吃，渴了需要喝，这是人离不开的，这是人的物质性的本能。但是这种物质性的本能不是唯独人类才具有的，动物也具有，所以强调这个方面是没有意义的。那么这方面是不是人的本性呢？是不是老天赋予的呢？当然是，因为人无法抛弃，无法与之相分离，人不能不吃、不喝、不睡。但这些方面与动物相同。因此，我们研究它没有意义，至少没有实践意义。

告子讲“食色性也”。食和色固然是人的本性，却不是人类所特有的，不构成人的特殊性，研究这个方面会偏离正确的方向，最后把人降格了，人不再是万物之灵，人和动物看齐了，这是对人的地位的贬低。原因就在于你研究的是所有动物都具备的性质，而不是人特有的属性。

我们生活在人类社会当中，和人相处，探讨“性”的目的是怎样能认识真正的自我，怎么能了解他人，做到《大学》讲的“格物致知，诚意正心”，并由此实现“齐家、治国、平天下”。如果在人类社会里和人打交道，却不研究人的特有属性，而是研究人和动物共同的东西，这不就偏离正确的方向了吗？

所以，《大学》也好，《中庸》也好，探讨人性的时候，都不探讨人性中那些和动物相通的物质层面的属性，重点探讨的是动物不具备的精神层面的属性。把这个层面的属性了解透彻之后，才真正有用，才对人生具有指导意义。

人的精神层面的属性是什么？按孟子讲，就是所谓的“四心”——仁、义、礼、智，这是人先天的属性，精神层面的属性。当然也可以说是道德层面的属性，但我觉得解读为道德层面不太完整、不太全面。“仁”固然可以理解为道德层面，“礼”也可以理解为道德层面，但“义”和“智”恐怕不纯粹是道德层面的，特别是“智”，也就是智慧，好像和道德不是完全对接的，所以我觉得，说精神层面也许更准确一些。

《中庸》下面要探讨的是人片刻也离不开的精神层面的属性，和物质没有关系。要能透彻理解人的精神、思想、心态，才能真正地理解自己、理解他人，才能把人际关系理顺。人身上那些不可片刻脱离的精神层面的属性，才是《中庸》所说的人的本性。遵循这种本性去处理问题才叫作“道”，才是“率性”。

在古代，“道”是一个正面的词，我们今天才有“歪门邪道”这个词，这是负面的。古人提到“道”肯定是正面的，歪门邪道不算道。因此也可以说，“道”是正面的东西，就是和人相处的正确方法。片刻也离不开的和人正确相处的方法才叫作道，要遵循这种正确的方法，也就是遵循先天的本性。这个先天的本性是什么？我们一会儿再展开。

是故君子戒慎乎其所不睹，恐惧乎其所不闻。

这句话古人的解释主要分两大派。多数学者解释成“慎独”，与下面的“故君子慎其独也”相联系。“慎独”这个概念在《大学》里也出现过，是儒家一个很重要的概念，也被理解为一种修行的方法。“慎独”，就是慎重地对待独自一个人的时候。这个独自一个人的时候，不仅仅是指空间，更多的是指思想。

什么是“独”？古人解释为：他人到不了，只有你一个人能到的那个地方叫作“独”。这个屋子里谁都没有，只有你一个人的时候，叫作“独”。但是，屋里有一群人在的时候，你能不能有“独”？也有。因为即使我坐在你的对面，你当下脑海里想什么谁都不知道，这也是一种“独”。所以说“慎独”可以从两个方面去理解。一方面就是当没有他人看到的时候，即没有外在监督的时候，这是人最容易犯错误的时候。这个时候要慎重、要小心，此时正是修行时。另一方面就是指思想，即谁都不知道的那个念头，要慎重地对待。

我们脑海里什么乱七八糟的念头都有，所以儒家才讲“诚意正心”。不要因为脑子里想什么别人不知道，就不管它，任其自便。这是不对的。慎重地对待，就是要修正自己的不好想法，把自己的念头调整到正确的、善的方向上来。这也是“诚意正心”。

所谓“慎独”，就是要慎重地对待脑海中只有自己才知道，别人看不见、不知道的念头。换句话说，就是要监督自己的思想，不要让自己有邪念、恶念，即不仅仅是没有错误的行为，就连错误的想法都不要有。

“慎独”大概有这两种不同的境界。当然，第一种是较低的，第二种是较高的。在没有他人监督的情况下不为恶，这是较低层面。如果要修行到较高层面呢？是在他人都不知道你脑海当中想的是什么的情况下，脑子里也没有恶念、没有不好的想法。

传统的解释，把“君子戒慎乎其所不睹，恐惧乎其所不闻”解释成慎独。“戒慎”也好，“恐惧”也好，讲的都是一种敬畏的心态。这句话的意思是，在没有人看见的时候，在没有人听到的时候，在这样一个“独”的状态下，还能保持一份敬畏之心，仍旧能小心谨慎，这才是君子应该达到的境界。这是传统的解释。

传统的解释固然能和下文的“慎独”联系上，但联系上下文就会发现，它和前面脱节，没什么逻辑关系，因此我更倾向于下面一种解释。就是对我们没有看到的、没有听到的那些事情也保持一份敬畏之心，这才体现出“道也者，不可须臾离也”。

比如说你在高速公路上亲眼看见一场车祸，因为驾驶员没系安全带，结果从车里飞出去了，人摔得惨不忍睹。你看到车祸现场之后心里特别害怕，从此之后，上车一定先系上安全带。这是看见了才知道小心。另一种是听见了才小心谨慎的。听说上回高速公路发生的车祸很惨，就因为超速，以后我可不敢超速了，开车得慢点。这是听见了才知道小心。看见了、听见了才知道谨慎，是较低境界，不是修养的较高境界。明白事理的君子应该“戒慎乎其所不睹，恐惧乎其所不闻”。这个事情在他没有见到、没有听到之前，他就能保持一份敬畏之心，知道小心谨慎。我虽然没有目睹车祸现场，虽然没有听说过车祸的惨状，但我开车就是小心谨慎，保持一份敬畏之心，这才是君子。

我们想一想，实际上车祸的最根本原因十之八九是因为驾驶员麻痹大意，没有保持敬畏之心。觉得自己开那么多年车了，很熟了，可以一边开车一边发微信，结果出事了。好像重大交通事故，车毁人亡的，驾驶员基本都是老司机，新手反而不会出大事，因为他知道自己技术不行，一丝不苟，有着这份敬畏之心。俗话说，“淹死的都是会水的”，说的也是同样的道理。人生的意外往往都是从失去敬畏之心开始的。

上面我们以开车做一个例子而已，其实生活中的每一件事情都应该这样处理。没有看见、没有听见事情的严重后果也能小心谨慎。因为人生的很多事情是看不到、听不到、不可能看见未来的结果的。比如说做买卖。新店刚开张，怎么知道这个店将来是赚是赔？你既看不见又听不见，说别人做买卖赔了、赚了，和你有可比性吗？从这件事上来讲，你就不可能看见、听见未来。

人生大多数的事情是没有办法预知其未来发展态势的。而且你能看见和听到的事情，往往都是人生中次要的、无关紧要的事情。人生中非常重要的事往往是那种“所不睹”“所不闻”的。所以人到决策的时候才困惑，拿不定主意。

怎么能够避免人生中这些不可预见的困境呢？《中庸》告诉我们一个原则，就是要做到戒慎、恐惧，就是对未来、未知保持一份敬畏之心。

人是没有预知未来的能力的，怎么办呢？你做任何事情都要保持一份敬畏之心。能保持敬畏之心，就能小心谨慎。一件事本来是成败各占百分之五十的，如果认认真真、小心谨慎，那这件事情成功的可能性就可能是百分之七八十了。如果这个事情掉以轻心、马虎大意，本来百分之五十的成功可能性一下子就变成百分之二三十了。所以说，保持敬畏心，坚持谨慎小心，是人生走向成功的不二法门。儒家另一部经典《周易》上讲“敬慎不败”，人如果能保持敬畏心并且谨慎小心，就已经使自己立于不败之地了。

《中庸》这句话也是顺着前面往下说的。人先天的本能就是趋利避害，所以要真正做到遵循你先天的那些素质去做事的话，就应该在生活中体现出谨慎和恐惧。这句话也可以反过来说，只有在生活当中戒慎、恐惧，怀着一份敬畏之心处理每一件事情，才能符合先天本性。这句话正着说反着说都成立，互为因果。

这句话还隐含着一个有点神秘色彩的问题：人有没有预见未来的能力。动物有预见未来的能力。地震前老鼠先搬家。如此低级的动物都有对未来的感知能力，人作为万物之灵，能没有吗？因此儒家认为，人先天本性里面有感知未来的能力。

孟子讲，仁、义、礼、智都是人先天具有的，就是“天命之谓性”方面的内容，都属于人的本性。这里尤其需要我们重视的是“智”，按照孟子的说法，智慧也是人类先天具有的，不是后天形成的。所以，求智慧，不应该向外求，而应该向内求。智慧是我们先天具备的美好素质，是后天的习染将它蒙蔽了，所以我们才感觉自己没有智慧了。求智慧，就是去掉后天对自己的蒙蔽，使先天具有的智慧浮现出来。所以我们提到智慧的时候，都是说开启智慧。

现在，我们每个人都想要智慧，然后就找地方报个班学习，这是典型的向外求。智慧是学不来的。我以前反复强调，凡是能学来的都属于知识的范畴。知识、技能、方法都可以通过学习获得，但智慧是学不来的，智慧是修出来的，是悟出来的，这就是《大学》里面讲的“明明德”，通过“格物致知”达到“明明德”的境界，人本身具有的智慧就会显现。所以，要追求智慧的话，就需要去修，需要按照《大学》《中庸》讲的方法去修，学是学不来的，这才是“明明德”里面最重要的一个环节。

我们以前对儒家学说有一些误解，认为儒家就是强调道德修养的。因为我们忽视了孟子所说的“四心”中还包含“智”。一提到孟子，我们就会想到“讲道德，说仁义”，这种理解是片面的。孟子认为智慧是人先天具有的。那么怎样才能修出来智慧？《大学》讲“明明德”，讲“格物致知”，没有讲具体方法，《中庸》开始切入这个层面。

在我看来，修智慧的第一步是戒慎、恐惧。对所有的事情都保持一份敬畏之心，时间长了，先天的智慧就能浮现出来，再遇到事情，思路自然开阔，自然有办法，这就是先天智慧的体现。要想做到这一步，首先得“戒慎乎其所不睹，恐惧乎其所不闻”，对人生遇到的每一件事情都要保持敬畏之心。

人生重大的事情，往往都是没法看见、没法听见的，如果你都需要看见、听见之后才知道小心，那么，在人生的关键时刻，你恐怕是要翻车的。

比如，现在有两家公司都要我，我去哪家公司呢？如果知道去哪家公司未来发展前景好，你绝对不犹豫，绝对不困惑，直接就去了。因为不知道，所以困惑。最后实在无法抉择，就想算一卦，那显然是没有智慧的体现。孔老夫子说得很清楚："德行亡者，神灵之趋；知谋远者，卜筮之繁。"意思是，没有修道德的人，才趋向于拜神；没有智慧的人，才趋向于算卦。你如果有智慧，能把这事儿参透，就不会求助于算卦了。

人生重大的决策，都是没有办法提前"睹"和"闻"的，因此人生才经常出现困惑，要做出正确的抉择需要智慧。智慧从哪里来？要从一点一滴的修行做起。能保持敬畏之心，慎重认真地对待人生的每一件事情，先天的智慧才能浮现出来。到这个时候你才能看明白，这两家公司到底哪个有前景。

还有一种情况是，这两家公司到底谁有前景，谁也看不明白，但是你如果能保持一份敬畏之心，把先天的智慧修出来，面临这种选择的时候，就会出现一种本能，最后凭本能做出正确的选择。这两家公司让我选择，我就倾向于这一家，没有理由；如果让我去另一家公司，我就是心不安，心里不踏实。最后的结果证明，你的选择是正确的。这就是先天智慧的体现。

我们身上的这种先天的本能，虽然受到压制，受到蒙蔽，却是无法被消灭的，偶尔也会自动地浮现出来。这实际上就是对未来的一种感知，这种感知在人生中经常发挥很重要的作用，帮你做出正确的决策。这种对未来的感知，是人类先天智慧的组成部分。如果人不修行，先天具有的智慧就会被后天的一些东西所蒙蔽，就无法正常发挥作用了。

那么，蒙蔽人先天智慧的是什么呢？有两大类。第一大类是教育。我们从小接受的教育都是提倡理性、排斥感知的。即使我们心里有感知，也不好意思说出来。小孩子的这种感知，几乎都遭到大人的打压。我们在这样的教育氛围下，一步一步地给先天智慧加上遮蔽，最后就把它遮盖得严严实实，显示不出来了。《大学》里讲的“明明德”，就是把这些遮蔽去掉。这是第一大类遮蔽，即不正确的教育。

第二大类是人的情和欲。这个我们在讲《大学》的时候已经提到了，影响人做出正确判断的最大的障碍在于人的情和欲。成语说得好，“利令智昏”，贪利、贪得的心一体现出来，你的智慧就昏掉了；俗话说得好，“意乱情迷”，你的意识之所以出现混乱，是为情所迷。“恋爱中的男人是傻子，恋爱中的女人是疯子”虽然是玩笑，说的也是为情所迷，不会正确思考问题了。这两点是干扰先天智慧的最大障碍，一个情，一个欲。

如果能对所有的事情都保持一份敬畏之心，小心谨慎地处理，情和欲就会被压制到一个较低水平。它对先天智慧的干扰降低了，先天智慧就容易浮现出来。所以，人一旦养成敬畏之心，认真对待每一件事，到了人生的关键时刻，解决问题的方法就出来了，脑子显得比别人灵，这就是先天智慧的体现。

这句话是承上启下的，总结而言，包含两个方面的内容：第一个方面，是教你一个修行的方法。修行要从认真专注地对待每一件事情开始，这样才能修出来先天的智慧。让先天智慧的灵光浮现出来，这就是《大学》里说的“明明德”。第二个方面是讲方法论。那种人离不开的先天本性，最容易在你戒慎恐惧的情况下体现出来，在这种状态下是最容易把握的，也是最容易找到它的。对事情保持一份敬畏之心，认认真真对待的时候，你心里浮现出来的那个东西，往往就是你先天的本性。

莫见乎隐，莫显乎微，故君子慎其独也。

“见”是通假字，读“xiàn”，是表现、显现的意思；“莫”

是没有；“隐”是隐藏。“莫见乎隐”的意思是，没有比隐藏的东西更容易表现出来的。“显”是显现；“微”是细微、细小。“莫显乎微”的意思是，没有比细小的东西更容易显现出来的。“故君子慎其独也”的意思是，所以君子一定要慎重地对待独自一个人的时候。

“莫见乎隐，莫显乎微”这句话如果直接翻译成白话文就是隐藏的最容易体现出来，细小的最容易显现出来。就是你不管怎样去隐瞒，不管这个事儿多么细微，实际上在擅于“格物致知”的人看来，都是表现得非常清楚的，是隐瞒不了的。因此，君子要慎重地对待自己独处的时候。就像我们经常说的，眼睛是心灵的窗户，眼睛是骗不了人的，你心里想隐瞒的东西，最后通过你的眼神就都表现出来了，真正会观察的人，就会发现你心里想的是什么。

《诗经》上讲“他人有心，予忖度之”。意思是他人的心里想法我们都可以猜测出来。你下意识的一些小动作，就直接把你的心态都表露出来了，这叫“莫显乎微”。连想隐瞒的那些东西、那些细小的事情，最终都会让他人看得明明白白，更何况那些未曾想过要刻意隐瞒的东西呢？

这句话也可以做另外一种理解：任何细微的东西都有一种表现形式，善于观察和思考的人，应该会通过细微的东西观察到事物发展的大趋势。古人讲，“见瓶水之冰而知天下之寒”。意思是看见瓶里的水结冰了，就应该知道全天下天气都变得寒冷了。如果掌握了这种观察和思考问题的方法，你就会发现，一切都表现得那么明显、那么明朗。你要不会通过这些细微的东西去观察，可能就会很糊涂。

如果真能做到“格物致知”的话，所有事情都好像是一盆清水，一眼就能看到底，对你来说天下就没有什么难事了，一切问题就都可以迎刃而解了。“莫见乎隐，莫显乎微”要说的就是这样一个道理。

这个道理怎么和前文讲的戒慎、恐惧相结合？要“反求诸己”，到自己身上找原因。学习也好，修养也好，不都是为了改变自己吗？要是明白了这个道理，你肯定得“慎独”，慎重地对待自己一个人独处的时候，戒慎、恐惧，凡事都保持一份敬畏心，不妄图隐瞒，不依靠隐瞒和欺骗，而是做到事无不可对人言，自然就不会有不好的后果了。

“慎独”的第一重境界是，在没人监督的情况下，仍旧保持慎重、保持敬畏。因为“莫见乎隐”，现在是没人看见你，你觉得你“隐”了，瞒住了，但早晚有显露的那一天。

我们举个日常生活中的例子，看人能不能感知到对方的真实心态。比如说，你见到一个朋友，他和你说：哪天聚一聚，我请你吃饭。这种事情我们常常遇到，但谁是真的想请你吃饭，谁只是口头上客气客气，你分不出来吗？这就是“莫见乎隐，莫显乎微”。他们的语言是一模一样的，说得都那么诚恳，可你就是能分辨出来哪个是真想请，哪个就是客气客气，对不对？他虽然语言表达很诚恳，态度也很诚恳，但是他身上总会流露出来一些细微的东西，让你的心感觉到他心不诚，不是真的要请你吃饭。这是一个最简单的例子。

《大学》讲“诚意正心”，要你在和人相处的时候，心要摆正，意念要诚，真诚无伪。因为如果你的意念不诚，你的心不正，你掩饰得再好，人家也会感受到。这是“慎独”的第二个境界，也是《大学》里说的“诚意正心”。

为什么要“诚意正心”？《大学》里没有讲，《中庸》却和你说清楚了，因为“莫见乎隐，莫显乎微”啊，所以要“慎其独”，在这种状态下，你一定要慎重。

独自一个人的时候，这是第一个层面，也是较低层面。在没人监督的情况下，也能够不为恶，这是较低层面。为什么？因为你已经认识到了，没有不透风的墙。你得想一想现在没人看见，将来万一泄露了，这事将给你带来多大的影响。你要明白这个道理，那你就做到“慎独”了。“莫见乎隐”，你要明白这个道理，脑子里就能“诚意正心”了，因为你脑子里有一些不正不诚的念头的时候，人家能感觉到。能做到这一点，就已经是“慎独”的第二个层面，也是较高境界了。要慎重地对待这两种情况，这叫慎独。

“诚意正心”，才能做好“格物致知”，这才是修身，以此为出发点，才能齐家、治国、平天下，这是《大学》讲的方法。《中庸》换了一种表述方法，为什么要“诚意正心”？因为“莫见乎隐，莫显乎微”。你心里的想法，人家能感受到。人家要是感受到了你的乱七八糟的想法，你还能和人家搞好关系吗？还能做到“亲民”吗？你要是连人际关系都理不顺，还谈什么事业，谈什么人生成功？《中庸》实际上说的是同一个事情，只是从另一个层面来解读，同时也是对“戒慎乎其所不睹，恐惧乎其所不闻”的进一步展开。

再换个角度思考这个问题，为什么我们面对每件事情都要怀有敬畏之心呢？因为你不这样，对方就能感觉到。你没有敬畏心，不谨慎、不认真，别人是能感知到的。

做员工的，对待自己的业务，不能够戒慎、恐惧，怀着一颗敬畏心去对待你的本职工作，而是每天糊弄，领导是知道的，是能感受到的。那你在公司还想有好结果吗？反过来也是一样，当老板的对待员工、对待公司的事情没有敬畏之心，员工也是能感受到的。老板都稀里糊涂，员工凭什么给他卖命啊？老板如果这样，想把企业做好基本是不可能的。

在生活中，要在每一件事情上都保持一颗敬畏之心，小心应对。因为你不这样做，人家能感受到，你这样做，人家也能感受到。“古之学者为己”，修身是为自己，不是为他人啊！

也许有人认为：我每一件事情都小心应对，都怀有敬畏之心，多累啊！但是，你这样做了以后，身边所有认识你的人都能感受到你的变化，你肯定会成为一个大家喜欢和信任的人，这就做到了“大学之道，在明明德，在亲民”，你的人脉就容易理顺了。

反过来呢？生活当中的大多数事情，你都采取糊弄的心态，不能做到戒慎、恐惧，那样，你身边的人也是能感受到的。因为“莫见乎隐，莫显乎微”。大家感觉到你待人不真诚，做事不认真，还愿意跟你接触吗？还敢和你办事吗？当你有事的时候还有人愿意帮忙吗？如果你一直是这样处事的，日积月累，你人生的路就越走越窄了，真正的朋友就越来越少了。

这句话是对前面的解读，也是进一步展开，告诉我们儒家的修行方法。那么儒家修行怎么修？从日常生活的点点滴滴入手，保持一份敬畏之心，小心谨慎地对待人生的每一件事情。这也就是《周易》上讲的“敬慎不败”。人生要想立于不败之地，没有别的窍门，就两个字——“敬”和“慎”。“敬”是敬畏，“慎”是谨慎。敬、慎就是“戒慎乎其所不睹，恐惧乎其所不闻”，就是怀着一份敬畏之心，慎重小心地对待人生的每一件事情，这样你的人生就立于不败之地了。

从“是故君子”以下到“慎其独也”是讲儒家的修行方法，我们总结一下这种修行带来的益处。第一个益处是修出先天智慧。一是你脑子会越来越灵活，处事越来越有办法。二是你会具有对未来的感知，也就是预见性。第二个益处是能理顺你的人脉。如果你有非常好的人脉，处理问题有想法、有办法，对未来还有一定的预见性，人生还能有什么问题吗？当然就立于不败之地了。

《中庸》这段话讲的是儒家的基本修行方法。所以我才讲，《大学》是一个宏观的、整体的设计，《中庸》是具体方法，这两篇文章是姊妹篇。

《中庸》越往后越好理解，一开篇拔得特别高，第一句话是站在哲学的高度讲方法论，可以单独做一个自然段。第二个自然段，在哲学的高度加点神秘主义，讲修行的具体方法，高度就降低了一点，我说的“降低”不是指走向庸俗，而是指从哲学的高度逐渐向日常生活切近。但第二个自然段仍旧含有很强的理论性。到下面这个自然段，就直接切入具体的问题了，但是它要说明的还是修行，是对修行的进一步展开，比上一个自然段更加具体。整个《中庸》第一节都难理解，原因就在于它仍旧具有理论性。

喜怒哀乐之未发谓之中，发而皆中节谓之和。

这里是给“中”下定义，切入主题，解释篇名“中庸”的“中”字。

什么叫“中”？“喜怒哀乐之未发谓之中”，就是喜怒哀乐这些情绪没有表露出来之前叫作“中”，表露出来就不叫“中”了。“发而皆中节谓之和”，喜怒哀乐等情绪表现出来了，但都“中节”，即符合一定的度，这叫“和”，就是情绪表达得恰如其分、恰到好处、适度。

切入具体方法，《中庸》先从喜怒哀乐说起，喜怒哀乐是什么？归结一个字，就是“情”。我们前面讲到，蒙蔽我们先天本性的重要因素，一个是情，一个是欲。《中庸》首先提出情，没有谈到欲，为什么？因为欲源于情，欲是从情派生出来的，所以得先从根本问题谈起。

情是情绪，欲是欲望。实际上情和欲是无法截然分开的，所以我们今天常说情欲。你想一想，什么叫乐？就是高兴，这是情，但高兴是怎么产生的呢？因为你的欲望得到了满足，显然情和欲是有连带关系的。你为什么怒呢？因为没有得到满足，或者你的利益受到了伤害。怒这种情绪也和欲有关，要么是你的所求没有得到，要么是你的利益受到了伤害，然后你就生气了。所以说情和欲是无法截然分开的。《中庸》没有谈欲，而是从情谈起，它暗示我们：《中庸》的作者认为，情、欲二字分不开，但根本问题是情。

这就涉及另一个问题：情和欲哪一个才是我们先天的本性。或者说，情和欲到底是先天的还是后天的。我们先说欲。欲望源于哪儿？欲来自不知足，不知足源于攀比。人有攀比心是因为生活在人类社会中，要是把一个人弄到一个荒岛上去，他绝对不会有太多欲望，为什么？没有人可比，只要满足先天的物质需求，有吃有喝，就知足了。所以，欲归根结底是社会造成的，显然是后天的。

将你一个人扔在荒岛上，你会发现你原来的很多欲望都没有了。再爱美的女孩子也不追求穿漂亮衣裳了，穿给谁看啊？衣服功能的三个层面——遮羞、保体、审美，遮羞和审美都是因为和别人在一起才产生的，保体这个功能才是最原始、最根本的需求。一个人在荒岛上，天冷了，得穿厚点儿，但这不是为了给别人看，为的是防寒。这时候就绝不会再讲究什么貂皮裘皮，随便穿什么都行了。那住房呢？你还有必要费大力气给自己盖一栋别墅吗？山洞也能凑合吧？因为没有人可比。很显然，我们的攀比心是社会原因造就的，各种欲望由此产生，这就是社会对我们的习染。

但是，人不能孤独地生活在荒岛上，是和他人生活在一起的。和他人生活在一起就会出现攀比之心，一旦有了攀比心，就会不知足，欲就充分体现出来了，欲一浮现出来，利令智昏，先天的智慧就被遮蔽了。

比如参加同学聚会，我开个十万块钱的车，他开个八十万块钱的车，总觉得自己有点儿没面子。回来后天天想的都是怎么挣钱买车，这成为思考所有问题的出发点。先天的智慧没有了，问题还能客观、准确吗？这就是欲把你的先天智慧打压下去了。显然，欲这个东西是后天的，是人类社会加到我们身上的一个后天习染。

欲构成对先天智慧的遮蔽，所以儒家的修行首先强调要寡欲。我们以前讲《大学》的时候反复强调儒家不是灭欲，而是寡欲。但当时我没有讲儒家为什么不走佛教的路线灭欲，这就涉及刚才我们讲到的问题了。儒家认为，欲和情纠缠在一起，无法截然分开，要想真正做到灭欲，你必须无情。人能无情吗？我们常提到“人情”二字，没有了情，还是人吗？

我们要注意，“喜怒哀乐之未发谓之中”的“中”，在古代与“衷”字相通，“衷”指人的内心。也就是说，《中庸》已经暗示给我们，喜怒哀乐这些情绪发自人的内心，是先天的。既然情是先天的，属于人本性方面的东西，想无情是做不到的，情与欲又无法截然分开，所以不可能完全把欲灭掉，那怎么办呢？把它减少，把它限制在可控的范围内，别让它影响先天智慧，这样我们就达到目的了。

儒家的修行是入世的修行，目的是修出智慧，使人生走向成功。所以，只要欲不影响我们达到目的，也就可以了。所以儒家讲寡欲。

欲有不好的一面，它影响我们的先天智慧，让我们利令智昏，但它也有好的一面，它是你在红尘里奋斗的动力。如果你没有了欲，恐怕你就出世了，就不会入世了。有人也许会说，我什么欲都没有，不想吃好的，不想穿好的，连媳妇都不娶，那你还会奋斗吗？如果每个人都是如此，那么人类社会还能进步吗？

儒家要解决现实问题，要管今世的事，所以不能往出世的方向去。因此儒家讲究寡欲，而不是灭欲。你不能纵欲，因为纵欲就会利令智昏，你的智慧就没了，但是儒家也不强调无欲、灭欲，因为那样很容易走向出世，你就会失去在这个俗世里走向成功的动力。

但接下来就涉及一个问题，我们前面也讲到，你说情是遮蔽先天本性的东西，又说情属于先天本性，那不是先天本性自己遮蔽自己吗？我们要注意《中庸》下文这句话“发而皆中节谓之和”，情是先天本性，如果情的表达控制在一定的范围内，在一定的度里面，就是所谓的合情合理，就不会影响先天智慧了，关键是你不能纵情。纵情、纵欲才会遮蔽先天智慧。

儒家的修行方法最重要的是修心，首先就是要控制自心生出的喜怒哀乐这些情。要尽量让其成为你内心当中的一种感受，而不要随意外放，就是情绪要内敛化，这是一种境界。儒家讲“反求诸己”，实际上讲的就是向内求。从修行方法上，它是内省式的；从修行体验上，它是一种内在的感受，我们将其称之为内敛式的。《大学》主要体现内省，“格物”“致知”“诚意”“正心”，都体现内省；《中庸》讲“喜怒哀乐之未发谓之中”，体现的是内敛。情绪要内敛，不要轻易外放。

有人说，我现在都要气死了，也不能发火吗？这种内敛不就是憋屈自己吗？《中庸》告诉你，发是可以的，这就是另一个境界，“发而皆中节谓之和”，提倡不要轻易外放，但外放不是不可以，只要守着一定的度，不要过分。喜怒哀乐等所谓的“七情”你都可以表现出来，但不要过分。

总之，在控制情上，可以分为两种境界，或是两种控制方法：第一，不要轻易表达，要内敛；第二，不要过分，要适度。轻易表达那叫没修养，过分表达那叫没规矩，甚至是没道理。

先说第一个层面——内敛。喜怒哀乐这些情绪你不要轻易表现出来。不管是什么场合，如果你心中喜悦就笑出来，心里悲哀就哭出来，那么别人会怎么看你？在大家眼里你是不是有点怪异？

比如，我现在正在讲课，妻子来个电话惹我不高兴了，我就开始跟她吵，对着电话吵了半个小时。这么做合适吗？你们对我会是什么印象？所以说，人的情绪要“未发”才叫“中”，不要轻易表现。不是不可以表现，但不能轻易表现。你应该知道什么场合不宜表现，什么场合可以适当表现，这是为人的基本修养。比如，今天你很高兴，就是要笑出来，但你正参加葬礼，能笑出来吗？反过来，你今天参加婚宴，心里忽然想到自己当年结婚都没照婚纱照，而青春无法弥补，突然间悲从中来，你就在人家的婚礼上哭出来吗？情绪要内敛，不能轻易外发。

再说第二个层面——适度。表达自己情绪的时候，还要守着一个“和”字，就是不过分，要适度，要在可控的范围内。怎样才能做到适度？就是要符合礼。礼就是社会行为规范，我们简单地说，就是礼貌。每个人心中都有杆秤，在社交场合，怎么做是有礼貌的，怎么做是不礼貌的，你的喜怒哀乐情绪的爆发、表达，要在礼的范畴之内。或者我们再说得通俗点儿，别让人烦你，情绪地表露不能到让人家讨厌你的程度。所以，对于情，第一个需要注意的是“中”，就是应该情绪内敛，不要随时外放，因为纵情会遮蔽智慧，而且也不符合礼。

第二个需要注意的是“和”。情绪外放的时候，或者说需要表现情绪的时候，要守着礼，要“中节”，符合社会的行为规范。

比方说，今天去参加葬礼，你要适度地表现出悲哀的情绪来。当然这不能伪装，而是从内心对他们失去亲人表示同情，然后你才能表现出这种情绪来。如果你的悲伤情绪是硬装出来的，“莫见乎隐，莫显乎微”，人家家属是能感觉得到的。所以，儒家讲究修一个“诚”字，真诚无伪。本着这种态度去做事，你才能把生活中遇到的事情都处理得十分得体、恰当、妥帖，也才能把人际关系处理好。

《中庸》开篇先从一个最根本的问题入手——“天命之谓性”，喜怒哀乐这些情绪就是老天给你的人的本性。那么，我们接下来就要思考一个问题，“率性之谓道”。你处理问题、与人交往的时候要遵循你的先天本性，也就是说，你要考虑这个“情”字。你能懂人情，你才能合理地和人交往，人际关系才能理顺；你若是不理解这个人情，那你的人际关系是肯定处理不好的。所以接下来开始讲情，因为情属于人的先天本性。

再强调一句，对于欲，儒家的态度是寡欲；对于情，是要守着一个“中”“和”的境界。总之，对二者都不能放纵，修行首先要控制情和欲，因为这是我们先天智慧受到蒙蔽的根源。

第四讲 中也者，天下之大本也

《中庸》这篇文章讲的是“中”的作用、功能。“中庸”就是教我们怎样去用这个“中”，怎样在生活中处理问题的时候，去运用喜怒哀乐这些情绪。既然儒家认为喜怒哀乐等情绪是人的本性，是无法抹杀的，那应该“率性”地利用它，也就是遵循人的本性。

“率性之谓道”中这个“道”指正确的方法，意思是，处理问题的正确方法就是遵循人的本性。而人的本性中包含喜怒哀乐等情，所以我们就应该思考怎样遵循情去处理问题。这才是处理问题的正确方法。换句话说，我们处理人生的各种问题时，一定要考虑到情绪、情感的因素，这样才能把问题想明白，把事情做明白，这才是应对人生问题的正确方法。

中也者，天下之大本也；和也者，天下之达道也。

“本”字最原始的意义是指草木的根，所以我们才说“根本”，“根”和“本”是同义词。“中也者，天下之大本也”，这个“中”，也就是没有表现出来的喜怒哀乐这些情绪，是天下最大的根本。就是说，人世间所有的事，要追溯其终极原因、最根本的原因，就是一个“情”字。人生的一切问题，都出在这个“情”字上。

《中庸》这篇文章引导我们认识人生问题的根源，所以它说“中也者，天下之大本也”。没有表现出来的情绪才是一切问题的根源，别的问题都是在此基础上产生的，都是其派生物。情才是树根，在其上面生成的树干、树枝、树叶都是表面现象，根本原因是情。

解决人生的问题从根本入手。比如说庄稼地里长杂草，如果你只是在地面上做功夫，即使你把草都铲掉了，但没有理会草根，草还会生长。这样处理问题，就是俗话说的治标不治本。解决问题没有从根本上下手，结果是这个问题表面上解决了，实际上根源还在，你还得解决，永无止境。为什么有人会感觉人生的烂事儿处理不完，就是因为他没从根本上解决。

若想从根本上解决问题，你就得参透这个“情”字。要参透人情，从人情的角度去解决问题，才是从根本上解决问题，这样才能一次成功、一劳永逸。这是《中庸》教给我们的方法论，也就是中之为用。

人情是人的本性，是无法灭除和改变的。所以处理问题的时候要考虑到人情，但这是较低层面。那较高层面呢？要学会利用情去解决问题。顺应人情，才能从根本上解决问题。

作为领导，要想把团队带好，根本的是政策得符合人情、符合团队的需要，这样才能得到团队的拥护，政策也才能得到大家的贯彻和执行。国家也是一样。国家的法律法规如果不能顺乎人情，最后的结果肯定是阳奉阴违，贯彻不下去。

管理如果不考虑人情，无论如何加大管理成本，最终的效果都不会理想。管理者如果不考虑人情，自己想怎么办就怎么办，想制定什么规矩就制定什么规矩，结果只能是他的政策、措施难以贯彻落实，用再严厉的处罚，也只能换来大家的阳奉阴违。可惜的是，多数管理者不懂这一点，在制定政策之前并没有将人情作为一种因素考虑进来。

举个最简单的例子，马路上的人行横道也得顺乎人情。交通部门画人行横道，得是大家习惯走的，给大家带来方便的，大家才能遵守交通规则，去走人行横道。如果人行横道的位置极其别扭、蹩脚，那么大家就会在没有人行横道的地方横穿马路。为什么有的地方搞城市绿化，修草坪，最后却被人踩平了？难道只是当地人的素质差吗？在我看来，多半是选址不合人情。

其实，生活中类似的事情比比皆是，管理者在抱怨民众素质差之前，老板在抱怨员工素质差之前，应该先想一想，究竟是员工素质差，还是你制定政策的时候根本没有考虑到人情。作为管理者完全不考虑人情、下情，我行我素，想怎么干就怎么干，就是刚愎自用、独断专行，因此政策想贯彻落实很困难。

不仅人情是这样，物情也是如此。要想把事情办好，还得顺乎物情，格物既是格人情，也是格物情。我以前看过一个报道，说有一个地方的企鹅从海里出来后会到固定的地方去晒太阳。后来，人们在它们长期习惯走的路线上修了条公路。事先人们没有考虑到企鹅的习惯，公路通车之后，企鹅照旧横穿马路过去晒太阳，结果每天都有被车压死的企鹅，企鹅死了无数。而这条路因为总出交通事故而被废弃，最后重修一条公路，绕过了企鹅所走的路。这就是典型的物情。企鹅有什么反抗能力？但它宁可被压死也不改变路线，最后人就没办法了，还得顺应物情，改公路。

我们要想把事情处理好，就得守着这个“情”字去思考问题，既要顺应人情，还要顺应物情。《大学》《中庸》谈的都是做人的学问，所以核心点还是在顺应人情。

人的情，就是喜怒哀乐等情绪，以及人的习惯。换句话说，在较低层面，你要充分考虑到他人的情感、他人的感受；在较高层面，你要善于利用他人的情感，将其引导到正确的方向上，这就是《大学》说的“止于至善”。只有做到这一点，你才能达到“亲民”，才能理顺人际关系。

举个例子，在日常生活中，我们经常涉及给亲戚朋友送礼。礼物的功能就是增进感情，这是最根本的。既然如此，在送礼的时候，你就得考虑送这个东西是否符合他的情感，他是否喜欢。如果不符合他的情，他不喜欢，就白送了！你不了解他的喜怒哀乐，不知道他喜欢什么，不知道送什么他会生气，结果是你抱着增进感情的目的，但有可能送的礼物让人家生气，这样还能增进彼此感情吗？

格物是从了解人的情感入手的，不是先去思考人的道德素质、修养、境界，格物没有那么高深。当然，在这个过程中，你还得做到“诚意正心”，你的出发点得是好的，用上面的例子来说，送礼的出发点是增进感情。

儒家讲诚意正心，然后才是格物致知，这是配套的。首先要诚意正心，不能有恶的想法。若是心不正，格物反而会为恶。如果是一个心不正又能格物的人，那就能办坏事了。出发点就不正，还非常了解你，知道什么事你心里过不了这坎儿，就能气到你。所以讲格物致知必须结合诚意正心，最后的落脚点在“止于至善”，这才是儒家的修养。

顺应人情才能理顺人际关系。可能有人会说，我就是一个普通老百姓，我还需要“格物”吗？我还需要“率性”吗？需要。因为这样你才能理顺人际关系，与身边的人和谐相处。

作为国家、企业，这一点也很重要。政府要了解人情，政策、法规才能得到贯彻落实。古人讲："得民心者得天下。"想得天下应该怎么办？必须先得民心，就是要懂得顺应民情。要顺应民情，先得知道民情是什么，老百姓心里想的是什么，然后才能想明白怎样顺应老百姓的心理，为我所用，最后达到让百姓拥护你、帮你得天下的效果。

做企业也是如此，如果管理者根本不了解员工们的所思所想，不知道员工是什么样的情感，企业管理是不可能搞好的，更不可能赢得员工对企业的忠诚。这是格物用情的另一种境界，是较高层面。

"喜怒哀乐之未发谓之中，发而皆中节谓之和"，可以分为两个层面。第一，喜怒哀乐等情绪是"中"，你要用这个"中"，就得先弄明白这个"中"是什么，就是弄明白人的情绪、情感，然后才能理顺人际关系。第二，你要真正把这个"中"用好，你的情总不发也不行，得"发而皆中节"，达到"和"，你才能做到较高层次、较高境界。

比方说，我们现在的目的就是和某人搞好关系，以前不认识，现在怎么能处好呢？利用情。你跟他喜怒哀乐同步，他喜的时候，你跟他分享快乐；他哀的时候，你跟他分担忧愁。

从我们老百姓的角度来讲，这种方法可以帮你处理好身边的人际关系。实际上，治国、平天下也是这个道理，就是喜怒哀乐与民同之，与百姓分享快乐，为百姓分担忧愁，这样的统治者才能得到百姓真心的拥护。范仲淹的名言"先天下之忧而忧，后天下之乐而乐"说的就是这个道理。从企业管理的角度来讲，老板能和自己的员工同享福、共患难，就能把企业管好，把团队带好。所以说，治国、平天下的道理皆在其中。

儒家讲格物要从理解人情入手，按《中庸》给我们的启示，第一步是顺应人情，即你别和人情拧着干，那样你的人际关系肯定处理不好。第二步是学会怎么用这个人情，达到你要的效果。

一句话，格物的关键就在于参透人情。不管你有多少钱，不管你有多大权，你若是和人性对着干，失败的肯定是你。反过来呢？哪怕你没钱，哪怕你没权，只要你顺应人性，你就能理顺人脉，就能有一批好朋友，就达到“亲民”，大家都愿意和你在一起，“有人此有土，有土此有财”，大家都愿意把自己的人脉、资源与你共享。这样的话，你事业的成功几乎是必然的了。

你能凝聚起一群人来，资源就有了，钱和权自然从中产生。所以儒家讲究的是“君子不言利而利在其中”，出发点不是谋利，不是谋权，但是按照这套方法修行下去，自然会带来权和利。如果你眼睛里盯着利去和人相处，无论什么事都得满足自己的欲望，无论什么事都得符合自己的情感，最后的结果就是利令智昏、意乱情迷，先天智慧被压下去了，人际关系也理不顺了，朋友都离你而去。即使你原来有钱，最终也会失去；即使原来有权，最终也会丧失。

儒家不是不求利，关键是怎么求。如果只知道追逐利益，以此为出发点，你的心就被利左右了，就是我们以前说过的“心为物役”，就是心“逐物”。你的心跟着外在的事物跑，你的心被外在的物质所奴役，必然利令智昏。反过来，你能超越物质利益，有更高的追求，才能真正驾驭利、驾驭权。

说得再直白点儿，就是一个谁围着谁转的问题，是你围着钱转，还是钱围着你转。你围着钱转，你的心跟着钱跑，那你就成为钱的奴才了，那叫守财奴；钱围着你转，你才是财的主人，不是它的奴才。这是两种完全不同的心态、两种完全不同的人生。

成为财主而不是守财奴，关键是要有一个超越物质的目标，就是《大学》中说的“止于至善”。要从格物致知入手，开始修行，而格物致知必须和诚意正心配合，要有正心，要有诚意，然后去格物致知。格物致知的切入点是什么？《中庸》告诉我们，是人情，因为这是人性的组成部分，所以你不能跟人性对着干。

过去官员的父母去世之后，官员要回家守孝二十五个月，称“三年之丧”，这丧假是相当长的。如果遇到特殊情况，国家需要，皇帝便会下令不让某位官员回家守孝，在当时有个专有名词，叫“夺情”，因为这样做不符合人情。

前方正在打仗，让戴孝的主帅在队伍中指挥，他会是什么心情，他还能心静吗，他还能正确地思考吗？《大学》上讲“静而后能安，安而后能虑”，心能静下来，能安定下来，才能正确地思考问题。现在主帅的脑子里总是对父亲的回忆，他的心早就乱了。这个时候再让他指挥打仗，他能有那个安静、沉稳的心态吗？他能冷静、客观地思考战场局势吗？所以轻易不要用“夺情”的方法。

所以说，《大学》是一种宏观设计，《中庸》是具体方法。《中庸》里面体现具体的方法，教我们怎样去解决人生的问题。顺便多说两句，修行是修什么？反思。要从思考人之情入手，从人的喜怒哀乐入手，也就是人的情绪、情感。

按儒家的修行方式，晚上静坐反思一天的所作所为，哪件事做得妥当，哪件事处理得不合适。心平气和地反思，从“情”字入手。

比如，今天我和我的副总吵起来了，不要到别处找原因，从“喜怒哀乐之未发”上去找原因。说原因是自己当时没有控制住火气，这不是根本原因；说他当时的态度太气人了，这也不是根本原因。根本原因是“未发”的，即没表现出来的，表现出来的都不是根本原因。你应该去思考内心深处的情绪变化！你跟这个副总相处也有一些年了，他的态度一直是这样，为什么你以前就能控制住自己，而今天却吵起来了？你仔细去想一想，你当时到底是一种什么样的情感、什么样的情绪、什么样的内心活动，导致你最后控制不住吵了起来？情才是根本原因。可能你仔细思考半天才发现，跟他吵起来的原因不在他身上，是今天早晨你和妻子吵完架憋着火上班导致的。从情上去找原因，才能找到根本原因，所以说“中也者，天下之大本也”。

反思也存在另一种可能。你想了半天，确定自己没问题，是这位副总今天反常，他平时不是这样的人，他平时不这么说话，他今天怎么了？原因何在？他究竟是一种什么样的情绪？什么事情导致他有这样的情绪呢？还是得从情上入手，你才能发现问题的根本原因。你能从这个角度找到根本原因，还要考虑怎么用情，利用这个情去把问题的根本原因解决掉，这个事情才从根儿上解决了。可能你和副总再也不吵了，永远和谐了。

你要不能从根本原因上入手，只从表面上解决，说我今天没控制住火，明天我向他道歉。问题没从根本上解决，你俩以后可能还得吵。怎样去挖掘问题的根本原因？《中庸》教给我们的方法是从情上入手。这样格物，你才能逐渐把物格明白，你才能真正认识自我，才能准确了解他人，你才能理顺人际关系。这是第一个层次，顺应人情。

还有第二个层次，你要达到更高的境界，利用人情。怎么用？就是《中庸》说的“发而皆中节谓之和”，“和也者，天下之达道也”，“和”才是天下最顺畅的解决问题的方法，才是达到极致的方法。什么是“和”？将喜怒哀乐等情绪在一个合情合理的范围内表达出来，才能利用人情达到想要的效果。

比方说教育子女，有的时候就得适当发发火，表现出你的愤怒来，但是你的表现要在合情合理的范围内。首先得合理，不能没事儿找事儿，得真是他错了，你发火，才能加深他对错误的认识，以后这个事情他不再犯了。不能是你在外面惹了一肚子气，回家拿孩子出气，那就肯定达不到预期效果了，并且有可能适得其反。

比如，因为孩子随地吐痰，你直接给孩子一通骂，这事对不对呢？事情确实应该管，但需要考虑的是，你的情绪爆发得是不是合情合理。他每次随地吐痰你都发这么大火吗？如果是，恐怕他早就改了吧。那为什么今天看见他随地吐痰你爆发了，这应该是你在外头窝一肚子火回来，拿孩子撒气吧。不要以为孩子不明白，他非常清楚，上次当着你的面他往地上吐痰，你面带微笑，什么也没说。结果你这次爆发不仅改不了他的毛病，还惹得孩子对你反感，认为你打着教育他的旗号，实际上是在拿他出气。可见，情的发一定要“中节”，要合情合理，要适度。

要记住，是为了解决问题而表现出情绪，不是纯粹为了抒发情绪，二者之间有着天壤之别。如果误以抒发情绪为目的，你的情绪是得到释放、得到发泄了，心里也痛快了，但问题肯定得不到解决。只有以解决问题为目的，将表现情绪作为解决问题的方法、手段，问题才可能得到解决，也只有这样，你的情绪的发泄也才能做到合情合理、适当适度。这才是“发而皆中节谓之和”，是天下最顺畅的解决问题的方法。

“中节”还给我们另一种启示，要有一定的度，情绪的抒发要适度。不仅发的原因、发的契机要合情合理，发的时间、地点要合情合理，而且你发的程度也要合情合理。因为孩子随地吐痰，你教训他两句，这是合情合理的。但是因为孩子吐痰，就吊起来打，这就过分了吧。说白了，你要是真做到那一步的话，说明你绝对不是因为孩子吐痰才发的脾气，否则发不到那个程度，肯定有别的原因，你仔细诚意正心好好反思自己吧，是什么事情让你生气回家拿孩子出气。

你可以用一种适度的抒发情绪的方法来达到你的目的，来解决一些问题，搞定一些事情，而且这种方法是一个非常顺畅的方法、非常可取的方法，“天下之达道”。但你在运用这种方法的时候，一定要注意“中节”这两个字。一方面是合情合理，时间、地点、契机都要合情合理；另一方面是适度，这才是“中节”。

有关这个方面，《中庸》后面也讲到了。比如说“君子而时中”，时是时机，中是适度，选好时机，适度、不偏激，才是“时中”，实际上这是对“中节”的最好的解释。第一是适时，就是选择好时机；第二是适中，就是适度、不过分。能做到这两点，才称得上是“发而皆中节”，才能将情绪的抒发变成一个非常理想的解决问题的方法。这是《中庸》教给我们的方法论。

致中和，天地位焉，万物育焉。

最后这一句话不必做过多的解释，它是对前文的总结。下面强调一下“中”“和”的意义。

“致中和”，就是你在生活当中能够实现“中”“和”这两点。我们前面讲“中”是顺应人情，“和”是利用人情。你如果在生活中做到这两点的话，“天地位焉，万物育焉”，天地的次序就摆正了，万物也得到了养育。你能够尊重人情、尊重物情，那天地间的次序就都排定了，万物也都得到养育了，都可以自然生长了。

这里将“中”“和”的意义强调得非常高，认为不仅是理顺人际关系这么一点点小的利益，它给人类带来的最大利益是，如果在人生中做到了“中”“和”，天地间的一切都摆正位置了，万物都可以很好地生长了。这里要表达的就是一点，如果能做到“中”“和”，顺应人情、利用人情，那么天地间没有解决不了的事。

第五讲　君子中庸

我们前面讲的内容是《中庸》的第一章，可以说是《中庸》全文的总论部分。下面开始连续引用十条孔子的话，但是基本上都不见于《论语》。从这个角度看，朱熹说子思是因为担心有些东西失传才写《中庸》的，可能是有道理的。

下面引用孔子的话作为《中庸》的第二章，实际上是在具体阐释上面这段总论。文字不是很好理解，因为子思没有做任何解释，直接就把孔子的话一段一段地接上了。子思引这些话，包括他的编排次序，都是有特殊含义的，只是他没有解释而已。

仲尼曰："君子中庸，小人反中庸。君子之中庸也，君子而时中；小人之中庸也，小人而无忌惮也。"

"君子中庸，小人反中庸"这一句是承上启下的文字，仍旧有一点总论的意思。我们前面讲过，上一自然段是站在哲学的高度讲方法论，而下面引孔子这句话，是从抽象走向具体的过渡，但这里面还有抽象的东西，不能纯粹地按字面去理解。

"君子中庸"，是说君子是奉行中庸的；"小人反中庸"，不是说小人反对中庸，而是说小人的实际做法跟君子是相反的。

从理论上讲，不论君子还是小人，都是认同中庸思想的，但从实践上看，在行动中体现中庸的做法，或者说打着中庸旗号为人处事的方法，君子与小人是正好相反的。

君子和小人的区别在哪里？“君子之中庸”，就是奉行中庸的君子，能表现出君子的风范来，做事情追求“时中”。“小人之中庸”，就是小人表现为打着中庸的旗号，做事情是“无忌惮”的。后面这段话是对“君子中庸，小人反中庸”的阐释，就是君子和小人在中庸这个问题上的不同做法。

首先我们要强调一点，“小人”不能从道德的意义上去理解，那样“小人”就是贬义词了。下文引孔子的话：“中庸其至矣乎！民鲜能久矣！”前面的“小人”和后面的“民”应该是同义词，都是老百姓的意思，而不是指道德上有问题的人。那么，作为与“小人”相对的概念，“君子”也不能从道德的意义上去理解，这里的君子是指大人物。

真正的大人物、事业有成的人，或者要走向成功的人是奉行中庸的。那么小人物、老百姓呢？所作所为跟大人物是相反的，这就叫“君子中庸，小人反中庸”。并不是说老百姓反对中庸这个理念。所以下面讲“小人之中庸也”，就是中庸这个理念不管君子还是老百姓都是认同的，只不过大家的理解不一样。

这里涉及一个问题，上章的总论中没有提到“中庸”这个概念，提到的是“中和”，而从这儿开始，“和”字没有了，变成了“中庸”。

我们前面讲过，人的情绪没有表现出来，那个状态叫作“中”。这实际上讲的是人的内心，人的喜怒哀乐是存在于人心中的先天本能。而情绪的适度表达叫作“和”。孔子讲“中庸”的“中”，其含义有两方面：一方面可以理解为人的内心，指情绪没有表现出来的那个“中”；另一方面的含义是适中，就是程颐解释的“不偏之谓中”，是不偏不倚，适当、适度的意思。也就是说，孔子说的“中庸”这个“中”字，是涵盖了前文“中”和“和”两个概念的内涵的。所以，不是说前面讲完了“中”，讲完了“和”，到后面只讲“中”，不讲“和”了，而是后面的“中”字涵盖了前面说的“和”。

“庸”字怎么理解呢？前面说过，也有两种不同的理解，一种说是用，一种说是平常。把这两种含义结合起来，就是古人常用的解释，“庸”指日用平常。所谓日用平常，就是人在日常生活中经常要用到的平平常常的道理或者方法，这叫“庸”。将“中”和“庸”两个字的内涵结合起来，在日常生活中要用到的“中”这种平平常常的道理或者方法，就是你要去参悟内心当中的喜怒哀乐等情感，同时把情感的外放控制在适中的范围之内，叫“中庸”。

中庸这个方法，是每个人日常生活当中都要用到的，也就是前面说的“道不可须臾离也，可离非道也”。而且这个道理不是多么惊天动地、多么离奇，它就是一个平平淡淡的道理。换句话说，就是你在日常生活当中，都应该去用“中”，“中庸”就是用“中”。你在日常生活的点点滴滴小事中去运用这个“中”，就是日用平常。

在生活当中随时随地要反思自己内心当中的情绪，随时随地要把自己的情绪表达控制在适当的范围之内，这叫中庸之道。君子是能做到这一点的人，能在日常生活中反思自己的情绪、控制自己的情绪，情绪表达得适中、适度，这叫“君子中庸”。

也就是说，君子，作为一个按照儒家的修身方法进行修炼的人，也可以说有两个层次。

第一个层次，要时刻关照自己内心中情绪的波动。情绪没有表达出来，别人不知道，但是自己应该知道，这叫“喜怒哀乐之未发谓之中”。修心的第一个层次是随时关照自己内心喜怒哀乐的变化，这样才能真正做到格物致知。格物致知是了解自己、了解他人。了解自己从哪里入手？从关照自己内心喜怒哀乐情绪的变化入手。虽然你没有表达出来，但你内心的情绪波动是有的，你应该对这个情绪波动非常清楚，而且你不仅要知道这个情绪波动是什么，还应该去关照导致你内心情绪波动的原因是什么。追究到原因之后，才是自我修养的开始。如果不能很清楚自己内心喜怒哀乐等情绪是什么原因导致的，谈修养、谈个人的修为，就没有一个下手处了！

比方说，你坐公交车，突然心里头有不高兴的感觉。这个时候就应该去想，出门的时候挺高兴的，这会儿为什么心里觉得不高兴呢？原因是什么？别人挤你了，或者谁踩了你一脚？你虽然没表现出来，但心里已有了波动。发现情绪波动的真实原因，然后才能知道这个情绪波动适不适合、正确不正确。因为人家挤你了，你就产生一个不高兴的情绪，你自己反问一下自己，这对吗？坐公交车就是挤啊，谁也不是故意的。这样一想，你就会发现你内心这种情绪波动是不对的，然后才能对自己的情绪进行有效调整。找到原因之后，你才能开始进行自我修养。

在日常生活的点点滴滴中，关照自己的情绪波动会发现，我们的情绪波动十之八九都是不正确的。明白了这一点，就比较容易将自己的情绪调整到最佳状态，使自己始终保持一个喜乐平和的心态。这才是自我修养的开始。等到心内的怒火发出去就晚了，影响已经造成了。

“发而皆中节谓之和”，你如果不能知道情绪的真正成因，你情绪的外放就很难做到适度。在公交车上这个挤一下，那个挤一下，心里的怒气越积越深，最后终于跟某人爆发了，这个发肯定是不对的。最后俩人指着鼻子骂起来，这个肯定就不能叫“中节”了，肯定没适度。其原因就在于，最开始没有关照内心中情绪波动的成因，所以也没有想办法去化解怒气，怒气一直在积累，最终来了个不适当的爆发。

所以讲，在日常生活当中，君子修养的第一个层次是要随时关照自己内心情绪的波动，并且去思考情绪波动产生的原因，然后看你应不应该为这个原因而产生这样的情绪波动。

这是修心的第一个层次。

在此基础上，君子还要有第二个层次的修养，就是喜怒哀乐“发而皆中节”，情绪的表达一定要做到适中。这也是“中”的另一层含义。什么叫用中？就是在生活中去用这种方法。你内心的喜怒哀乐的表达都要适中、适度、适当、不过分。这是修养的另一个层次，也可以说是较高层次。因为要做到喜怒哀乐的表达都适中，你才能真正地把情绪的表达作为一种解决问题的方法。

第一个层面，关照内心，探讨原因，然后去自我调整，可以说是一种情绪管理，但这是较低层面的修行。较高层面的修心不仅要做到对自我情绪进行有效管理，还要学会适度地、适当地表达自己的情绪，并通过情绪地适度表达去解决问题。把情绪的适度表达作为一种解决问题的方法，这才是真正的用中。

情绪的适度表达是解决问题的方法，不是为了发泄。要注意，把情绪表达出来不是为了发泄，而是为了解决问题，用这个“中”的方法来解决问题。

还是说公交车这个例子。旁边这人使劲儿往你这边挤，有点过分了，这个时候，你的情绪就要做一个适度地表达，来解决这个问题。看他一眼，把脸拉长，让他感觉到你的不悦，然后他收敛点，这个问题就解决了。这就是一种情绪的表达，但这种情绪的表达是为了解决问题，不是为了发泄，不是要把心里的怒火发出去。这叫用中，是中庸的另一个层面。

我们之所以举生活中这些小事做例子，是因为这符合中庸的思想。我们今天说平庸，平和庸是同义词，平和常也是同义词，所以古人讲庸就是常，就是日常，指日常生活中这些平平常常的小事。而对“中”的运用，不是什么锦囊妙计，不是什么神奇的东西，而是平平常常的，用来解决现实问题的方法，所以叫庸。

庸就是在日常生活中不管处理什么事情都需要用到的一种方法，所以说“道不可须臾离也”，你一时半会儿也离不开它。

在日常生活中，用这种平平常常的管理情绪的方法解决问题，就是儒家的修养所发挥的实际功能。我们为什么要进行自我修养呢？不是要成为道德模范，而是要通过这个去解决问题，儒家的特点在这里体现出来。修养是儒家的方法论，不是终极目标，要通过个人的修为去解决日常生活中遇到的问题。

“中”是一种解决问题的方法。从较低层面讲，它是修养，关照自己内心情绪的变化并找到原因。但修养不是目的，目的是通过这种方法去解决日常生活中遇到的问题，所以才叫用中。但是，如果你根本不会关照自己内心情绪的变化，这个方法恐怕你是不会用的。首先要有这种修养，然后才能做到用它去解决现实问题。

换句话说，你首先得学会自我情绪管理，然后才能通过情绪管理去解决问题。如果你管理不好自己的情绪，你就会因为情绪惹出问题来，而不是解决问题。

“君子”是修中庸的人，是会用这个方法去解决问题的人。“君子”也是指大人物。作为一个大人物，作为一个成功人士，作为一个领导者，你必须修中庸之道，学会用中。怎么用？第一步是情绪管理，第二步是用适度的情绪表达来解决问题。

比方说，某个员工某件事情处理得实在是有问题，在这种场合，哪怕你内心不生气，你能够管理好自己的情绪，但是也要适度地表达出你的不高兴来。他看到老板变脸了，感觉到问题的严重性后他就会主动去改正，问题就向好的方面发展了。

用情绪地适度表达来解决问题是每一个管理者都应该学会的方法。真正优秀的管理者，是用情绪来指挥团队，而不是用语言，这就达到了管理上的较高境界。你的眼神、表情一变，员工就知道应该怎么干，而不用你拍桌子骂人或者你说了半天他才搞明白应该怎么干。靠语言去管理团队、指挥团队，在管理上是处于较低层面的，至少说明你和你的团队磨合得并不好。带团队带到一定层次的人，达到一定修养的人，靠自己的情绪变化就能够指导自己的团队。

语言是用来沟通彼此想法的。作为老板，如果你的语言永远是发号施令，从你嘴里说出来的永远是命令，你就是一个比较失败的管理者！你和你的部下说的话，应该多半是彼此沟通的内容，而不是指令性的内容。

你得学会用“中”，基础是情绪管理，是“喜怒哀乐之未发”。实际上《中庸》告诉我们具体的方法了，就是在日常生活中随时关照自己的情绪波动。你的心能不能平静、稳定？一旦不平静，出现波动了，你就应该注意这个波动是什么，是喜是怒，是哀是乐？这个情绪形成的原因是什么？这就是儒家的一种修养、一种修行方式，《大学》讲的“诚意”“正心”“格物”“致知”都从这儿入手。所以我说《中庸》是方法论，《大学》是宏伟蓝图。

儒家讲修行，就是讲中庸，讲用中。而这首先要做到的，就是在日常生活中，在遇到事情的时候，特别是在和各种人交往的时候，注意自己内心情绪的变化。如果你没有情绪波动，才能保证你先天的美好素质浮现出来，在这种情况下，你的决策、判断就容易正确了！因为仁、义、礼、智这些先天的素质体现出来了，先天的智慧在发挥作用。如果你不能使自己的心平静，受到外界的刺激，情绪有波动了，这个时候你做出的决策往往是有问题的，是错误的，因为你的先天智慧已经被干扰了。

当你平静的时候、没有外在干扰的时候，你的心才容易达到先天的本性，仁、义、礼、智这些先天具有的美好的东西才容易浮现出来，也就容易做到《大学》说的“明明德”。一旦遇到事情，受到外界刺激，情绪产生波动，你那些先天美好的素质就容易受外在刺激的干扰，你的心就收不住了，这就叫“心为物役”。你的心被外在的事物所奴役，让它牵着鼻子走了，那些善良的本性就体现不出来了。

人在喜、怒、哀、乐、惊、恐、悲的情况下做出的判断基本上都不会正确，都是有偏差的，只有在平静的时候做出的判断才容易正确。儒家修行“诚意、正心、格物、致知”，都得从管理内心情绪入手。没有事的时候不是你修养的时候，有事的时候才是你修养的时候。你什么事儿都没有，非常平静，这时候你谈不到修养。你的心处于喜乐平和的状态还修什么啊？非得有人惹你了，你发现自己心里面怒火上来了，能不能把它化掉，这才是修养。所以到这个时候就提醒自己，此时正是修行时！

儒家的修养就是一个“庸”字，就是这么平平常常，在日常生活的点点滴滴中体现出来，在日常生活中遇到的每一件干扰你情绪的小事上，每一件引发你情绪波动的小事上去进行自我调整、自我修养，最后达到孟子说的“不动心”。

孟子曾经讲“我四十不动心”。就是面对任何外在的刺激心都是平静的。能修到这种境界，就能保证先天的智慧一直在，就能不做出错误的判断和决策。这是儒家的一种修行，也是《中庸》告诉我们的方法论。

做到第一个层面之后，即能够控制自己的情绪波动，能够管理好自己的情绪之后，你才有可能做到第二个层面，用情绪地适度表达来解决问题。

我们要注意，现实生活中遇到的很多问题，都是可以通过情绪地适度表达来加以解决的。可能有人会说，我现在正在谈一个八千万的订单，靠情绪好像搞不定。但是，那种重大事情人生能遇见几回？我们遇到的最多的事儿，恰恰是日常生活中的平常小事，这些事情百分之八九十是可以用情绪地适度表达来解决的。当然，你要把握一个度，如果情绪不能够适度地表达，就像我们刚才说的，不是解决问题，而是制造问题了。

什么叫君子？君子就是用这种方法来解决日常生活中遇到的种种问题的人。君子就是这么去做的人、这么去修的人，通过情绪管理和情绪的适度表达来解决现实问题的人，这就是君子。

小人的做法与君子正好相反。这体现在两个方面。第一个方面，君子随时关照自己内心情绪的变化并找到原因。小人从来不关照自己情绪的变化，更不会去找原因，甚至他都不知道自己内心情绪的变化，任其自然发展，直到最后爆发，实际上在这之前已经积累了很久。这就是老百姓的特点，没有按照儒家的修行方法进行自我修养的人的特点，这种做法与君子中庸的做法显然是相反的。

第二个方面，君子通过情绪的适度表达来解决现实问题，小人却不是这样。他听任情绪自由发展，最后来一个总爆发。他不是通过表达情绪来解决问题，而是他控制不住了，必须发泄一下。所以，当小人情绪外放的时候，就不可能“中节”，不可能适中、适度，他发得肯定比较过分。其结果也和君子正好相反，不是靠情绪地表达来解决问题，而是因情绪地发泄制造一系列问题。

小人，就是没有经过儒家修养的普通老百姓，在上述两个方面与“君子中庸”的做法都是正相反的，所以说“小人反中庸”。

我们琢磨这是不是一个普遍的社会现象。大多数普通百姓是不会进行自我情绪控制的，更不会去找情绪产生波动的原因。他们总是跟着情绪走，结果是日常生活中给他们造成困惑、带来问题的，经常是他们情绪地过分表达。

君子对于中庸的理解，首先是对情绪的表达，不管在什么情况下，不管因为什么原因，都要保持君子的风度，这才是适中。没有君子风度，就是不适中，就没有做到中庸。这是第一点，要做到君子风度。

关于“时中”，古人有两种不同的理解。一种是作为两个词理解，时是时机，中是适中。如果当作两个词理解，“君子而时中”这句话谈的就是三个方面，即君子的中庸包括三方面：第一是保持君子风度，第二是掌握好时机，第三是不过分，适度、适中。另一种是将“时中”当作一个概念理解，意思是时时表现出中。我觉得，这两种解释都有道理。

先说第一种。时机是适中的体现。不同的时机，或者说不同的场景、不同的时间点，情绪地表达所应把握的度是不一样的。比如说天气，如果只强调适中，来一个最适合人的温度，来一个恒温的，那么大自然的春生、夏长、秋收、冬藏就没有了。什么是真正的适中？春天天气越来越热，这就是适中，秋天天气越来越冷，这就是适中。那到底什么叫适中？是越来越热是适中？还是越来越冷是适中？那得看是春天还是秋天，得看是什么季节、什么时候，必须考虑“时”。这就是对时中的把握，中必须和时联系起来，不同的时机对中的要求是不一样的。

再比如说发火，发到什么程度为适中？那得看是什么事，是什么时间点。你坐公交车，因为人家碰了你一下，你就跟人家瞪眼，指责人家，这不能叫适中吧？但是你爷爷 93 岁了，你扶着他上公交车，他被人家挤了一下，这时候你没有表示吗？你要不跟人家瞪眼反而是不适中。这就是不同的时有不同的中。所以，时机非常重要。

“君子而时中”，君子强调中庸，还要加上一个“时”字，没有“时”字的限定，讲适中只是空谈。你不知道究竟怎样做叫适中，因此必须加上一个时间、一个契机，或者说一种场景。在这种场景下是适中的，换另外一种场景就不适中了。

“君子而时中”体现在三个方面：第一，要守着君子风度；第二，要把握好表达喜怒哀乐的度；第三，要注意时，即所在的时间点。这本身就代表一个空间，就是一个场景，要在特定场景下追求情绪地适度表达。

第二种对“时中”的解释，是无时无刻不表现出“中”。在日常生活中，时时刻刻、随时随地都表现出适“中”的态度；在处理问题的时候，时时刻刻、随时随地提醒自己，情绪表达要适中、适当，不要过分。

古人对“时中”的两种解释我觉得都有道理，但后一种可能更贴切。无时无刻不表现出“中”，就是日用平常。就是说

“中”这种方法，你不能偶尔用一回，也不能是一天二十四小时有三十分钟能保持这个“中”，剩下的就不管了。“时中”，是要时时刻刻提醒自己守着这个“中”。

孔子表扬弟子颜回，“其心三月不违仁”，就是说颜回能够连续三个月停留在这样一个美好的状态里。我们也可以理解为，颜回能够长时间地随时随地保持中庸的状态，这是修养达到高境界的体现。

将对“时中”的两种解释结合起来，“君子而时中”，就是君子的中庸体现为两个方面：其一是保持君子风度，其二是随时提醒自己，时时刻刻坚守中庸之道，办事别过分。

“小人之中庸”的意思是说，老百姓也是拥护做事情不应该过分的，也认同这种人生理念。但是，老百姓是怎么理解中庸的呢？首先他没有表现出君子风度来，而是表现出小人的姿态来。在公交车上人家挤了他一下，他马上就骂人一句。他觉得这才是适度的表达，否则他觉得别人认为他好欺负。他觉得这样才是适度的表达，这就是一个小人的态度，没有表现出君子风度来。什么是君子风度？就是《周易》上讲的“谦谦君子”，得有涵养，得有谦逊精神，得宽容、包容、谦让、谦退，这才是君子风度。

小人对中庸这个概念的理解里面没有宽容、包容、谦让、谦退精神，所以他认为别人挤了他，他必须骂人，即使他不生气也得骂人，否则会让人觉得他好欺负。他觉得这是中庸、是适度，他不认为这么做过分，这是小人对中庸的理解。小人也认为办事要适度、适中，不要过分，但是他不认为这个场合骂人是过分的。有这样的理解，最后造成的结果就是“无忌惮矣”，办事情就肆无忌惮了，什么手段都能使出来了。这是对情绪的随意抒发，很过分。这个“肆无忌惮”还有另一层内涵。他为了让自己的情绪得以平复，可以用任何方法，而不考虑其他人的感受，这叫肆无忌惮，这是小人的特点。他认为，自己内心有了怒气就得有所表示，就得发出去，一直发到心情平复为止。他不考虑别人的感受，也不考虑方式方法，因此，在其发泄情绪的过程中，不仅表达得很过分，而且无所不用其极，什么方法都可以用。

孔子这段话表明，“中庸”是所有人都认同的理念，但问题是，君子和小人对这个理念的理解是不一样的。君子和小人都认为自己的做法是不过分的，没有人会认为自己很过分还照样去做。但是，小人在这种心态下，就已经做得很过分了。

这是对君子中庸和小人中庸的阐释，实际上点出了第一章的一句话：“中也者，天下之大本也；和也者，天下之达道也。”天下最通达的方法，大家都认同的方法，就是中庸，君子和小人也是认同的。既然大家都认同，怎么还有君子和小人之分呢？关键是对这个方法的内涵理解不一样，问题出在这儿。

子曰：“中庸其至矣乎！民鲜能久矣。”

这句话也有两种不同的理解。朱熹对这句话的解释是，中庸是一种达到极致的处理问题的方法，但是老百姓很少能够运用中庸这种方法，这已经很久了。换句话说，就是很久以来，老百姓都很少有人能够实践中庸这种解决问题的方法了。

另一种解释是，中庸是一种达到极致的处理问题的方法，但是老百姓很少能够持久地运用中庸这种方法。这种解释不是说老百姓做不到，而是说老百姓不能坚持。我比较倾向于这一种解释。

没有经过儒家修养的人，做事情就永远过分吗？也不是。有时候他处理问题也非常恰当，非常适度、适中。但他和有修养的人的区别是什么呢？就是他不持久，不能长期坚持这么做，只是偶尔为之，这就是学和不学的区别。

这也是修行的重要性，由自发走向自觉，这样才能使人生的成功具有必然性。孔子虽然仅仅是一句感慨，却意味深长，由此引发的思考使人受益良多。

子思在这里引录孔子这句话，也具有承上启下的作用。一方面，称赞中庸是一种达到极致的方法，是对前面所引孔子的话地总结。同时也告诉我们，这个方法太好了，达到极致了，但是老百姓很少能够坚持使用，这多可惜啊。老百姓不能长期坚持的原因是什么呢？这就是下面要讲的内容。

子曰："道之不行也，我知之矣：知者过之，愚者不及也。道之不明也，我知之矣：贤者过之，不肖者不及也。人莫不饮食也，鲜能知味也。"

"道"，朱熹说是天理，指绝对真理、客观规律。我觉得，联系上下文，"道"应该是指"中庸"这种方法。"道之不行也"，意思是这种方法得不到落实，指中庸这种处理问题的方法得不到推行。孔子说"我知之矣"，就是我知道原因了，而以下谈的就是得不到推行的原因，也就是"民鲜能久矣"的原因。

其实，"道之不行也，我知之矣"，按字面翻译，应该是，道得不到推行，我知道它了。这个句子并不完整，有省略的成分。这里面没有"原因"这个词，"我知之"的"之"是它，就是我知道它。这个"它"代表事情的原因，所以应该翻译成我知道这个事情的原因。

“知者过之，愚者不及也。”“知者”即智者，但这个智者我认为应加引号，这并不是真正的智者。后面孔子还要加以区分，下文有“舜其大知也与”，孔子称赞舜有大智慧，那个“大知”才是真正的智，这里说的这个智者不是真正的智。后面引的孔子的话还有“人皆曰予知”，每个人都认为自己很有智慧，那个认为自己很有智慧的人，就是这里说的这个智者。他认为自己很有智慧，这种智者是要打引号的，因为他不是真正具有大智慧的人。

孔子解释中庸之道得不到推行的原因是“知者过之”。这个事情，你要把它超过去、越过去，就是你认为你比他高。这是种什么心态？是轻视。认为自己有智慧的人，或者说自以为聪明的人，他为什么不能坚持中庸之道呢？因为他轻视这个事，他觉得这个太低了、太简单了、太平常了、太一般了。这叫“知者过之”。自以为聪明的人，认为中庸这套方法过于浅白、浅显，不值得他追求，他要追求更高难的。“过”的原因，是因为他轻视中庸这种方法。

“愚者不及也”中的“及”是赶上，“不及”就是赶不上，或者说达不到。没有达到目的地，就是你距目的地还有一定距离，距目的地比较远，所以古书的解释是“远之”。愚昧的人不能坚持中庸这种方法的原因是他达不到，达不到的原因是他远离中庸这种方法。

孔子说出了两种人不同的心态或者说不同的生存状态。所谓的智者，这个自以为聪明的人，他从骨子里轻视、忽视中庸这种方法，他要追求高难的、高精尖的、离奇的。他这个态度就过分了，因此不能坚持中庸。而愚昧的人呢？离中庸这种方法比较远，换句话说，他从来没有思考过。智者自以为聪明，但他思考。愚者根本不思考，对人生不进行任何反思，大脑处于休眠状态。人生的一切都靠发挥动物本能，从来不用理性指导，这叫愚者。

所以孔子说老百姓很少能够坚守中庸之道。原因之一是思考这个问题的人觉得这个问题太简单，要追求别的。另一个原因是有人不思考，远离这个问题。

我们反思一下，在日常生活当中，好像除了智者就是愚者，这两类可以涵盖百分之九十以上的人了，结果当然是“民鲜能久矣”，很少有人能做到，很少能坚持中庸之道了。这是孔子讲的原因。

下一句与这一句相似，两句是排比句。

“道之不明也，我知之矣”，就是这种方法大家都不明白的原因，我也就知道了。“贤者过之，不肖者不及也”，贤能的人觉得这个方法太简单，把这个越过去，去追求别的；能力不足的人，距这个还有一定距离，还做不到。

这两句话好像有点重复，但是我们要注意，这是古汉语里一种特殊的修辞方法，叫“互文见义”。比如，“秦时明月汉时关”的意思是秦汉时的明月，秦汉时的关。前面用的是智者、愚者，后面用的是贤者、不肖者，实际上作者的意思是，这两个词可以互换，而且这两个词应该用在同一句话里。因此，孔子这句话完整的意思应该是，为什么中庸这种方法得不到推行？因为智者、贤者“过之”，愚者、不肖者“不及”。

但是，像这样表达——道之不行、不明，我知之矣：智者、贤者过之，愚者、不肖者不及。这样表达不是更简洁明了吗，为什么要拆成两句？作者是为了表达这是两个不同的问题。第一个问题是“道之不行”，第二个问题是“道之不明”。这是两个层面，“明”与“行”体现着知、行的关系，是两个层面的东西。王阳明不是讲“知行合一”吗？

先说了“行”的方面，接着把这个问题推向更深层次，“道之不明也”，这些人为什么不行、不奉行？原因在于“不明”，根本没明白。不行的原因是不明，不是他不想行，而是他根本没有明白中庸这个道理。这是另一个层面的问题。这里也在暗示我们，作为一个君子，要想开始修身，首先要做到“明”，即要把相关问题想明白。

人要明白道理之后，才有实践的动力。你让我这么干，得先给我个理由。儒家修行方式也会遇到同样的问题，听众会问：我为什么要这么修？首先要弄明白这个道理，这是“明”。要明白得先学习，所以《论语》第一条讲“学而时习之”。首要问题是学，学完了才能明，学明白了、想明白了，然后才能落实、才能做明白，这是一个完整的过程。

所以，上面孔子的话实际上是讲了知和行两个层面的内容，就是后来王阳明阐释的“知行合一”。不论什么，你得落实在行动中，这个事你才是真正知道、了解了，那才是真正的知。仅仅知道是不行的，那不是真正的知。

接下来孔子做了一个比喻。儒家经典里比喻句不多，但每一个比喻句都很精到，都是精心设计的。孔子说：“人莫不饮食也，鲜能知味也。”“莫”是没有的意思，“莫不”就是没有不的意思。“人莫不饮食也”，意思是人没有谁不吃饭，即没有哪个人是不需要饮食的。“鲜”是很少，“能”是能够，“知”是知道，“味”是滋味。没有哪个人不需要饮食，但很少有人能够知道真滋味。美食家毕竟是很少的。

这是一个比喻，用来对上面说的道理进行更深层次的阐释，为什么用“饮食”和“知味”来做比喻？

第一重含义，人离不开饮食。用饮食来比喻道，可清楚解释“道不可须臾离也，可离非道也”。“道”或者说中庸这种处理问题的方法就像吃饭一样，是每个人都离不开的。用饮食来比喻多么恰当！第一个层面告诉我们，虽然老百姓都没有在生活中去落实中庸之道，但是道就像你离不开饮食那样，是每个人在日常生活中都离不开的。

第二重含义，知味。每个人每天都在吃饭，但能够真正品尝出滋味来的人是没有几个的。同样，每个人每天都在生活中运用着中庸之道，但真正能把中庸之道弄明白的人很少，所以说“民鲜能久矣”。用饮食和知味来比喻人每天都离不开中庸之道，说明我们在日常生活中都在不知不觉地进行着情绪管理，都在用情绪地适度表达来解决问题，但是没有人能从理论的高度进行像《中庸》这样清楚而明白的阐释，更很少有人能用中庸的理论指导自己在日常生活中有意地去这么做。大家只是吃饭，却不管是什么滋味。虽然都有用到中庸这种方法的时候，可是没有进行深刻地理论总结，并用于指导实践。所以只能是偶尔做对一回，不能长久地坚守中庸之道，这是“民鲜能久矣”的原因。

第三重含义，饮食是日常生活中最常见的现象。这个例子才最好、最贴切地体现了中庸这种方法是日用平常。谁每天不吃饭？这事儿是每天都要做的，而且谁当吃饭是个大事儿啊，这就是日用平常。

说到这里我们再补充一点，就是智者、贤者为什么“过之”？“过”这个字本身也有错误的意思，显然他们这么做是不对的。他们为什么没有长久坚守中庸之道？因为他们觉得这个太平常。为什么说他错了？因为庸就是日用平常，这种方法就是在日常生活中的修行方法，就是解决日常生活中遇到的问题的平常方法，是最常用的，也是最实用的方法。

所以，修养、理解中庸之道，别往高深了去追求，应该在日常生活中去感悟、去思考。这种解决问题的方法就在日常生活中体现出来，就在每天的为人处事里体现出来，而且它要面对的问题，就是每天在现实生活中遇到的问题。

中庸之道是解决日常问题的最佳方法，它的实用性、它的价值就在日常生活中体现出来。如果你教我一种方法，我学会了，我这辈子就能用上两次，那么这个方法的价值就很低了。

中庸这种方法论为什么价值大？因为它是解决你每天遇到的问题的方法，把这个方法学会了，每时每刻都能用上。每天面对的问题这种方法都可以帮你解决，所以它的价值才大。因此孔子说“中庸其至矣乎”，称赞这是一个达到极致的方法论，就因为它的应用面广、应用频率高，价值大。

中庸的价值关键在日用平常，使用频率非常高。因此，孔子批判所谓智者、贤者是错误的。智者、贤者追求高精尖、高大上的，使用频率就降下来了。追求高难的，在现实生活中能用到几回？你觉得中庸档次太低、太俗，不屑于学，但这个才是使用频率最高的啊。

这里隐含着孔子对智者、贤者的批判。我还得强调，这个智者是打引号的，因为这种人不是真正的智者，真正的智者是舜那样的大智，而舜恰恰是用中庸、重视中庸之道的。

下面引孔子这段话相当于做一个总结，这是《中庸》的第五章。

子曰：“道其不行矣夫！”

孔子说：“这个方法得不到推行啊。”

前面一大段讲的是中庸的方法和“民鲜能久矣”的原因。

剖析完之后做一个总结，说这种方法得不到推行，因为贤者、智者是这个心态，愚者、不肖者是那个心态，都做不到中庸。

我们要注意，凡是用“子曰”隔开的孔子的话，都是孔子在不同场合、不同时间说的话。也就是说，这句话与上面那段话是孔子在不同场合下说的。子思将孔子在不同场合的语录连缀到一起，是有一个内在的编排逻辑的。子思一个字都没写，只是把孔子这几句话按顺序排下来，就体现了子思的思想是有内在逻辑的。我们如果不注意这种行文的内在逻辑，将子思所引孔子的话全都单条理解，那么文章的韵味就没有了。

“道其不行矣夫”这句话，你把它单独拿出来理解，有什么深刻含义啊？这篇文章好就好在子思把孔子的语录做了编排，使本来相互之间没有关系的语录合到一起就成为一篇完整的文章，有着深刻的内涵，阐释了一定的道理，这是子思行文的巧妙之处。

前面那个智者，是打引号的智者，不是真正的智者，真正的智者是像舜那样的大智。下面接着谈舜的大智。

第六讲　舜其大知也与

《中庸》第六章：

子曰："舜其大知也与！舜好问而好察迩言，隐恶而扬善，执其两端，用其中于民，其斯以为舜乎！"

这里引出一个古人的典故来。先是评价和感叹，"舜其大知也与"，舜是拥有大智慧的啊！怎么看出舜是具有大智慧的？下面接着讲舜的具体做法。

第一点是"好问"，什么事情都喜欢征求他人的意见。

第二点是"好察迩言"，舜喜欢去思考那些最近的语言。什么叫最近的语言？就是很浅近、很直白的，而且在日常生活中就能碰见的言论。舜喜欢去品味日常生活中遇到的浅近的语言。

第三点是"隐恶而扬善"，消弭恶的东西，发扬善的东西。用今天一句常用的话来讲，就是消除负能量，发扬正能量。

第四点是"执其两端，用其中于民"。这个可以说是舜的做法，也可以理解为是前三种做法的一个提升，或者是在前三点的基础上才能做到第四点。就是你要认识到这个事情的两种极端是什么，但是不要那么去做。"用其中于民"，就是要知道这个事情的两种极端是什么，然后在这两个极端中间选一种方法来使用，用到老百姓身上。这句话的意思是说，舜在治理国家的时候，是贯彻中庸之道的。

这里说的“中”与前面说的中庸之道又不太一样了。这里实际上是在突出适中的意思。怎么能够做到适中呢？要“好问”，要“好察迩言”，要“隐恶而扬善”，要“执其两端”，然后你才能做到适中。舜给我们树立了一个好的榜样，要想在生活中真正落实中庸，我们得学习舜的大智慧。

第一步要“好问”。

事情做得适不适当、适不适中，通常我们自己是不知道的。需要经常去问别人，征求他人的意见，了解他人的感受和想法，才能知道什么样的方法是大家都能接受的适中的方法。

所以古人讲以人为鉴，把他人当作镜子，照照自己有没有什么污点。这一点怎么体现呢？就是你得好问，不要刚愎自用，不要自以为是、想当然。

要想做到中庸之道，首先得学会征求他人的意见，了解他人的感受，这是第一步。

第二步要“好察迩言”。

你不要只问他人一些高精尖、奇怪的，你尤其得问日常生活中浅近的东西，最切近生活的那些问题。比如说，穿衣服怎么能做到适中？这个审美问题就不能从自己出发，自己认为怎么好就怎么穿，恐怕是容易丢人的。要多问问别人，比如“我穿这身儿衣裳你看怎么样”？这叫“迩言”，是最切近的。

然后你得“好察”，你得去体察、去思考、去分辨，因为他人的话有时候不会说得很直白，你需要动动脑子去想。你问：“我穿这身衣服怎么样？”“难看！”这样回答的人很少。因为这么说话容易伤人。所以大家表达的时候总是会含蓄点。人家说："你穿这件衣服挺有个性。"这是一句离你很近的话吧，是契合你生活的话吧？这就是"迩言"，但这句话需要你去体会、去思考，这就是"好察"。你如果不察，不动脑去思考，那你问了也是白问，因为你还是不知道答案。

要想做到中庸，第一步你得会问，得善于征求他人的意见；第二步你还得善于倾听，你得能察，能品味出人家话里的真正意思。把这两点结合到一起，你才能真正了解他人心中的想法，了解自己、了解他人，这就是格物！所以原文中将这两点放到一起说，中间用"而"字联系起来。"而"是并且的意思，要好问并且要好察迩言，这两点是有连带关系的。

如果你只知道问，问完了之后，人家回答说："你穿这个挺有性格。""哦，我穿这个能体现我的性格，那我明天就穿这个了。"你如果这么想，没有认真体察，恐怕就麻烦了。所以，"好问"和"好察迩言"必须得结合到一起才有意义，结合起来才能做到格物致知。

要想做到中庸之道，修养的第一步是经常征求他人的意见，要养成这个习惯，什么事都不要主观臆断。

《论语》里面讲"四毋"——毋意、毋必、毋固、毋我，说孔子不会犯意、必、固、我这四种毛病。"意"是主观想象，我认为就应该是这样，没有任何理由的主观想象，这叫"意"，臆测。我认为穿大红衣服很适合我大学老师的身份，这就是"意"。"必"是一定，认为事情肯定是这么回事儿，坚定地认为是这样，这就是"必"。"固"是坚持自己的主张，非常固执。"我"是以自我为中心。

实际上，意、必、固、我这四个毛病，就是从没有好问、好察迩言来的。要想去掉这些毛病，就得从好问和好察迩言开始。什么事都不要想当然，多问问别人的意见；什么事都不要主观，不要自以为是，不要认为它就是这样或一定是这样，多听听别人的意见。而且对别人的意见要理智地分析，不要以自我为中心去听。

要想在生活当中避免这些毛病，首先要做到好问；其次要仔细去思考，把意、必、固、我去掉，别主观，在问人之前不要有一个预判，做到虚怀若谷。你的心得空，没有主见、没有定论，在这样的心态下听别人的意见，你才能真正理解他人的想法。然后你再去思考他说的是对还是不对。

当你征求他人意见时会发现，大家说什么的都有，问一百个人，可能会有一百种不同的意见。原因很简单，每个人都有自己的喜好和倾向性，大家都是站在自己的立场上评价这件事情。你如果谁的意见都听，没有一个判断，那就不知道该怎么办了。你先是要虚心地倾听，然后“隐恶而扬善”，进行过滤，去掉不好的，发扬好的。

他人说了很多的说法，给出了很多意见，你把这些信息搜集完了之后，怎么去筛选？分两步，第一步是分出善恶来，分出对错来。他人说的这些有对有错，有好有坏，你本着善念去思考，抛弃不符合善的精神的，发扬符合善的精神的。这是第一步，也是最简单的一步。但是走出这一步之后，往往你的问题还没有答案。

大家有十种不同意见，我本着隐恶扬善的态度去归纳，认为不好的有四种，但是剩下这六种方法我按照哪个去做呢？这就需要有第二步，“执其两端，用其中于民”。剩下这些不涉及对错了，但要考虑两种极端的看法是什么。极端的方法不要采用，而是在这两个极端中间，找一个中间路线去做，这叫“执其两端，用其中于民”。

思考任何人生问题，听完大家的言论，你都要把这些言论排排队，想一想最消极的处理方法是什么，最积极的处理方法是什么。然后你在这两者中间选一条中间路线，这叫中庸之道，这就是舜处理问题的方法，是舜给我们留下的人生智慧。

比如说治病。大夫肯定给你各种治疗方案，最保守的治疗方案，最激进的治疗方案，一般这两个方案你都不要选，而是应该在其中选一个。但首先你得知道最保守的是什么，最激进的是什么，把这两个分清楚后才知道中间那个是什么。要想贯彻中庸之道，必须知道两个极端是什么，然后才能选对中间位置。这是处理日常生活中遇到的所有问题的方法。

儒家强调“义”。孟子说“义者，宜也”，“宜”就是适宜、适合，就是适中。处理问题要适中、适宜、恰当、不过分。儒家思想的核心就是“仁义”二字，“仁”就是爱，“仁者爱人”也就是善。不管处理什么问题，都要以爱人、以善作为出发点，这才是诚意正心。仁是出发点，义是具体的方法。本着“仁者爱人”为处理问题的出发点，然后追求处理问题的方法要适宜、适中。

处理问题时怎么才能找对中庸的方法呢？每个人都认同中庸这种做法，但君子和小人对中庸的理解是不一样的。怎么能做到君子的理解，对“中”的理解不偏差？若是理解偏了，本来是想守中庸，想不偏激，最后却达不到预期效果了。

子思这里继续给我们讲方法论，而且提及一位伟大的历史人物舜，让我们以舜为榜样。首先广泛地征求意见，对这些意见进行分析，找到两种极端的，然后选择在这两者中间的那个，这就是你应该做的。这是一种儒家的为人处事的方法，这才是中庸之道。

这一段为什么引舜的例子？子思已经点出来了，“舜其大知也与”，体现着一个“智”字。舜这套处理问题的方法体现着智慧。子思引这段孔子的话，想要表达的就是这个意思。

下一段他顺着这个思路往下说。

子曰："人皆曰予知，驱而纳诸罟擭陷阱之中，而莫之知辟也。人皆曰予知，择乎中庸而不能期月守也。"

这是《中庸》的第七章。

前一句话的意思是，孔子说："每个人都说自己是聪明的、有智慧的，但是被驱赶到网里、笼子里、陷阱里去，却没有谁知道逃避。"

孔子指出了一个人生现象，每个人都认为自己不傻，那你怎么就掉坑里了呢？被人家整到陷阱里，你都没能避开，原因何在？最后把自己套牢了，出不来了。每个人在生活中不都在做着这样的傻事吗？你还能说你是聪明的吗？你还能说你是有智慧的吗？你再认为自己不傻，那也只是你自己认为。这是一个比喻。孔子用这个比喻揭示人生的一个现象，就是每个人都认为自己聪明，但在处理问题的时候都经常作茧自缚。由于处理问题不得当，把自己弄得里外不是人，没能避免事情潜在的危机，这不是真正的智慧。

"人皆曰予知，择乎中庸而不能期月守也"，人人都认为自己智慧，可是选择了中庸之后，连一个月都坚持不了。

这两个自然段之间是有连带关系的。如果具有舜那样的大智慧，处理问题的时候就能守着中庸之道，就不会让自己掉到坑里去，就能避免人生的陷阱。为什么很多人都会掉坑里呢？就因为他虽然选择了中庸之道，却不能坚守。不能长久地坚持中庸之道，是造成人生问题的根源，也是给我们带来人生纠结的根源。

上面连着三段“子曰”，反复出现“知”字，将这三段合在一起，我们才能参悟出来，孔子所说的人生真正的智慧就是中庸！就是知道管理情绪，知道舜的方法，然后去选择一个适中的解决问题的方法。用这种方法来解决日常生活中遇到的每一个问题，才能回避人生的陷阱。这才是真正的智慧，这才是舜留给我们的大智慧。

做到了这一点，再说“予知”，那才是真的。要不然的话，就是“智者过之”的那个智者了，自认为自己聪明，对舜的方法不屑一顾，要追求高大上的，最后却没能坚守中庸，使自己掉沟里去了。

这几段话联系起来看，孔子实际上已经把这个“智”字说透了。人生最大的智慧，就是能把自己日常生活中的事都处理明白，不让自己陷入困境。

换句话说，《中庸》教我们的是方法论。用这套方法进行自我修炼，用这套方法去解决现实生活中遇到的问题，就能避免现实生活中的陷阱，避免现实生活中的尴尬和纠结，把自己经营好，把事情处理得非常明白、到位，使自己的人生走向成功。这才是格物致知、诚意正心，这才是儒家讲的修身。

能把自己经营得很成功，才能达到齐家、治国、平天下，否则，还谈什么管理，谈什么人生境界，谈什么成功，那都是空的。

儒家中庸这套方法论，关键是四个字——日用平常。就是从日常生活入手，要达到的目的也是解决日常生活中遇到的问题，通过这个把自己经营好、打造好，这是非常重要的一点。而且要能坚守中庸，能够在日常生活中坚持用儒家的中庸思想指导自己的行动。若是偶尔为之，那是避不开陷阱的。

谈到这儿，接下来子思又举了一个能守中庸的案例——

颜回。

子曰："回之为人也，择乎中庸，得一善，则拳拳服膺而弗失之矣。"

这是《中庸》的第八章，是孔子对颜回的表扬。孔子说："颜回选择行中庸之道，每得到一善，就非常诚挚地把它放在心里，而不再失去。"

这里为什么强调"善"呢？前面舜的做法就是"隐恶而扬善"，这里是顺着前面的意思来说的。意思是，颜回在征求他人的意见之后，每当发现一个善的、一个好的做法的时候，他都能够坚守。按照古人的注释，子思以颜回为例，是要体现一个"仁"字。前面举舜的例子体现的是"智"，这里举颜回的例子体现的是"仁"。

另外，前面举舜的例子，这里举颜回的例子，说明子思还在暗示给我们另外一层含义：舜是帝王，颜回是平民，这是两个极端。舜是圣明君主，是国家最高领导人；颜回从来没当过一官半职。舜不仅事业有成，有大功绩于人民，而且极为长寿；颜回却夭折而死。在给我们讲"执两用中"时，子思举这两个例子实际上就是"执两"，举两个最极端的例子。子思也是在告诉我们，中庸这个事，是上到天子下到平民，不管你是长寿的还是夭折的、年老的还是年轻的，都应该学习和坚守的。

《大学》里讲儒家的修身，说"自天子以至于庶人，壹是皆以修身为本"，明确指出，自天子一直到普通老百姓，所有的人都应该以修身为本。《中庸》里虽然没有类似的话，但子思在用具体案例来告诉我们，中庸也是自天子一直到普通老百姓都应该去实践的。

不管是什么样的人，从事什么样的职业，拥有什么样的社会地位，按中庸的方法修养和处理问题，都会给自己的人生带来好的结局，它是我们自我完善的必经阶段。但是，尽人事而听天命，最后能否成功，还有个命的问题。颜回就不幸短命，这是另一个问题。

文章接着引出孔子的一个感慨，作为《中庸》的第九章。

子曰："天下国家可均也，爵禄可辞也，白刃可蹈也，中庸不可能也。"

"均"，就是"齐家、治国、平天下"的"平"，是治理的意思，平和均在今天也是同义词。"天下国家可均也"，就是天下国家可平也，意思为天下国家是可以治理好的。"爵"是爵位，代表官职，"禄"是俸禄，"爵禄"指高官厚禄。"爵禄可辞也"，高官厚禄是可以推辞掉的。"蹈"是踩、踏着；"白刃"就是刀。"白刃可蹈也"，就是枪林弹雨我们可以大步前进冲上去。"中庸不可能也"，中庸却是不可能做到的。全句的意思是，天下国家是可以治理好的，高官厚禄是可以舍弃的，枪林弹雨也是可以前进冲上去的，但中庸是不可能做到的。

孔子这句话是什么意思？古人有两种不同的解释。

第一种解释是，孔子在说实践中庸之难。孔子为什么对颜回有那么高的评价？就是因为达到颜回的境界太难了。难到什么程度？它比治理好国家、辞去高官厚禄、冒着枪林弹雨前进还难。这种解释是给我们自己一个借口，我们不能每天做到中庸之道，因为这事儿太难了，所以我们没做到也是情有可原的。

第二种理解比较绕一点，也更深入一些。说“中庸不可能也”，意思是，按照中庸的观点，这个是不应该的、不可以的，就是上述三种事情，已经不中庸了，已经不是中庸之道了。

一定要达到太平盛世天下大治吗？如果有这种想法，就是意、必、固、我的“必”了。天下大势分久必合、合久必分，处在什么时代就要说什么话、追求什么效果。不论什么时代、什么局势，一定要达到天下大治，这就不符合中庸的精神了。如果是天下大势分久必合的时代，国家在向太平盛世发展，追求“天下国家可均”，那是对的，是符合中庸精神的；如果现在是天下大势合久必分的时代，是乱世，能降低混乱程度、保持局部的安定就已经很不容易了，非要追求天下大治，那就不中庸了。

孟子说：“穷则独善其身，达则兼善天下。”这也是一种“君子而时中”的精神。君子行中庸之道，首先得看环境。如果有条件、有机会，才追求“兼善天下”，也就是追求“天下国家可均”；如果时机不成熟、条件不具备，就追求“独善其身”了。能不能实现天下大治，关键先得看条件是否具备，要顺势而为，而不能逆历史潮流而动。所以说，不管处于什么局势、什么时代，只一心追求“天下国家可均也”是不符合中庸精神的。

高官厚禄应不应该要呢？同样的道理，得具体情况具体分析。你一定不要高官厚禄，只当隐士，也不对，也不符合中庸精神。

《论语》中相关的论述不少，如“天下有道则见，无道则隐。邦有道，贫且贱焉，耻也；邦无道，富且贵焉，耻也”。国家政治清明的时候就出来做官，就要这份高官厚禄；国家政治黑暗的时候就隐居起来，不要这份高官厚禄。国家政治清明的时候，你既没有财富也没有地位，这是可耻的；国家政治黑暗的时候，你却荣华富贵、飞黄腾达，更可耻。孔子评价蘧伯玉说：“邦有道则仕，邦无道，则可卷而怀之。”蘧伯玉就是在国家政治清明的时候出来做官，国家政治黑暗的时候隐居起来。还有一句说得更直白：“邦有道，谷；邦无道，谷，耻也。”意思是，国家政治清明时，你当官领俸禄，国家政治黑暗时，你也当官领俸禄，这是可耻的。

高官厚禄不是非得辞掉不要的，需要看是在什么情况下，这才是中庸之道。你一定不要，那也不符合中庸之道。国家政治清明时就要高官厚禄，不是自己贪图享受，而是为了有一定的权力和资源才能造福百姓；国家政治黑暗时就要辞官隐居，因为没有机会造福百姓，就不要再贪图俸禄而与人同流合污了。

在太平盛世，你混得“贫且贱”，那是你的耻辱，说明你能力不行，说明你自我修养没做到位。但反过来，国家政治非常腐败的时候，你却混得社会地位高，又富有，那也是你的耻辱，证明你同流合污了，没有坚守道德底线。要不要高官厚禄？中庸之道就是你该当官的时候当官，该隐居的时候隐居。不论局势如何，你坚决不当官，就不符合中庸之道了。

以上是对这句“子曰”的另一种解释。中庸就是“君子而时中”，没有一定之规，不是说什么时候都是“白刃可蹈也”，见了枪林弹雨就得上，那不是中庸，已经是偏激了。

我觉得对这句话的两种解释都有道理。总之，孔子是在告诉我们，坚守中庸之道是很难的事情，关键是要做到“君子而时中”。

子思为什么谈这几个方面呢？古人认为这也是有深意的。

“天下国家可均也”，讲的是一个“智”，要把天下国家治理好，你得有政治智慧。“爵禄可辞也”，讲的是一个“仁”，人修养到一定程度之后，才能有廉洁自律的精神，才能不贪恋高官厚禄，该得的时候得，不该得的时候就放。“白刃可蹈也”，体现着一个“勇”。三者结合到一起，就是儒家说的“三达德”，即三个最显著的美德。

《中庸》里讲“三达德、五达道”，德是美德，道是方法。“三达德”是三种最佳美德，“五达道”是五种通行方法。古人认为，子思在这里引孔子这段话，是为了体现“三达德”，这三种儒家认为最美好的品德，也需要用中庸来节制。

仁、智、勇都是美德，但是这些美德需要用中庸的精神进行约束，才能成为美德。在贯彻或者说体现这三种美德的时候，也要适中，那才是美德。如果表现得不适中，就不是美德了。

比方说“白刃可蹈也”，体现勇，把握时机、适度地体现才是美德。该勇的时候，不惜抛弃生命，抛头颅、洒热血，那才体现勇。这事儿不该玩命，你却去玩命，那就不叫勇，也不是美德。为了抵抗侵略，保卫国家，你冲上去了，死了被称为烈士，这才是勇。如果因为他人骂了你几句，你就冲上去把人家打死了，那不是勇，那叫犯罪。

人生最美好的三种美德，也都要用中庸的精神来加以节制，关键还得“时中”，在适当的场合去表现，并且表现得适度，这三个方面才构成美德。

这句也是过渡句，前面举舜的例子体现“智”，举颜回的例子体现“仁”，下面又举子路的例子体现勇。一共是三个案例，体现“三达德”。

下面是《中庸》的第十章。

子路问强，子曰：“南方之强与？北方之强与？抑而强与？宽柔以教，不报无道，南方之强也，君子居之。衽金革，死而不厌，北方之强也，而强者居之。故君子和而不流，强哉矫；中立而不倚，强哉矫；国有道不变塞焉，强哉矫；国无道至死不变，强哉矫。”

子路问孔子什么叫强，孔子的回答相当有意思。他先问子路，你问的强是哪个强？是南方人的强，还是北方人的强，还是你自己的强？孔子没有直接回答，而是先把强分为几个类型。要想解答子路的问题，给“强”下个定义不就完了吗？孔子为什么要把事情搞得这么复杂？孔子这是启发式教学，他在启发子路就这个问题展开思考。孔子自己接着往下展开，把“强”分成了南北两派。

“宽柔以教”，用宽厚、柔顺这种方法来教化人。“无道”就是不合理的做法，“不报”是不去报复。对于他人的无理做法不去报复，就是有涵养、有包容忍耐的精神，这是南方人的强，这是君子应该坚守的，所以叫“君子居之”。孔子评价这是君子的做法，提倡在宽容和忍耐上自强。

“衽金革，死而不厌，北方之强也，而强者居之。”把兵器和甲胄当席子一样坐在屁股底下，这是古代出征打仗时的习惯。在行军途中休息的时候，把甲胄脱下来垫在屁股底下坐着休息。坚持这种生活方式，一直到死都不厌倦，这是北方人理解的强，而强者坚持这种做法。

孔子在这里把南北方两种强的特色描写出来，而且称坚守南方这种强的是君子，坚守北方这种强的是强者。显然，孔子对南方之强评价要高一点。

但是，孔子对这两种强都不欣赏，因为它们都不符合中庸精神。南方的强是柔到极致的强，北方的强是刚到极致的强，一个是阴柔的极端，一个是阳刚的极端，正是“执两”的两个极端，都不是中庸。

孔子真正提倡的强是下面这一段。连着四个“强哉矫”感叹词体现出来的强，才是孔子提倡的，而这个“强”就是中庸的强。他既不提倡阴到极致的强，也不提倡阳到极致的强，而是在二者之间选一个中庸路线，这体现着孔子的中庸精神。

“强哉矫”，就是那种刚强的样子，孔子连着说了四遍，表达出对这种做法的欣赏。从孔子的表述来看，他所认同的中庸的强，具有四个方面的特点，一是“和而不流”，二是“中立而不倚”，三是“国有道不变塞焉”，四是“国无道至死不变”。

孔子说，“和而不流”，能跟人和谐相处，但不因追求和谐而迁就，不流于下道，这是非常强大的啊！“中立而不倚”，君子能够中立，通过中庸之道自我树立而不倚不偏，不出现偏颇，这是非常强大的啊！当国家有道的时候，即国家政治清明的时候，你日子过得不顺，没有实现你的人生理想，但是你不改变，仍坚守你的人生准则，这是非常强大的啊！当国家无道的时候，即政治比较腐败混乱的时候，能坚守你的人生准则至死不变，这是非常强大的啊！

我们仔细去体会，孔子说的前两个方面，体现着强的阴柔的一面，但没有像南方之强那样柔到极致，因为柔到极致会有问题。那么，柔中之强体现在哪儿？其一，跟人能相处和谐而不放任。如果把柔发挥到极致，就会为了和谐而牺牲一切原则，最后会为迁就他人以保持和谐而放任、而下流，所以，“和而不流”才是中庸的柔中之强。其二，要“中立而不倚”，处理问题守着中庸之道，不偏不倚，这也体现一种柔中之强。

为什么这两点体现强呢？因为它是柔性的强，想做到这两点，得有相当强的自我约束力。如果没有对自己的严格约束，没有很强的自立意识，是做不到“和而不流”的，也做不到“中立而不倚”。

我们经常为人际关系所左右而偏离中庸之道，本来知道这个事情按照中庸的原则应该这样处理，但因为涉及你的好哥们儿，你就难免偏离中庸之道了。要想在任何时候都一直坚持“中立而不倚”，也需要一种刚毅，一种强健的自我修养意识。

这就是“强”的柔的一面。这个柔的一面本身就有一个度，不能无限地柔下去，否则就是“和而流”了，为追求“和”而做不到“中立而不倚”了。

后两个方面孔子是从刚的一面去谈强。“国有道不变塞焉，国无道至死不变。”这两个层面都是追求一种独立人格，不管怎么样，坚持自己的人生原则，不为之改变。要做到这两点，给人的感觉是这个人相当刚强，这就是“强”的阳的一面。但是，这种刚强不是“衽金革，死而不厌”的那个“强”，不是披上铠甲、拉开架势去跟人打，那种“强”在孔子看来就是走极端了。

孔子在这里既强调了“强”的柔的一面，也强调了刚的一面，但不管是柔是刚，都要在中庸的范围里，而不要走向南方之强和北方之强的两个极端。表面上是孔子在谈他对强的理解，但其中体现着孔子深邃的中庸精神。

强就是勇，子路是相当勇猛的人啊！这段强调的是“强”，暗含一个“勇”字。子思连着引了孔子的几段话，先引舜实行中庸的例子，体现一个智；然后引颜回的例子，体现一个仁；这里引子路的例子，体现一个勇。子思的编排是贯穿了儒家的“三达德”。而且这个编排次序，跟孔子说“天下国家可均也，爵禄可辞也，白刃可蹈也”的次序是一样的。子思把智排在第一位，不是仁排在第一位，这是极其值得我们思考的。

智，要靠中庸来节制。智慧要体现时中，仁也得体现时中，勇也得体现时中。

勇体现时中好理解。智体现时中怎么理解？在恰当的时机，适度地运用你的才智，这才是真正的智慧。所以，智地运用不能是很随意的，你在每一件事上都要花心思、动脑筋、用智慧，这就容易走向阴险了！智作为一种美德，必须和时中相结合，和中庸之道相结合，什么时候用智，用到什么程度，必须守着时中，然后智才能成为人生的大智慧。

仁也是这样，什么时候体现仁爱精神，体现到什么程度才成为仁？过分了就不是仁了。你想体现出“仁者爱人”，碰见乞讨的给多少钱呢？要适中、适度，你直接把银行卡给他，告诉他卡里有三百万，拿去刷吧，这就不叫仁了。

儒家的“三达德”是要靠中庸才能成立的。三达德也是指导我们生活的方法，处理人生的所有事情都离不开“智”“仁”“勇”这三个字。事情能想明白，有智慧，但是没有付诸实践的勇气，那又有什么用？和想不明白又有什么区别？反过来也不行，没有智慧，就不是勇了，而是莽撞。

处理日常生活中的一切事务都离不开“三达德”，智、仁、勇是一个组合，把智、仁、勇这三达德结合起来，你的人生、你的事业才能走向成功。但是，这三达德要想成为美德，用来指导你的人生，必须靠中庸来节制，否则就都不能成为美德，也不能成为你人生的指导思想。

第七讲　素隐行怪

接下来，子思又引了孔子一段话，这是《中庸》的第十一章。

子曰："素隐行怪，后世有述焉，吾弗为之矣。君子遵道而行，半途而废，吾弗能已矣。君子依乎中庸，遁世不见知而不悔，唯圣者能之。"

这里孔子谈了三个问题。

第一个问题，"素隐行怪，后世有述焉，吾弗为之矣"。

对于什么是"素隐行怪"，古人有两种不同的理解。朱熹认为，原文应该是"索隐行怪"，在流传的过程中出现了抄写错误，后来以讹传讹，"索"变成了"素"。按朱熹的解释，就是专门追求离奇、诡异这样的人，后代也会记述他，他也能留名，以怪出名！但孔子说"吾弗为之矣"。孔子明确说他不会这样做。这样做能不能出名？能！但孔子不会这样做。因为这样做留下的不是中庸的名，不是正道的名，是一个怪异的名。

孔子说的应该是一个历史现象。在古代有很多狂人、怪人是留下名字的。《论语》里就记了好几个，比如楚狂接舆之类的。这种社会现象今天仍旧存在，有些人行为怪异，或者做出些匪夷所思的事情来，目的就是为了出名，或者用今天的话来说，就是为了吸引眼球。

这样做能不能出名？“后世有述焉”，显然是能出名的。我们现在也有不少人靠着怪异一夜之间红遍互联网，但孔子说他不会这么做。为什么？儒家追求靠“三不朽”成名，即立功、立德、立言，靠自己的道德、靠自己的修养、靠自己的学识、靠自己的事业、靠自己的人品来得到大家的关注与尊重，得到后世的记载和敬仰。在儒家看来，这种成名才是正道。学识、人品、事业样样都立不住，最后不得不靠怪异来出名，那只能证明个人修养不够，不是值得荣耀的事情，所以孔子才明确表示他不会这样做。

“素隐行怪”还有另一种解释。“素”有人说就是平常，“素隐”就是将隐居不当官作为人生的正常状况。孔子评价这种行为是比较怪异的，是不正常的。我们前面已经讲过，对是否要高官厚禄，儒家的态度是该当官的时候当官，不该当官的时候隐居，因此不应该把隐居作为人生的正常状态，作为人生的一种终极追求。

历史上很多人坚决隐居不当官，把隐居作为人生的追求和目标，如果真的做到了，后世也能够称颂，也可青史留名。很多隐士确实都留下了名，但是得分什么情况。像陶渊明的隐，是因为那个社会实在太腐朽，他不愿同流合污，所以他的隐是正确的，“穷则独善其身”。如果处在太平盛世还追求隐，虽然最后也留下名了，但孔子认为这是不正确的。他认为人这时应该出来做官造福百姓，“达则兼善天下”。不管什么情况，不管什么世道，都隐，把不当官看成是高尚的，这种行为在孔子看来就比较怪异了。

这是对这句话两种不同的理解。但不管从哪个角度去理解，孔子谈的都是一个层面的问题，即对人生、对事业的态度是不能靠怪异来获取名声的。

第二个问题，“君子遵道而行，半途而废，吾弗能已矣”。孔子说，君子按照道来行动，就是遵照道去实践，在生活当中贯彻道，但是没能坚持到底，半途而废了，我却不能够从中间停止。换句话说，孔子是不认同这种做法的。如果你认同这是正道，而且在生活中加以贯彻，那你为什么又半途而废了呢？说明你对这个事情认识得不深刻！

孔子这句话跟上面子路问强的“北方之强”相对应。你行道却半途而废，是因为你没有那种刚毅的精神，你缺的是阳刚的强，所以你坚持不下去了，半途而废了。

第三个问题，“君子依乎中庸，遁世不见知而不悔，唯圣者能之”。孔子这句话的意思是，君子是遵循中庸之道来指导自己人生的，即使在这个世界上不被人理解和认同，也不后悔，并且还一直坚持下去，能做到这一点的恐怕只有圣人了。

应该说，这是孔子人生追求的体现，他是为了回避标榜自我，所以说“唯圣者能之”。后代评价说孔子是大圣人，就是因为他实际上做到了。周游列国，碰壁无数次，没人了解他，他仍坚持，不后悔，一直沿着这条路走下去。孔子实际上做到了，但他谦虚，表示这个只有圣人才能做到。

从这句话我们能看出孔子对这种人生境界的推崇，认为这是圣人的境界。在孔子看来，坚定地遵循中庸之道，即使这种人生准则、这种处理问题的方法不被社会认同、不被他人所理解，也坚定地走下去，并且不管怎么碰壁，内心中也从不为之后悔，这才是真正的强！这才是君子应有的修养！

到此为止，子思一共引了十段孔子的话，这十段孔子的话从不同的角度阐释着中庸的精神，贯穿这十段孔子语录的是

“三达德”——智、仁、勇。

孔子的十段话里面有三条举了古人的例子。第一个古人的例子举的是舜，体现着“三达德”的智；第二个古人的例子举的是颜回，体现了“三达德”的仁；第三个古人的例子是子路，体现着“三达德”的勇。“天下国家可均也，爵禄可辞也，白刃可蹈也”也体现着“三达德”。“天下国家可均也”体现智；“爵禄可辞也”体现仁；“白刃可蹈也”体现勇。子思所引的十段孔子语录里面至少有两个层面在反复强调“三达德”，而且其排列次序是一样的，都是智、仁、勇。这也是在暗示我们，要想做到中庸不容易，得智、仁、勇这三个美德都具备，才能在生活当中真正贯彻中庸。

如果没有智，理解不上去，不知道中庸对生活的伟大意义，你就不可能贯彻。即使你跟着别人走，看别人都在学中庸，你也去学，最后也会坚持不下去，半途而废。所以必须得先理解，得有那个智慧。

如果没有仁，不具备“仁者爱人”的美德，你就不能做到诚意正心，那么你也不可能落实中庸。失去了爱，心就是歪的，处理问题怎么可能走中庸之道呢？肯定是坑蒙拐骗无所不用其极了，“小人穷斯滥矣”。

如果没有勇，没有刚毅的、果敢的精神，你是不可能在生活中将中庸之道贯彻到底的。

子思在反复暗示我们，想要在生活中做到中庸，就要具有智、仁、勇三种美德。十段孔子的语录之后，下面这一段是子思自己写的。

君子之道费而隐，夫妇之愚可以与知焉；及其至也，虽圣人亦有所不知焉。夫妇之不肖，可以能行焉；及其至也，虽圣

人亦有所不能焉。天地之大也，人犹有所憾。故君子语大，天下莫能载焉；语小，天下莫能破焉。

这是《中庸》的第十二章。子思做了一段总结，也是一种提升。

“君子之道费而隐”，“费”，古书上一般按朱熹的说法解释为用途广泛的意思，还有一些古书解释为广大、无所不包。“隐”，古书也称“微”，是微妙的意思。这句话的字面意思是，君子之道一方面是广大的，涵盖面很广，明明白白，另一方面又是隐微的、隐含的、微妙的。

然后子思开始对这句话进行阐释，“夫妇之愚可以与知焉；及其至也，虽圣人亦有所不知焉”。这个中庸之道，从广大无所不包、明明白白这个角度来讲，就是普通的男男女女不管多么愚蠢、愚笨，都可以了解、都可以理解。我们现在谈做事情不要偏激，要采取中庸之道，好像不管受没受过教育、有没有文化的人都能点头认同。

“及其至也，虽圣人亦有所不知焉。”要是从极致的角度去看中庸之道，即使是圣人也有些地方不能完全、真正理解。

“夫妇之不肖，可以能行焉；及其至也，虽圣人亦有所不能焉。”从落实中庸之道的角度来讲，如果从中庸之道的广大明白的角度去说，即使是普通的男男女女，不管能力怎么差，也能在生活中实践中庸之道，能够落实、推行；如果从将中庸之道落实到极致这个角度来看，即使是圣人有些地方也做不到，落实不了。上句讲的是“知”，这句讲的是“行”。

一句讲“知”一句讲“行”，从这两个方面去阐释“君子之道”的“费而隐”。为什么说中庸之道是明白的又是隐微的，是无所不包的又是微小的？这要看从哪个方面去理解。如果从中庸之道的最粗浅的角度去理解，即使是最愚蠢的、能力最差的普通男女也能够理解中庸之道，也能够在生活中推行中庸之道。如果从将中庸之道达到极致的角度去理解，从完美地落实中庸之道的角度去理解，即使是圣人有的时候也不能完全理解中庸之道，也不能完全在生活中贯彻落实中庸之道。

这两句话讲的是一个程度问题，即想把中庸之道落实到什么程度。如果就学入门的，那么不用学，谁都能做到。如果要将中庸之道达到较高境界，做到极致，那可就难了，大圣人都不见得能完全理解、完全做到。

“天地之大也，人犹有所憾”，这是对上文的总结和感慨。即使天地广大，人不是还有所遗憾吗？可见这个东西不管多么大，最终仍旧有无法涵盖进去的。“故君子语大，天下莫能载焉；语小，天下莫能破焉。”因此，这个君子之道如果从大的方面去说，天下都不能够承载它；如果从小的方面去说，天下没有谁能攻克它。这是对上文的总结，还是谈君子之道的“费而隐”。

这一段话是子思写的，不是引文了，归纳起来说，这个中庸之道，你说它简单也简单，说它难也难。从简单的方面去理解，谁都能做到，“道不可须臾离也”，谁都离不开，生活中都要用到；从难的方面去理解呢，就算是大圣人也不见得都能做到。

子思是在告诉我们，中庸之道既是浅白的，又是艰深的；既是容易实行的，又是很难做到的，关键是看你要把中庸之道落实到什么程度。如果你仅仅想从最粗浅的角度理解中庸之道，并且在生活中落实，那么谁都可以做到，但问题是，这对你人生的成功恐怕没有意义，不能带给你人生的转变。

你如果知道实践中庸之道的重要性，然后偶一为之，顺其自然，那你就是“夫妇之愚”“夫妇之不肖”，对你的人生也没有意义，你知和不知、行和不行都一样。你想做到完美，能不能做到？做不到。因为“圣人亦有所不知”，“圣人亦有所不能”。想将中庸之道在生活中完美落实，谁也做不到。但是，如果你想改变你的人生和命运，就需要有这样一个走向完美的追求，并且向这个方向去努力，虽然那个境界是谁都做不到的，但只要你向着这个方向前进，你的人生就能得到改变，就会走向成功。不是说一定得把中庸落实到极致才能够见效，只要你追求向极致前进，你就可以见到效果。

比方说观察自己的情绪，也就是《格言联璧》上讲的“喜来时一检点，怒来时一检点”。你现在心情喜悦，反观自己的内心，高兴的情绪是从哪儿来的？是什么原因造成的？进行这种分析，才能把你的情绪控制在适当的范围内。生气时也是如此。你心里怒气上来了，去分析原因。为什么生气？生气应不应该？然后你才能把情绪控制在应有的范围内，达到中庸。这是在生活当中落实中庸之道的一个基本点。

但是，如果没有有意地修行过，没有练习每一天、每一时、每一刻地关照自己的内心，只是顺其自然，虽然有时候你能做到控制自己的情绪，有时候处理问题也能做得恰如其分，但这是偶然，不是必然，这对你的人生没有意义。

如果要达到中庸的极致，做到人生的每一分、每一秒都能了解自己的内心，都能调整好自己的状态，这是大圣人也做不到的。但是，如果想人生走向成功，想要按照儒家的方式修行，你就先得有这个追求，有一个追求自我完善的心，然后努力地在日常生活中去关照自己内心情绪的波动。虽然我们不可能做到百分之百，但我们在往这个方向努力的过程中，使你的人格走向完善。你处理问题的方法已经开始符合中庸之道，你的人际关系就开始理顺了，你对问题的处理就会越来越妥当，你的人生就已经开始走向成功了。这就是中庸这个方法论的意义之所在。

子思阐述完上述的意义之后，引了《诗经》上的两句诗。

《诗》云："鸢飞戾天，鱼跃于渊。"

这两句诗见于《诗经·大雅·旱麓》。"鸢飞戾天，鱼跃于渊"，意思是鸢这种鸟向上飞，一直飞到天上，鱼跳入深渊。子思引这两句诗，然后对诗句进行解读，他不是从文学角度去理解的，而是从哲学方面去理解的。

言其上下察也。君子之道，造端乎夫妇，及其至也，察乎天地。

子思认为这两句诗说的是"上下察也"。这两句诗告诉我们的人生哲理是，你应该向上向下去对事情进行考察，也就是"执两用中"，你要考察两个极端，然后选择一个中间路线，即中庸路线。人生处理问题应该是这样，考察最上的可能是什么，最下的可能是什么，然后选一个中庸的方案。

这里举个不太恰当的例子。比方说炒股票，你分析一个股票最好时可能涨到什么程度，最差时可能跌到什么程度，然后就能找到这个中间点，买不买，买多少，你心里就有数了。这就是"上下察也"。

然后子思做了一个总结："君子之道，造端乎夫妇，及其至也，察乎天地。"这句话是对整个自然段的总结。

"君子之道"，指的就是中庸之道；"造端乎夫妇"的意思是从夫妻关系开始；"及其至也"，是等到它达到极致的时候；"察乎天地"，是体察天地间的一切。"察"，也有的古书理解为

"著"，即显著的意思。全句的意思是说，中庸之道最开始是从简单的日常生活入手，等到把这个方法运用到极致的时候，天地间的一切秘密就都显现出来了。

配合这句话，我们又可以对上面"夫妇之愚""夫妇之不肖"有另一层面的理解。"夫妇之愚""夫妇之不肖"是中庸之道的开始。反思自己的情绪，思考如何处理问题才能符合中庸之道，要从夫妻相处开始。所以《大学》讲修身之后先是齐家，而不是先治国。

你要想修养，要想落实中庸之道，首先要从夫妻关系入手，换句话说，先拿配偶练手。你说你格物致知，你说你追求齐家、治国、平天下，要是连自己妻子都不理解，有着几十上百个员工的公司你怎么可能管理得好？"格物致知"，我们反复强调了解自己、了解他人，整天在一起生活的妻子你都不能正确地理解，公司的员工你一个星期都见不上几次，你怎么能理解他们的心态？

所以，"造端乎夫妇"是一个出发点。首先从齐家入手，从把家庭内部关系理顺入手，从理解家庭内部成员入手，然后由此向外扩展。

儒家的修行方式都是由近及远的，儒家的修行、儒家的行善都提倡由近及远。首先从家庭、从你最亲近的人入手，把家管明白了，再把同样的方法用于企业，就能把企业管理好。你若有机会当国家领导人，用同样的方法就能把国家治理好，这就由齐家走向治国，由治国走向平天下了。方法都是一样的，首先是诚意正心，然后是格物致知。

修身从哪里入手？从控制情绪入手。而控制情绪要从了解自己的情绪入手。不了解自己情绪的来源，就不可能控制住自己的情绪。所以，自我完善从了解自我入手，从了解自我的情绪入手。能把自己想明白，然后推己及人、将心比心，就能理解其他人的想法和内心了，就能把握他人的情绪波动和心理活动了。在这种场景下你自己是一种什么样的情绪，你若能想明白，那么，在这种场景下他人是一种什么样的情绪，你也就理解了。

但这一步从哪里入手呢？先把自己想明白，之后先从家庭成员入手，要理解家庭成员的想法、情绪波动、心理活动，等等。因为家庭成员是你最常接触的，是最容易分析的。事情要由易入难。

子思最后说："及其至也，察乎天地。"意思是，等到你把这种方法运用得越来越熟练，运用面越来越广时，等到你把中庸这种方法论运用到极致的时候，天地间一切事物就都在你面前显露出来了。换句话说，你看什么问题都是一盆清水，一眼就能看到底，一切都明明白白，没有困惑了。这是把中庸这种方法运用到极致的效果，当然这是一个美好的追求，是达不到的，因为"圣人亦有所不知""亦有所不能"。

但是，我们不需要做到"察乎天地"，只要按这个方法去努力，就能一步一步地实现齐家、治国、平天下，人生的成功就会实现。这就是中庸这套方法论的意义之所在。

这是子思自己写的一个自然段，既是对前面的引文进行总结，同时又引起下文。下面又引孔子的话了。这是《中庸》行文的一大特点，引孔子的话特别多。下面是《中庸》的第十三章。

子曰："道不远人。人之为道而远人，不可以为道。"

我认为这句话是相当深刻的。孔子说"道"是不远离人的，或者离人不远的。如果你想要去修道，你想要在生活中落实这个道，你却远离他人，那你就不能落实这个道、不能做到这个道。

这里的“道”就是中庸之道，文章的主题就是谈中庸，所以对道这个概念不应该往别的方面去理解。当然，如果要宽泛地理解这个道，把它理解成人生的修养方法也是可以的。

“人之为道”就是人要去做这个道，人要在生活中落实这个道。但你远离他人了，那你修的就不是道。“我现在要开始修行了，你们会影响我，我得离你们远点，我一个人到山里搭一个草棚住着。”孔子明确地批判这种事，“为道而远人”，远离人类社会、远离他人，根本就追求不到道。

用“为道而远人”的方法去修的那个道不是真正的道，至少不是儒家说的道，因为儒家追求的就是在红尘里面、在人类社会里走向成功。你已经脱离人类社会了，那还谈什么道、谈什么修行？

我觉得孔子说得很深刻，这是我们在现实生活中评判一个人修的是否是正道的一个标准。天天说自己是修行人，但是身边的朋友离他越来越远，他没修之前还有二十个好朋友，等他修了一段时间之后就剩十五个了。当他自认为修为加深的时候，就只有五个人理他了，这种情况肯定是修偏了。因为他“远人”了！“人之为道而远人，不可以为道。”所以他修的那个就不是正道。

儒家讲通过修养自己让和你接触的人安心，这才是儒家提倡的修道。你有没有修到位，你修的效果怎么样，就看这个。你修行越来越深，你的人脉越来越好，这才证明你修的是正道。你修得越来越深，你身边的人跟你接触时越来越安心，你说什么人家都相信，而且觉得跟你接触心里非常踏实，这是修到正道的体现。

你修到什么境界层次，就看你身边是不是有越来越多的人跟你相处时心里非常踏实。比方说，你请人家吃饭，然后人家内心就开始琢磨："他又要干什么呀？为什么请我吃饭呢？无事献殷勤，非奸即盗。"这就说明你没修到位。再比方说，你在酒桌上敬人酒，人家心里却琢磨："他为什么敬我酒呢？他刚才说那话是什么意思啊？是不是讽刺我呢？"跟你接触他心里不安，那就是你没修到位！

儒家的评判标准是要达到"修己以安人"。你修的是不是正道，你的修为有没有提高，就看你身边的人对你的信任程度，人家跟你接触是不是心安。越来越多的人围绕在你身边，跟你接触心里非常踏实，这说明你修的是正道，修行进步了。

你说你在修道，可修来修去，修得朋友越来越少，那么你修的恐怕就不是正道。不管修的是什么，只要你修完之后身边的朋友越来越少，你修的就不是道、不是正道。

这里我们说的是世俗中人，不涉及出家人，没有攻击出家人的意思。而且出家人也是有朋友的，出家人还讲究普度众生，也是追求身边人越来越多而不是越修身边越没人。身边都没人了，还渡谁去？

孔子这个标准我认为非常对。现代人经常谈学习、谈修养。且不管学什么，学得对不对，修的是不是正路，没有什么复杂的标准。很简单，就看他修完之后，身边的朋友是多了还是少了，大家跟他相处时心安不安，就这一条，相当实用。

下面子思引了《诗经》中的两句诗，但他对诗句的阐释跟我们今天是不太一样的。

《诗》云："伐柯伐柯，其则不远。"

这两句诗出自《诗经·豳风·伐柯》。"柯"是树的枝条，一般指横生的枝条，“伐柯”就是砍树的枝条；“其则不远”，就是树的枝条在离你不远的地方。这两句诗原本是什么意思我们就不说了，我们要分析的是子思引这两句诗想要表达什么思想。

执柯以伐柯，睨而视之，犹以为远。故君子以人治人，改而止。忠恕违道不远，施诸己而不愿，亦勿施于人。

“执”是拿着、抓着。你手里抓着树枝，然后去砍它，这是“执柯以伐柯”。“睨”是拿眼睛瞟着，用眼睛盯着。你一手抓着树枝，用另一只手去砍的时候，眼睛肯定得瞄着这树枝，这叫“睨而视之”。“犹”是还，“犹以为远”意思是尚且认为离得比较远。你要是去砍树枝，你会认为越近越好，不管多近你都不会满足，还会把树枝往近处拉，越近越好。

这是子思对诗句字面意思的讲解，他要说明什么问题？道不远人。你砍个树枝都越近越好，何况是修道这个事情呢？修道若是修得离人越来越远，那正确吗？

但是，我们要注意一个问题，就是儒家引诗的特点是“赋诗断章”。儒家引诗经常断章取义，也很牵强附会。儒家如何理解《诗经》?《诗经》为什么成为儒家经典？因为它不仅仅是文学的，还是政治学的，是思想的。儒家解释《诗经》的时候往往不是从文学的角度、审美的角度去理解，而是从思想的角度去引申。所以，我们不要管诗的原文是什么意思，只要明白子思要表达什么意思就可以了！

子思引这两句诗就是想表达“道不远人，人之为道而远人，不可以为道”。你去砍树枝，树枝要是离你太远，就砍不下来；你修道，如果你离人很远，就修不成。或者说，你修的是错误的，你的方法是错误的。

然后子思总结说："君子以人治人，改而止。"就是作为君子要想达到齐家、治国、平天下，得是靠着人来治理人。也就是说，你要本着你这个人的心去治理他人，你才能把人际关系理顺。"改而止"，就是不管自己还是其他人，只要能够改正错误，那么这件事情你就应该画上一个句号，换句话说，就是不要太深究了。他已经改了，你就不要再说了。

这是总结为什么"道不远人"。我们修道的目的是什么？是治人。这是儒家对自己思想的正面表述，明确提出儒家的思想是入世的，不是出世的。儒家修道的目的不是成仙成佛，而是治人。

我在讲《大学》时提到，人生的事业百分之九十九都是跟人打交道的，你要想事业有成，就得把人脉理顺，把人际关系处和谐，这就是治人。儒家修行的落脚点在"治人"二字上，就是怎么把人际关系理顺。

如果你修行的出发点或者说目的是把人际关系理顺，修来修去却离人越来越远，那怎么能叫道呢？子思总结说，"君子以人治人"，是通过对人的了解、对自我的了解跟他人和谐相处，以这种方式去实现"治人"，就是完成管理的目的。所以你不能远人，如果远人就和你的目的不对接了。而要达到这一点，你就要注意"改而止"。他人改正错误之后，你就应该停下来，不要再对这个事情进行追究了。这也是中庸之道，不过分，才能做到不远人，如果你对他人的错误揪住不放，不依不饶，最后朋友们都会离你远去，你就是"为道而远人"了。

我们对自己也应该"改而止"。你今天晚上进行自我反思，发现白天哪个事做错了，明天你去改正，改正之后这事就应该画上一个句号了；若是继续深刻自责，内疚半辈子，就没有必要了。

对他人更应该“改而止”，这样才能达到治人的目的。你治人的目的是什么？“止于至善”。治人要以“诚意正心”为出发点，以“格物致知”为手段，以“止于至善”为目的，这样才能把人脉理顺，与身边的人相处和谐。以此为出发点，不管他人有多少毛病、缺点、错误，只要他认识到错误，并且愿意改正，你就不应该再追究了，这叫“改而止”。

要做到这一点，关键是你要做到“恕”，抱有宽恕、包容、原谅的心。所以下文子思就接着谈“恕道”了。

“忠恕违道不远”，“忠恕”这两个字离正道是不远的。你要在生活中落实中庸之道，要做到“改而止”，“忠恕”这两个字很重要。做事情你要认认真真、尽心尽力，发现自己有错误一定要改正，对他人要有包容心，做到以恕道待人。

恕道最明显的体现是什么？或者说我们怎么修这个恕道？子思接下来说：“施诸己而不愿，亦勿施于人。”如果这个事情施加到自己身上，而你不愿意、不高兴，你就不要把这件事施加到别人身上。这就是恕道。实际上，这就是《论语》上讲的“己所不欲，勿施于人”，只不过在表述方式上略有不同而已。

《中庸》的入手处就是反思自己的情绪和内心。你和人交往的时候，首先静下心来思考一下：如果别人这样对我，我愿不愿意？如果别人用这个态度对我、将这种处理问题的方法或者这种言语施加到我身上，我愿不愿意？我喜不喜欢？如果你觉得愿意、喜欢，至少是自己不反感，可以接受，你才可以用这种态度、这种方式与他人交往；如果你自己都觉得不愿意、难以接受，就不要用这种态度、这种方式与他人交往。这就是“恕”！

恕道在儒家思想里是相当重要的。《论语》有一段话与此有关。子曰："吾道一以贯之。"曾子曰："唯。"孔子对曾子说，我整个思想体系的核心就是一句话。曾子说："是。"师徒俩的对话到此为止，像打哑谜一样。所以等曾子出来之后，曾子的弟子们不理解，就问曾子："刚才老师您跟师爷的对话是什么意思？"曾子解释说："夫子之道，忠恕而已矣。"曾子认为孔子全部思想的核心如果概括为一句话，就是"忠恕"。

也就是说，孔子思想的核心、儒家思想的核心就是"忠恕"。孔子所有的思想贯穿着一条主线，就是"忠恕"。所以《中庸》才说"忠恕违道不远"，实践了"忠恕"二字，你距君子终生追求的"道"也就不远了。

忠恕就是"施诸己而不愿，亦勿施于人"，就是《论语》上讲的"己所不欲，勿施于人"。这两句话实际上也是方法论。

我反复强调《中庸》讲的是人生的方法论，是实实在在的方法。"喜怒哀乐之未发谓之中"，儒家的修行从关照自己内心的情绪波动入手，你要思考你内心的情绪波动的根源是什么。比如，你感觉到现在你的怒气上来了，想想那是什么原因造成的。找到原因之后，你再进一步考虑，既然这种事情令你生气，那么也就能令别人生气。你一定要记住，不要用这种方法去对待别人，那样会让别人对你生气。这就是恕，这就是"施诸己而不愿，亦勿施于人"，是儒家一种待人接物的方法，是实实在在的方法论。

当你要处理一个问题，但不知道这么处理合适不合适时，就可以先用这种方法思考一下。比方说，你想和一个员工谈一番话，但是不知道这么谈合不合适，那你就先想一想，如果你现在就是一个员工，你的老板对你说这样的话，你心里会是什么感觉？如果你会不高兴，心里不愿意，就说明这种谈话的方式是有问题的。那你应该怎么谈呢？方法也在其中。还是那件事情，你想想，如果你是员工，你的老板怎样跟你谈你会心悦诚服、心服口服，并立即改正、永不再犯。然后你就按照这种方式去和你的员工谈，基本上就可以达到预期的效果了。

儒家是要通过自我修养达到理顺人际关系的目的，“施诸己而不愿，亦勿施于人”是一个基本点。它在教我们应该怎么去做，这是很重要的。《论语》上记载了孔子那么多的言论，按孔子自己的总结，他的思想核心就是“忠恕”，这不仅仅是道德修养，还是实用的方法论。孔子的思想具有很强的实践性也就在这里体现出来了。

《中庸》下面的原文仍旧是引孔子的话。

君子之道四，丘未能一焉。所求乎子，以事父未能也；所求乎臣，以事君未能也；所求乎弟，以事兄未能也；所求乎朋友，先施之未能也。

孔子说，“君子之道”有四个方面，然后他自谦“丘未能一焉”，就是我孔丘一个都做不到。这四个方面，我理解是对“施诸己而不愿，亦勿施于人”的具体展开，就是这四种人际关系怎么处理。

第一个方面，“所求乎子，以事父未能也”。“未能也”是孔子的谦辞，意思是自己还做不到。“所求乎子，以事父”讲的是父子关系，“所求”就是你所要求的。这句话的意思是，你要求你的儿子怎样侍奉你，你就要用同样的态度去孝敬你的父亲。

我觉得这句话可以从三个层面来理解。其一，恕人。你在你的父亲面前没有做到位的事情，就不能要求儿子在你面前做到位。在要求儿子、批评儿子之前先想一想自己是否做到了，如果自己没有做到，对儿子这方面的缺点错误就应该原谅，不要指责了。其二，责己。将儿子当作一面镜子反观自己，儿子哪里惹自己生气了，就应该反思一下，自己是不是也做过类似的事情让自己的父亲很伤心；儿子什么事情做得好，令你非常高兴，你也应该反思一下，你是否做过类似的事情让你的父亲开心。如果没做过，应该感到羞愧，连自己儿子都不如，就应该马上去做。其三，全孝。能够拿出上面的态度来，并在实践中做到位，你才是真正实现了儒家提倡的孝道。孔子说他自己未能做到这一点，也是有特殊情况的，因为孔子很小的时候父亲就去世了。

第二个方面，“所求乎臣，以事君未能也”。你要求你的臣下、下级对你是什么态度，你就要用同样的态度去侍奉你的君主、对待你的领导。这讲的是君臣关系。你希望你的部下忠诚奉献、努力工作，对你交代的事情尽心尽力，那么你首先要想一想，你对你的上级是否做到了这一点？以身作则，言传不如身教，期望你的部下达到什么状态，你自己得先给他们做个表率。

可能有人会说，我是自己做企业的，没有上级领导啊，我怎么示范？那么你是怎么对你老爸、你老师的？这也是给你的团队一种示范作用。你自己先做到位了，再要求部下，才能达到预期效果，否则你喊破喉咙效果也不明显，制订再多的规章制度来约束效果也不理想。

第三个方面，“所求乎弟，以事兄，未能也”。你要求弟弟对你什么态度，你就要用这个态度去侍奉你的兄长。这讲的是兄弟关系。当哥哥的，你希望弟弟们怎么对你，你就先这样对你的哥哥，给弟弟们示范一下。当大哥的，示范体现在你怎么在父亲面前尽孝，做出这个榜样，不仅能让弟弟们知道怎样尽孝，也能得到弟弟们发自内心的尊敬和爱戴。

第四个方面，“所求乎朋友，先施之未能也”。你要求朋友怎样对你，你先这样去对朋友。这讲的是朋友关系。你希望朋友这样对你，就先拿出这个态度对朋友，你要做不到，还期望人家这么对你，那是不现实的。比方说，你现在想找一个朋友借二百万人民币，你先琢磨琢磨，他要是找你借二百万，你能不能拿给他？你要能做到，你去跟他张这个嘴，他有可能借给你。如果你自己先掂量掂量，就你们俩这关系，现在他跟你借二百万，你能不能借给他都不敢肯定，那你去借，能不能借来真不好说。

以上孔子一共谈了四种人际关系，其中父子关系、兄弟关系是家庭内部关系，是亲属关系；君臣关系是政治关系，或者说是上下级关系、隶属关系、同事关系；朋友关系是社会关系。我们的人际关系不就是这几种吗？想一想，你认识的所有人，都可以纳入上述三类关系之一吧，要么是亲属，要么是同事，要么是朋友。所以，孔子谈的这四种人际关系，实际上包括了我们全部的人际关系。

用这四个例子来阐释恕，阐释“施诸己而不愿，亦勿施于人”，就是在暗示我们，处理所有的人际关系都应该本着恕道出发，都应该“施诸己而不愿，亦勿施于人”。

问题的关键在于，人际关系是相互的。你怎么对人，人就怎么对你；想人家对你好，你就得对人好；想有好的人际关系，就要从改变自己做起。先要修身，这也就是儒家说的“反求诸己”，在自己身上找原因、在自己身上寻找解决问题的方法。

第八讲　庸德之行，庸言之谨

上一讲我们讲到《中庸》第十三章，没有讲完，后面还有一句，所以提醒大家，不要把上一讲结尾处的内容和下面这句话分开理解，它们原本是一章。

庸德之行，庸言之谨，有所不足，不敢不勉，有余不敢尽。言顾行，行顾言，君子胡不慥慥尔。

这里出现了中庸的“庸”，我们前面说过，“庸”在传统上都解释为日用平常，就是日常生活中的东西。因此，“庸德”就是你在日常生活中经常体现出来的德性，“庸言”就是你在日常生活中常说的言语。

前面讲到忠恕之道，然后接着讲“庸德之行，庸言之谨”。其内涵是，忠恕之道不仅体现在大的方面，更重要的是体现在你的日常生活中，体现在那些能表现你品德的日常小事中，体现在你最平常的言谈举止中。在这些方面应该时刻提醒自己落实忠恕之道，这样才真正做到了儒家提倡的“忠恕”二字。能做到这些，你就已经把孔子的学问全部继承下来了，因为孔子思想的核心就是“忠恕”二字。

所谓“庸德之行”，关键是这个“德”要落实在行动上，这才是德行。我们日常生活中常说“德性”而不是“德行”，是因为德就是性，性就是德，二者是同义词，都是属性的意思。你是一个什么样的人，这叫你的“德性”。你是一个什么样的人，大家并不听你怎么说，而是看你怎么行。所以这里讲“庸德之行”，就是你身上的品德，在日常生活中以实际行动体现出来。也可以换一种表述方式，即指能够表现你品德的那些行为。

换句话说，在日常生活中你想要体现出你哪一方面的美德，不能靠语言，而要靠行动去把它落实。在日常生活中，靠你的行动让大家感受到你身上有这方面的美德，这就是“庸德之行”。

要想修德，就要落实到行动上，说是没有用的。说得天花乱坠，别人也不会承认你是这样的人，别人都是看你是怎么做的。你可以不说，但要在行动中体现出来，默默地做到了，大家都看在眼里了，对你的评价自然也就高了。这是德行修养方面一个很重要的原则，就是要见于行动。

我们再引申一下，在日常生活中，你在管理、带领团队的时候，都应该注意“庸德之行”。你想让大家贯彻什么，作为领导者，你首先就要在行动中落实这一点。如果你自己不能在行动中体现，再怎么用语言去表述，去给别人讲，效果都不会理想。所以古人讲教育、教化，有一个很重要的理念，叫言传身教。语言可以起到传播的作用，我们靠语言来传授知识，但是你如果想真正影响他人、教化他人，要用身教，用你自身的行动去感染、感化，才能使他人发生变化。

《论语》上记载，有一次孔子和弟子们聊天。孔子说他不想说话了。弟子们问：你不说了，我们学习什么呢？我们传授什么呢？我们怎么向下继承和传播呢？孔子反问弟子们说：

“天何言哉?”意思是老天说过什么？天什么时候对你说过话啊？但是“四时行焉，百物生焉，天何言哉”。老天并没有站出来对我们讲话，那你是怎么认识到天道的呢？是看老天的实际表现，四季在运行，万物在生长，这就体现着老天的意志，一切按规律运行，这就是老天提倡的。大自然的一切都在顺应着天道运行的规律，但这并不是老天靠语言教育的结果。

老天并没有和我们说话，而是在具体的行动中体现出来。如果我们从大自然中参悟人生的哲理，那么“庸德之行”就是在日常生活中把自己提倡的东西在行动中体现出来，落实到行动中。

想把人际关系处好，把人脉理顺，那你得做一个大家欣赏的人。要在行动上实现这一点，绝对不是怎么去说的问题。“庸德之行”，关键在这个“行”字上。所以，在日常生活中你的一举一动都要体现出你所提倡的美德，或者说，以符合美德的方式去行动。

如果你希望在别人眼里你是一个诚实守信的人，你反复强调自己向来守信是没有用的。你和人相处的时候一板一眼、说到就做到，从不违约，遵守诺言。你做到了，不用你说一个字，大家也会公认你是诚实守信的人。

“庸”是平平常常。这也提醒我们，美德的修养并不是靠人生的重大抉择、面对大是大非时来体现出来的，美德主要就是在日常生活的平平常常的点滴细节中体现出来。儒家的修行就是要在日常生活的平凡小事上做起。把日常生活中的每一件小事都做好、做到位，你的品德修养也就达到比较高的境界了。

越是生活中的平凡小事越是无法伪装。如果你的修养达不到那个高度，想在日常生活的细节上做到位，临时表演给人看，想表现你具备某种美德，那绝对是装不出来的。生活中的细节是你内心的自然流露，你没有修出那个心，细节是不可能做到完美的。

顺便说一下，“庸德之行”也是一种识人的方法。如果你足够细心，就会从日常生活的细节中去观察他人，只要你品味一下你观察到的细节都折射出哪些品质，你就可以把这个人看得清楚明白了。

“庸言之谨”讲的是另一个层面——言语。“庸言”，就是指平常生活中和人交流时说的话，不是指你上台发言讲的内容。“庸言之谨”，就是你在日常生活中跟人交流的时候，在日用平常的语言上一定要慎重。讲话前先想一想，这么说合适不合适，不要不经过大脑开口就说，那样容易伤人，人际关系就很难理顺了。不经过思考张口就说出来的话，没有考虑听者的承受能力，轻则导致心生芥蒂，重则导致冲冠之怒。日常生活中语言表达谨慎小心，说话妥当、恰如其分，这才是中庸之道。

这两句话都用“庸”字开头，明确地告诉我们，儒家的修行方法就是在日常生活中体现出来的，是在日常生活中修行的。

你想要在日常生活中修行，最重要的就是考虑两个方面：第一怎么做，第二怎么说。而且我们要注意，子思把“行”排在前面，把“言”排在后头，我的理解是，他是想告诉我们“行”更重要，即怎么做是最重要的。

我们日常在和人交往的过程中，实际上也就是这两个字，一个“行”，一个“言”。你照顾到了“行”，不论什么事情都做得很到位，办事恰当、妥当；你又照顾到了“言”，说话非常得体。那么你的人脉、你的人际关系肯定就没有问题了。处事妥当、说话得体，大家就都愿意和你交往，你就做到了《大学》中说的“亲民”，大家和你在一起感觉非常舒服，这就是《论语》中提到的“修己以安人”。

我反复强调《中庸》是儒家修行的方法论，教我们怎样按照儒家的方式修身。实际上，儒家的修身就体现在日常生活中，不外乎两个方面，一个是日常生活中你的一举一动，一个是日常生活中你的一言一行，归纳起来就是“言行”二字。反思自己在日常生活中的言行就是儒家的修行方式，努力在日常生活中追求言行妥当就是儒家的修行。

在日常生活中与人交往的时候，不管办什么事、说什么话，都实心实意去说、尽心尽力去做。不论什么事，要么不办，要办就全力以赴；不论什么事，要么不说，要说就实话实说。在此基础上，事情的结果不如人意，或是他人有对不起自己的地方，本着恕道，包容、原谅、不计较。这就是儒家的修行方式，就是本着儒家的精神去生活，就是在平凡的日常生活中、在点点滴滴的小事上落实孔子的教诲、儒家的精神。这就是中庸的“庸”，也就是日用平常。

儒家提倡的静坐反思，也就是反思在日常生活的每件事上是不是落实了儒家的精神。我今天跟人家办这个事，我的出发点是不是好的，是不是与人为善的，这是仁。在处理这个事情的全过程中，我的方式方法是不是妥当的、合适的，这是义。我对这个事情是否尽心尽力了，这是忠。我在处理这个问题的过程中，是否本着宽容和包容的精神，这是恕。修行到最后，就是在所有的行动上都提醒自己坚持忠和恕，处理每一件事情都提醒自己要尽心尽力，妥当适中，并要有一份宽容和包容之心。

言语方面也是这样，时常反思是不是本着忠恕之心。我跟他谈这番话，我的出发点是不是诚心诚意、尽心尽力，我的出发点是不是对对方有一份宽容和包容，如果你跟人谈话的时候时刻提醒自己这两点，那你的谈话绝对不会过分。

为什么要这样做？因为你实心实意，对方能感觉得到，你糊弄人家，人家也能感觉到。如果你和人接触的时候，能始终本着忠恕之道说话办事，能一直这么踏踏实实、实心实意，对方是能感觉到的，对你的评价自然就会很高，你的人际关系就容易处和谐了。反过来，你和人办事时想：这事本来我不想办，我就糊弄糊弄吧。这样对方也能感觉得到，对你的评价自然就下降了，人际关系就容易出现隔阂，而且再严重些，你有几次这种情况之后，可能这个朋友以后就不和你办事了，你的人际关系就出问题了。身边都没有能一起办事的人，你的事业还怎么可能成功？

恕也很重要，和人接触的时候要抱着一颗宽容之心。道理非常简单，哪能事事都合你的意呀？你一天接触那么多的人、处理那么多的事，怎么可能每件事都按照你心中的设想去发展，每个人都按照你喜欢的方式和你谈话？既然不可能，我们就必须有一颗包容心。不然的话，可能你会天天跟人吵架，天天都要批评人、教育人，不仅事情办不明白，还把自己累得够呛、气得够呛。不仅事业难以成功，人生哪里还有幸福可言？

在生活中贯彻恕道，就要记住那句俗话："岂能尽如人意，但求无愧我心。"这实际上说的就是一个恕。

"岂能尽如人意"，你要提醒自己，遇到不如意的事，或是结果不理想，能包涵就包涵，能包容就包容，不往心里去了，不和人计较了，这就是恕道，也就是涵养。

但要追求"无愧我心"，别人怎么处理问题我管不着，但是我在处理问题的过程中要追求问心无愧，自己做到位。比如，两个朋友一起合伙做买卖，最后这买卖干砸了，不论责任在谁，我问心无愧。因为在这个过程中我一直本着忠和恕去做的。忠，从开始我就做得很认真、很投入；恕，他做得不到位的，我也不和他计较，我要宽容包涵他。能做到“但求无愧我心”，基本也就做到了儒家的“忠恕”。

曾国藩的日记里有不少他自己的反思。比如，说他白天跟某某谈话，“语多不诚”，就是跟人聊天时说话不够诚恳，有点儿虚虚假假、忽忽悠悠；或是批判自己“语太佞”，就是顺情说好话，也是不真诚。实际上曾国藩就是在落实“庸言之谨”的修行。

言语方面的诚，是指守着自己内心的真实感受和人谈话。比如说，你现在和我探讨，你要做一个新的生意，我也没干过，甚至我也不会做生意，但是我内心深处对这个买卖不看好，那我就实实在在地对你说。不要违心，明明你感觉不好，还说“不错呀，你这事情好啊”，这就不符合忠，不实在。要做到“庸言之谨”，首先要守着一个“忠”字，就是本着自己内心的真实感受来谈。

还有恕，就是说话的时候要有宽容、包容精神。不要专门挑人的毛病，也不要对着干、顶牛式地谈话。他这话说得过分了，你又来一句更过分的；他这个话够硬了，你又来一句更硬的，最后结果肯定是矛盾升级，甚至打起来。

总之，“庸德之行，庸言之谨”这两句话，与前面这个自然段结合起来，是对前面内容的升华，是在告诉我们儒家提倡的修行方式是什么，怎么修身。

“有所不足，不敢不勉”是对前面那八个字的补充。

从字面上讲，这句话的意思就是发现不足，不敢不努力。儒家提倡每日反思，就是反思自己一天的言行，发现自己的不足之后，接着在这方面去努力。比如，通过反思发现自己与人谈话时不够真诚，经常顺情说好话，那么下次和人谈话时，就应该在心里时刻提醒自己不要犯这个毛病。

“有余不敢尽”说的是另一个方面。静思反省一天的所作所为，发现自己一天几件事处理得都没什么毛病，已经做到极致了，这叫“有余”。“不敢尽”是不敢认为自己可以终止修行了。反思自己一天的生活，发现自己没犯什么错误，不敢认为自己已经修成了。

按儒家的修行方法来修，是永远没有修完那一天的。别看儒家提倡的是日用平常，要求从生活中的点点滴滴小事做起，但是要想全做到那是不可能的。因此儒家的修行就没有修成一说。套用当下的话来说，修行这件事永远在路上，没有最好，只有更好。

但是，儒家这套修行方法也不是要全都做到之后才能从中受益，在你向着这个方向努力的过程中，你就能实实在在地得到益处。所以你不用追求全做到，也别想能全做到。

今天反思可能没有错误，但明天可能接着犯错。按《论语》上的记载，孔子最优秀的弟子颜回也只能“其心三月不违仁”，能坚持三个月不犯错误，那第四个月呢？《论语》的记载给我们留下这么个疑问。可见“庸德之行，庸言之谨”，要在日常生活中一举一动都做到位是不可能的。能坚持三个月没有犯错误，就已经是孔门最优秀的弟子了。孔子“弟子三千”，三千人里才出一个颜回，而他也才能坚持三个月。

孔子对其他的弟子是怎么评价的？“其余则日月至焉”，也就是有的人是某一天，有的人是某个月能达到这种不犯错误的境界。孔门“十哲”、七十二大贤才能达到这个境界，何况我们？所以说错误总是有的。人生不可能不犯错误，可贵的是能在修正错误的道路上一直走下去。

“有余”是不大可能的了，如果哪一天你反思真的一天都没犯错误，那说明你进步很大了。但是，你也不要觉得自己修成了，因为明天肯定还要犯错误，能达到“七十二贤”的境界就已经很不错了，更不要说颜回的境界了。

儒家修身的最终境界是遥不可及的，我们向着这个方向走的过程当中就足以受益了，而不是一定要达到那个境界。

言顾行，行顾言，君子胡不慥慥尔。

“顾”是考虑、照顾。你说话时要顾及你的行动，你行动时要顾及你说过的话，这叫“言顾行，行顾言”。说得再直白点儿，就是言行一致、表里如一。

“言顾行”，你说的时候就要考虑自己能不能做到。比如，大家说好明天晚上聚会，问你能不能去。你说“能”！你说这个“能”字的时候，要先想想，你明晚真能去吗？你明晚的时间是不是能安排开？不能不过脑子，顺口一说，结果明天晚上又打电话：“哎呀不行，我这儿有事走不开。”发生几次这样的事情之后，大家对你的印象就是为人不靠谱，以后你再怎么说能，大家也不相信你了。这就是《狼来了》的故事。给身边的人留下这样的印象，大家和你办事还可能安心吗？谁还愿意与你合作、与你共享资源？你人生的路不是必然越走越窄吗？

“行顾言”，当你做这个事情的时候，要考虑怎么去解释你的做法。如果有人问你为什么要这么做，能不能拿出一个冠冕堂皇的理由？如果不能，就说明这件事你做得有问题、有毛病。

做事情一定要有一个能拿到桌面上的理由，换句话说，就是有光明正大的理由，对于修行的人来讲，这是必需的。如果说我做这个事情有理由，虽然我自己心里很清楚，但不方便公开讲，那这件事办得肯定有问题。如果你觉得理由不能公开，公开了之后就会得罪人，那也说明你处理得有问题，要么里面有私心，要么里面有杂念，总之是没有做到诚意正心。如果你做到了诚意正心，你的理由就能拿到桌面上说。

儒家的修行方法，不仅具体教我们怎样修行，还教给我们检测的手段。修得到不到位，事情办得对不对，不用别人督导、不用别人指出错误，你自己就可以检验。“言顾行，行顾言”，就是对自己事情做得是否到位的一种检测方法。

检测可以分两个方面，先是“言顾行”，即你说过之后想没想着兑现。当然，人生存在相当大的变数，在种种外在客观因素的影响下，我们说过的话不一定都能兑现，但关键是，当你说的时候、当你做出承诺的时候，你的内心深处是打算兑现的吗？经常听到这样的话吧：“好久没聚一聚了，哪天我请你吃饭。”我们听到这话肯定都不会放在心上，不会天真到跟人订日子：“我 14 号要出差，21 号回来，咱们要么在 14 号之前，要么在 21 号以后。”没有这么聊天的吧，因为说的人根本也没打算兑现。

对于这种现象，世俗早已习以为常，但要修行，这种话就一定要杜绝，既然没有请人家吃饭的打算，为什么要那样说？这不就是撒谎吗？儒家修行的“言顾行”就是要从杜绝随意说谎开始。

如果你每天都在随口说着一些根本没打算兑现的事情，证明你还没有开始修行；如果你每天习惯性地顺口说着没打算兑现的事情，某一句话说出口之后，忽然意识到自己并没打算兑现，发觉自己说了谎，悚然恐惧，后悔不已，证明你已经开始修行了；如果你一会儿习惯性地顺口说着没打算兑现的事情，一会儿又能够提醒自己不说，在两种情况之间变来变去，证明你的修行已经有了较大的进步；如果你基本不说没打算兑现的事情，只是偶然说走了嘴，证明你的修行已经相当有成就了。这样，你就可以自己检测自己的修行进境了。

检测的另一个方面，“行顾言”。怎么进行自我检测？那就是问自己：我为什么要这么做？如果有人质疑我的话，我能不能有一个能拿到桌面上的理由？我能不能公开解释？能不能说明白？这就是检测你的行动是否到位的方式。

“言顾行，行顾言”这六个字是对上述内容的总结，同时它也是儒家修身的重要方法，不仅告诉我们怎么修，还告诉我们怎样对自己的修行程度进行检测，这也是一种反思的方法。

最后这句话“君子胡不慥慥尔”是感叹句，没什么深刻含义。“慥慥”是诚恳的样子。这句话的意思是，能够做到上面的“庸德之行，庸言之谨，有所不足，不敢不勉，有余不敢尽，言顾行，行顾言”，能够这样去修行的，就是君子，就能表现出非常诚恳的君子形象，这叫“君子胡不慥慥尔”。君子怎么能不是这样诚恳笃实的呢？

下面是《中庸》的第十四章：

君子素其位而行，不愿乎其外。素富贵行乎富贵，素贫贱行乎贫贱，素夷狄行乎夷狄，素患难行乎患难，君子无入而不自得焉。在上位，不陵下；在下位，不援上。正己而不求于人，则无怨。上不怨天，下不尤人。故君子居易以俟命，小人行险以徼幸。子曰：“射有似乎君子，失诸正鹄，反求诸其身。”

先说“君子素其位而行，不愿乎其外”。“素”是平常，跟

“庸”的意思差不多，但“素”有一种日常状态的意思，咱们现在讲平常，古人讲平素。“位”指所处的位置、社会地位，或者用今天的时髦话说，叫生存状态。“行”就是行动；“愿”就是愿望，就是追求。这句话的意思是，君子是按照自己所处的社会地位和生存状态来决定自己怎么行动，不追求在这之外的东西。

这句话是个总纲领，我们先不细解释，先看下面，因为把下面的几句解释完了，对这一句就能有深刻地理解了。下面是举例子来说明什么叫“素其位而行”。

第一个例子，“素富贵行乎富贵”。“富”是有钱，“贵”是社会地位高。你现在的生存状态是既有钱又有着非常高的社会地位，那么，你就要从“富贵”二字出发来行动。这叫“行乎富贵”。

打个比方，你现在家里有十八亿现款，你还是人大代表、政协委员，这就是富贵。那么你应该怎么去行动呢？行动的基本原则应该是“行乎富贵”。就是你的行为举止要与你的富和贵相匹配。你拥有十八亿的身家，还因为吃碗面跟老板讲价少给一块钱吗？这就不是“行乎富贵”，因为你的行为跟你富贵的生存状态不匹配。

如果你的生存状态是有钱，并且社会地位还高，你的行为就要从这儿出发，你的行为就要和你的生存状态相匹配，这叫“素富贵，行乎富贵”。

第二个例子，“素贫贱行乎贫贱”，与前面的例子正相反。

“贫”是没钱，“贱”是社会地位低。你的生存状态是贫贱，那你的日常行动就要和你的生存状态相匹配。比方说，你是一个下岗职工，家里经济条件不好，去早市买菜，就跟人家讲价，能省一毛是一毛，这是正常的。为什么？和你的生存状态相匹配。如果你现在靠低保活着，买东西时，人家要五块，你却给十块，还告诉人家不用找了！你装什么大款！所以说，“素贫贱，行乎贫贱”。

人生的事情没有一个统一标准，只要跟自己的生存状态相匹配就好。就说吃碗面讲价这个事儿，发生在老板身上，我们觉得丢份儿，这是负面的评价；发生在下岗职工身上，我们说他会过日子，是正面的评价。为什么呢？因为和他的生存状态相匹配。

颜回就是孔门里贫贱的典型，他没当官，也很贫穷，但是“一箪食，一瓢饮，在陋巷，人不堪其忧，回也不改其乐”。他的所作所为和他的生存状态是匹配的，而且他没有感觉到自己比人家低一头，也不觉得这种生存状态对他是一种困扰，他仍旧过得很快乐。

儒家为什么提倡“素富贵行乎富贵”？往大的方面说，作为富贵者，你要完成你的社会责任。作为一个有钱人，社会地位还高，你不考虑完成你的社会责任，天天过得那么拮据是不行的。有钱人都不消费，靠什么拉动内需啊？

另外，儒家认为富贵者不要跟小民去争利，所以提倡“行乎富贵”。人家做小买卖的不容易，你有钱，就多花两元，别跟小老百姓去争利。商场搞免费赠送活动，身家几个亿的老板也来排队领东西；政府建安居房，局长、处长、董事长也都来申请几套，这就是与贫贱者争利，是很不合适的。

所以讲，“素富贵行乎富贵，素贫贱行乎贫贱”，你的所作所为要和你的社会身份相匹配。“不愿乎其外”就是不追求在此之外的，只追求和你身份地位相匹配的。比方说，现在本来家里生活挺困难，你就喜欢滑雪，把房子卖了你也得去，这就是“愿乎其外”了。

“不愿乎其外”，就是你要“素富贵行乎富贵，素贫贱行乎贫贱”，不要去追求这之外的东西。富贵者追求贫贱的生活方式，贫贱者追求富贵的生活方式，都不对。要根据你的社会地位确定你人生追求的目标，不要追求这之外的。

比如，你现在小学都没毕业，你的人生理想却是当大学教授，这就追求得太“外”了，会给自己找罪受。实际上，人生很多的纠结和苦难都产生于追求平素之外的东西。所以儒家讲“不愿乎其外”，不要追求你的社会地位之外的东西。

每个人都有自己的追求，这个没有统一的标准，也没有高低贵贱之分。在儒家看来，贫贱者的人格并不比富贵者低一等，但关键是你得“不愿乎其外”，“无欲则刚”。比如颜回，虽然他很贫贱，但是，第一他心态平和，日子过得很愉快；第二也没人敢低看他。如果反过来，颜回追求这之外的，就得去巴结有钱人，就会让人家瞧不起。

自己追求的那个东西本来就是自己不可能得到的，还一定要追求，最后还得不到，心里不纠结吗？心态不平和了，幸福感就没有了，日子过得也不快乐了，人格也降下来了，这是何苦呢！所以，“不愿乎其外”是很重要的人生准则。

以上两个例子一正一反，谈的是经济条件、社会地位。经济条件好的、社会地位高的和经济条件差的、社会地位低的，都应该“素其位而行，不愿乎其外”。

第三个例子，“素夷狄行乎夷狄”，是讲文化风俗的。

夷狄，是中国古代中原人对少数民族笼统的称呼，不具体指哪一个民族。“素夷狄行乎夷狄”，就是你本来的风俗文化、生活习惯是什么，你就从这个出发去行动，不追求大家一致。

比方说，外国人在中国坚持他本国的风俗习惯，我们也没人会批评他。但如果中国人在中国去坚持外国人的风俗习惯，你们大概看着就比较怪了吧。再比如，现在来个泰国男人，他在这儿穿裙子，我们可能也会欣赏一下，也会理解，这就是他们国家的民族服装。如果我觉得挺好，第二天也穿个裙子，大家是不是会说我疯了？当然，如果喜欢，我可以去泰国穿裙子，就没有人质疑了，那叫入乡随俗，是另一个问题了。

你的生存状态是什么，你自己的文化风俗、生活习惯是什么，你坚持这个并从这出发是没毛病的。

举个例子，现在很多人提倡汉服，你要偶尔穿一下，那不是你的生活状态。但是现在有一些提倡汉服的，在日常生活中就穿，也穿这个上班，这就是他的生存状态。你从你的生存状态出发，去为人、去处事，不要矫情，不要特意把自己包装成什么样子。

第四个例子，“素患难行乎患难”，说的是人生遭遇。

“患难”，指经历磨难。你现在的日常生活充满了磨难，那你就可以从这个角度去处理问题。打个比方说，最近你经常出事儿，那么就应该诸事小心，出门看看门锁好没有，开车要先好好检查然后再启动。这就是“素患难行乎患难”。

上述一共举了四个例子，分三个层面来阐释什么是“君子素其位而行，不愿乎其外”。第一个层面是从经济条件、社会地位说，第二个层面是从文化风俗、生活习惯说，第三个层面是从人生遭遇说。这是儒家很重要的人生理念，也是指导人生行为的基本原则。

在日常生活中处理问题应本着“素其位而行，不愿乎其外”这个基本原则。这是接着上一个自然段说的。前面说“言顾行，行顾言”“庸德之行，庸言之谨”，怎么能做到呢？本着一个基本原则——“素其位而行，不愿乎其外”。

下一句“君子无入而不自得焉”，是对上述内容的总结，也是一个感慨，讲的是人的心态。你要做到“素其位而行，不愿乎其外”，还要调整你的心态，你的心得安于这种状态，在这种状态下自己修心，保持一个喜乐平和的心态。你要有这个心态，你才能够“素其位而行”。如果没有这种心态，你就会跟别人攀比，就不可能“素其位而行”了，然后再去追求你不应该追求的，人生的灾难从此开始。

人生的灾难就是从追求不应该追求的开始的。怎么知道你应该追求什么，不应该追求什么，就是“素其位而行，不愿乎其外”。要做到这一点，最关键的就是一个心态，“君子无入而不自得”，没有什么状态是不能够自得其乐的。现在富贵，能在富贵里享受到生活的乐趣；现在贫贱，在贫贱中也有生活的乐趣。颜回就是在非常贫贱的状态下，过得仍旧很快乐。只要“素其位而行，不愿乎其外”，那么你在每一种生存状态下都能找到人生的快乐。

你的追求一定要与你的生存状态相匹配，当然，人生的追求不是一成不变的，等你的生存状态发生变化之后，你才可以追求另外的。你现在不应该去追求的那个东西，不等于你一生不去追求，关键是要追求符合自己的。

比如你现在贫贱，追求挣钱，这不是毛病。但你要脚踏实地一步一步往前走，不能想着不劳而获，不能想办法从银行骗出钱来不打算还，也不能偷、抢，而是要从你的生存状态出发，仔细考虑你干什么能挣钱。脚踏实地往前走，这才是正确的。不要追求那些你不应该去追求的东西，这是人生快乐的基本。

在日常生活中，我们不仅要“素其位而行，不愿乎其外”，还要去加强个人修养。就是“在上位，不陵下；在下位，不援上。正己而不求于人，则无怨。上不怨天，下不尤人”。

“在上位”，是社会地位比较高；“不陵下”，就是不欺负社会地位低的。你如果是社会地位高的富贵者，那你在日常生活中要本着一个原则，就是不要去欺压那些不如你的人，这就是一种道德修养。

作为一个社会地位比较低的人，不去巴结地位高的人，不巴结当官的，不管面对多大的官，你都能坚守你的人生原则，能保持你的气节，换句话说，能有自我，这就是修养、这就是道德。

这段先讲了上位者的注意事项，然后讲了下位者的注意事项。在上位的关键是不要盛气凌人，在下位的也不要去巴结在上位的，要保持你的独立人格。因为人高贵与否，跟社会地位和经济实力实在没什么关系，而是跟你的操守有关系。所以，有很多贫贱之人真正获得了他人的尊重，而有很多所谓的富贵人，在我们眼里是非常不齿的。

“正己而不求于人，则无怨。”“正己”，是端正自己；“不求于人”，是不苛求他人。端正自己，不苟求别人，这样就没有人抱怨你。没有人怨恨你，这就是“庸德之行”。

在日常生活中，在和人家交往的时候，如果你始终本着端正自我、完善自我的心态，对身边的人不苛求，就没有人会抱怨你、怨恨你。这就是“生平不做亏心事，世上应无切齿人”。

“在上位，不陵下”，讲的是如何对待比你低的人；“在下位，不援上”，讲的是如何对待比你高的人。在现实生活中，我们的人际关系主要不就是这两种吗？不是比你低的就是比你高的。对上面的人，你能保持独立人格，不谄媚、不巴结，正常交往；对下面的人，你不盛气凌人，不欺负他，不看不起他。任何事情都抱着一个端正自己、完善自己的心态，而不苛求他人。如果能在日常生活中做到这些，你的修养就已经很高了，你身边的人对你就没有怨言，不会怨恨你了。

在此基础上，还要保持一种心态，“上不怨天，下不尤人”。对上来说，不抱怨老天，对下来讲，不指责他人、抱怨他人。作为一个修行者，人生的路不可能是一帆风顺的，也会遇到挫折。遇到挫折的时候怎么办呢？“正己而不求于人”，“反求诸己”，关键是从自己身上找原因，不要怨天尤人。

因为做生意赔了，就抱怨老天，指责他人，这种心态就不对了。如果有了这种心态，你的人生也就好不了了。事情办砸了，就开始指责他人，说这个事儿倒霉就倒你身上了，这样做除了把人际关系搞僵之外，没有任何意义。

所以，儒家修行者从来不抱怨时、命，而是随遇而安。不要说自己生活的这个时代不好，不要说命运对自己不公，“正己而不求于人”才是对的。孔子生在那样一个乱世，周游列国十几年也没有找到机遇，但孔子从来也没有抱怨过时代、抱怨过命运。要保持这样的心态，才能称得上是君子。

“故君子居易以俟命，小人行险以徼幸。”“易”的意思是简易，就是日用平常；“命”是命运，或者理解为机遇；“俟”是等待。“故君子居易以俟命”，是说君子要在一个简单而平常的状态下等待命运做出安排。

君子追求自我完善，追求“反求诸己”。“正己而不求于人”，“上不怨天，下不尤人”，把自己修行好了，然后停留在一个简单而平常的状态，等待机遇的到来，等待命运的安排。

儒家的修养要做的工作就是一件，即端正你自己、完善你自己。你把自己修完善了，具有相应的能力和素质了，你的人际关系也理顺了，那就一定能成功吗？还有一条很重要，就是你得有机遇。人生的机遇是可遇而不可求的。机会是遇到的，不是求来的，所以才叫机遇。

没遇到机会的时候怎么办？“居易以俟命”，停留在一种简易、简单而平常的状态，等待机遇到来再行动。不要觉得自己现在都修行好了，却因怀才不遇而急得上蹦下跳的。这样不仅把自己的人生弄纠结了，个人的修养也保持不住了。所以，要停留在一个简单而平常的状态，保持一颗平常心，等待机遇到来，坚信机遇一定会到来。这才是君子、这才是有修养的人。

“小人行险以徼幸”，小人在没有人生机遇的时候，不是等待机遇的到来，而是采取冒险行为，以图侥幸。没有经过儒家修行的人，没有进行过自我修炼的人，就会走向这样一个处理问题的方法，冒险以图侥幸成功。把希望寄托在那百分之五的概率上，还喊出一个“富贵险中求”口号，然后就开始去冒险了。这样处理问题，百分之九十是要栽进去的，因为那种冒险的方法，成功的概率就是不超过百分之五的。

到这里，这个自然段的内容已经讲完了，最后引一句孔子的话作为这个自然段的结尾。

“子曰：‘射有似乎君子，失诸正鹄，反求诸其身。’”孔子说，射箭这个事跟君子的修养很相似。“失”是失去；“鹄”就是靶子；“失诸正鹄”，就是失去靶子的正中间，即没有命中靶心。没射中不要找别的原因，正确的态度是“反求诸其身”，在自己身上找原因。是哪里姿势不对，是弓没拉满，还是箭拉偏了？反正你得在自己身上找原因。

孔子这段话是用射箭来比喻君子自我修养的方法。不管什么事情，出了问题没有达到目的，不要到外界去找原因，要在自己身上找原因，要反思自己哪里做得不到位，应该怎样去改正。这才是儒家的修行方法。

第九讲　君子之道

上一讲的内容总体上是讲修身的。讲完修身之后，《中庸》的第十五章就开始转入齐家了，内容与《大学》是配套的。

君子之道，辟如行远必自迩，辟如登高必自卑。

这句话的意思是，君子的修行，譬如你无论走多远也一定得从近处开始，譬如你不管攀登多么高的山峰也一定从较低的地方开始。这句话用了两个比喻，讲的就是循序渐进。就是说君子之道、君子的修行要从近至远、从低到高、从易到难，要有这么一个过程。

修行要落到实处，见到实效。你修没修、修得怎么样，要看有没有效果。这个效果首先是在家里面体现。把家庭关系理顺，达到一个和谐的状态，这是你修行的第一步。“君子之道，辟如行远必自迩”，说你最后不管走多远、走多高，都应该先从把家庭关系处和谐入手，然后一点点再把兄弟关系处和谐，再把亲属之外的朋友关系处好，再把你接触到的所有的人际关系都处好，一步一步向外扩散，这叫“行远必自迩”“登高必自卑”。

这句话实际上是一个过渡句，然后下面引《诗经》的一段话来谈齐家。

《诗》曰："妻子好合，如鼓瑟琴。兄弟既翕，和乐且耽。宜尔室家，乐尔妻帑。"

这几句诗出自《诗经·小雅·常棣》篇。"妻子好合"，指你和妻子、孩子的关系处理得很好、很和谐。"如鼓瑟琴"，"瑟"和"琴"一起演奏的时候，要追求两种乐器声音和谐并且同步。用这个比喻家庭内部关系，你要处理到像两种乐器演奏同一首曲子那么和谐、那么同步，有一个共同的基调。

"兄弟既翕，和乐且耽。""翕"是和、和谐的意思；"和"也是和谐；"乐"是喜乐；"耽"是沉浸于其中。这句话的意思是说，兄弟之间感情好，关系非常和谐，大家在一起非常喜乐，都沉浸在其中。

"妻子好合，如鼓瑟琴。兄弟既翕，和乐且耽"讲的是处理亲属关系要由近及远。首先能跟妻子、孩子把关系理顺，大家处得非常和谐，步调一致。然后在这个基础上向外扩展一步。古人是大家族生活在一起的，只要老人没去世，哥兄弟就不分家，都在一起生活。因此，在把妻、子的关系处理好之后，要进一步把兄弟的关系处理好。兄弟之间关系和谐之后，在一起非常喜乐，大家都沉浸在这种状态之中。显然，这两句诗讲的就是齐家。

"宜尔室家，乐尔妻帑。""宜"是适宜。"室家"如果具体解释，就是什么叫室，什么叫家。对此古人解释还不一致，但通常的说法是"男有室，女有家"，也就是说，"室"指男人的配偶，"家"指女人的配偶。但也有反过来说的，这个我们就不必深究了。总之，室、家是指配偶关系。"乐"是喜乐的状态；“帑”从狭义上讲就是子女，从广义上讲就是子孙。这句诗整体意思是说，跟你的妻子、子女、子孙都能保持一个喜乐的状态，这样美好的状态是适宜你和家人一起达到的。

子思在这里引这段，是要谈君子的修行问题。君子的修行是要从近的地方、从容易的地方入手，一点点向远处走、向高处走。那么君子的修行最基本的、最简单的应该从哪里入手呢？齐家。不是治国、平天下，而是要先齐家，先把家理顺，这是一个起点。

接下来，子思又引用一句孔子的话：

子曰：“父母其顺矣乎！”

意思与上文是连贯的。如果能达到《诗经》上说的状态，那就“父母其顺矣乎”，你的父母就过得很顺心了，这也就体现了孝。意思是，如果你把家庭关系搞和谐了，你的父母也就过得很顺心了。

子思引《诗经》、引孔子的话，都是为了说明一个问题，即齐家，把家治好！父母对子女最关心的实际上就是希望儿女过得好。夫妻、子女、兄弟关系都很融洽、很和谐，父母基本上也就顺心了。所以，“齐家”也是“孝”的体现。你能把自己的家经营好，父母看着心里也就很顺了，这就体现了孝。我们常说孝顺，实际上，真正的孝就是让父母顺心。

总之，这个自然段说的是修身的最浅近的效果，就是家庭和谐。最后引孔子这句话，是在点出这个自然段的主题，体现了儒家的核心概念——孝。孝从哪里体现出来？你先得把家庭关系处理明白了，让老人顺心。这也是修身的最基本的效果。

下面又引了一段孔子的话和一段《诗经》，为《中庸》的

第十六章。

子曰：“鬼神之为德其盛矣乎！视之而弗见，听之而弗闻，体物而不可遗，使天下之人齐明盛服以承祭祀，洋洋乎如在其上，如在其左右。”

“鬼神之为德其盛矣乎”，意思是鬼神的性质是非常盛大的了吧！“视之而弗见，听之而弗闻”，意思是你看是看不见他的，听也是听不到他的，就是说鬼神是看不见、听不着的。“体物而不可遗”意思是他的作用能体现在事物上，你不能够抛弃他。虽然你看不见、听不到，但你不能把他抛到一边。换句话说，这是你在生活当中应该考虑的一个问题。

为什么要考虑有鬼神这个事呢？目的是“使天下之人齐明盛服以承祭祀”。之所以考虑鬼神的存在，是因为这是有实际功能的，能够使天下的人“齐明”。“使天下之人齐明盛服以承祭祀”的意思是使得天下的人们，岁时斋戒，整洁地穿上庄重礼服，来奉事祭祀。至于你是不是相信鬼神真的存在，那是另外一个问题了。

儒家认为不应该否认鬼神的存在，因为它有实际的功能。儒家要通过对鬼神的祭祀而实现一种社会功能，使百姓穿着盛大的服装，斋戒后来祭祀鬼神。不仅祭祀仪式本身具有冲击力、震撼力、感染力，对参与者起到端正、纯洁的作用，而且通过唤起人们对鬼神的相信，使鬼神成为道德教化的保证力量、监督力量。一句话，用这种方式提醒人们，如果你不注意加强道德修养，想想鬼神们会怎么看你。孔子是要达到这样的效果。祭祀时应保持的心态是“洋洋乎如在其上，如在其左右”。意思是就好像鬼神就在你的上面、就在你的左右、就在你的身边。

《诗》曰："神之格思，不可度思，矧可射思。"

此句诗出自《诗经·大雅·抑》篇。"格"是至、到来的意思；"思"是语气助词，没有实际意义，三句语尾的"思"都是语尾助词；"度"是猜测。"神之格思，不可度思"的意思是：神到来了，他是你不可以去猜度的，是你无法猜测和想象的。"射"在这里读"yì"，《诗经》原文是"斁"，意思是讨厌且不恭敬；"矧"是何况的意思。"矧可射思"的意思是，更何况是厌恶或不恭敬他呢。

这三句《诗经》我们归纳一下，意思是祭祀的时候，你就想着神是会降临的，而神究竟是什么样子，那是你无法猜测和想象的，更何况是拒绝或不恭敬他呢?

子思引这句《诗经》，讲的是祭祀时应有的心态。但是，祭祀本身不是目的，下面本章最后这句话讲出了祭祀的目的。

夫微之显，诚之不可掩如此夫。

人生一些微妙的事情是靠祭祀、靠对鬼神的信仰体现出来、显现出来的，这叫"微之显"。"诚之不可掩如此夫"的意思是这种真诚是如此不可以掩盖、不可以遮掩。

以上为《中庸》第十六章，讲的是祭祀的意义，但这还属于齐家的范围，因为古代的祭祀经常是以家为单位进行的，所以，本章应视为《中庸》齐家内容的组成部分。齐家要达到效果，你就不能否定鬼神的存在，就要强调对鬼神的祭祀，祭祀的时候就要相信神是要降临的。

关于祭祀的意义，孔子的得意弟子也是《中庸》的作者子思的老师曾子说过："慎终追远，民德归厚矣。"曾子的意思是：慎重地对待死亡这件事，怀念那些远逝的祖先，那么，老百姓的品德修养就可以加深、加厚了。"慎终追远"就是祭祀、祭祖，但这并不是目的，而是一种手段，其目的是"民德归厚"，即使民众加强道德修养。

儒家为什么强调祭祀、强调丧礼？是要通过提倡慎重地对待死亡、怀念逝去的先辈这样的仪式，参悟人生的意义，树立起敬畏之心，以及对生命负责、对家族负责、对祖先和子孙后代负责的人生态度。从这个角度说，祭祀对人的教诲和启发能使老百姓的民风变得比较淳朴。

如果我们把"慎终追远，民德归厚矣"引过来，就更能理解这一段谈祭祀最主要的目的了。主要目的就是体现"诚"字。实际上齐家也好，治国、平天下也好，儒家提倡祭祀的原因就在这里，通过祭祀来体现人的"诚"，诚意正心的"诚"。我们如果展开一点去解释，就涉及人的修养的外在强制力的问题了。我们讲格物致知、诚意正心，讲《大学》，讲《中庸》，讲到现在，讲我们为什么要格物致知、诚意正心，我都是从世俗的角度在讲，就是理顺你的人际关系。只有做到格物致知、诚意正心，才能理顺人际关系，人脉通畅了，事业才能走向成功。因为我们今天没有古人那个环境了，就得强调其世俗功能。如果有人问："我为什么要诚意正心呢？给我个理由。"理由就是你这样做了之后，才能理顺你的人脉，使事业走向成功。这是我反复强调的。

而《中庸》讲到这里，给出了另外一种理由，就是有鬼神的存在。你这么做，才能获得鬼神的喜悦，鬼神才会给你人生的机遇，你才能走向成功。至于是不是有鬼神的问题，我们不讨论，但我们应该理解，《中庸》这么讲实际上是给了我们一种修身的外在强制力，或者说修身的动力。如果仅仅靠人的自我约束，可能有人会问：我事业上不想走向成功，那我就不用修身了吧？我这辈子就想纵情纵欲。如果有人这么想怎么办？《中庸》的意思是，那你得注意还有鬼神看着你呢！这是通过一种神秘的东西，给你一种外在的强制力，要求你去行善，而不是作恶。儒家强调祭祀，因为它是一种外在的让人行善的动力。我们今天不管信不信鬼神，都应该从功能的角度去理解它，理解古人为什么要提倡这个东西。

《中庸》这篇文章的落脚点最后落在“诚”字上面。通过这个，可以使一些微妙的事物显现出来，然后你会发现人的真诚是不能够掩盖的。如果你参加祭祀，你又相信鬼神的存在，那这个时候你心里都不敢有歪门邪道的想法，这就是“诚”。

这个自然段也可以说是齐家的组成部分。你如果想把大家族管理好，家族的祭祀是不可或缺的。今天，祭祖的观念在逐渐淡漠，和中国传统的大家族逐渐消失有关系。如果还是一个大家族在一起生活，那它的功能就体现出来了！整个家族一起来祭祖能增强家族的内部凝聚力，也就是祭祀时常说的“慎终追远”“敦亲睦族”。

总之，祭祀可以被视为一种齐家的方法。这一章是跟着前一章来的，都是在谈齐家。但其实祭祀这个事，不仅可以用于齐家，也可以用于治国、平天下。所以这段谈祭祀的内容又起到承上启下的作用，下一章就自然地转到了治国、平天下。

下面还是先引一段孔子的话，然后引一段《诗经》，作为《中庸》的第十七章。

子曰："舜其大孝也与！德为圣人，尊为天子，富有四海之内，宗庙飨之，子孙保之。故大德必得其位，必得其禄，必得其名，必得其寿。故天之生物，必因其材而笃焉，故栽者培之，倾者覆之。"

先是引孔子的话，举舜为例子。

"舜其大孝也与"意思是舜是至孝吧！这句话也是承接上文的内容，因为前面谈齐家提到了孝，但由此开始过渡到治国、平天下。"德为圣人，尊为天子，富有四海之内"，说舜的人生最后达到一个什么境界呢？按美德讲，他可以称得上是圣人、是完人，他的品德修养非常好；按社会地位讲，他是天子，是国家最高领导人；按经济地位讲，作为天子，四海之内都是他的。这里谈了三个方面，第一个方面是道德修养，第二个方面是社会地位，第三个方面是经济地位。在这三个方面，舜都达到了极致。

舜不仅生前享受这样的"尊"和"富"，死后还有"宗庙飨之，子孙保之"，在他死后，还有宗庙在祭祀他，这叫"宗庙飨之"；他的子孙后代还在辅保着他、推举着他，这叫"子孙保之"。舜死了之后受到无数代的祭祀，不仅他的本家、他的直系后裔祭祀他，全中国的人都祭祀他，一直到现在我们还在祭祀他。

前三句讲的是舜的生前德、尊、富，后面这两句讲的是舜的身后。生前的享受，身后的尊荣，不管生前身后舜都达到了最高的境界，可以说是达到极致了。这一章由孝谈起，告诉我们以庸行之常所能达到的极致。

因为《中庸》是谈儒家修行方式的，所以最后总结，舜有这样好的结局——生前享富贵，身后有美名，他是怎么达到这个境界的呢？关键是“德为圣人”，他的修养达到了圣人的境界，才有这样的福报。

“故大德必得其位，必得其禄，必得其名，必得其寿。”因此说，如果你的品德修养达到舜的境界，具有最大的美德，把自己修养到极致，你就一定能得到好的社会地位；一定能得到高官厚禄，就是好的经济地位；一定能得到美名，也就是得到大家的赞誉和尊重；还一定能得到长寿，就是有一个好的身体。

这是在讲道德修养能够带给我们的好处，我们应该注意到，这里谈的都是世俗的好处，说的是品德修养能带给你社会地位、能带给你经济地位、能带给你赞誉和美名、还能带给你好的身体，使你长寿。

以前我一直开玩笑说，古人做广告比我们今天宣传得有力度。你看它强调修身的作用，让我们都觉得热血沸腾。你看看修行能带来多少好处啊，还等什么？还不马上修身？再不修你会错过多少好处啊！你想得到较高的社会地位、掌握权力和资源吗？那么赶快修身吧。你想得到较高的经济地位，财源滚滚吗？那么赶快修身吧。你想得到全社会的赞誉和尊重，并在后世留下美名吗？那么赶快修身吧。你想要健康长寿吗？那么赶快修身吧。你看看古人多会宣传，他说的修身能带给我们的益处，恰恰是所有人都梦寐以求的东西。

当然，《中庸》不是完全在喊空洞的口号，为了增强说服力，人家还举出一个成功的案例——舜。舜不就是通过修身而得到社会地位、经济地位、美名赞誉和长寿的吗？讲社会地位，舜“尊为天子”，是国家最高领导人，谁还比他地位高？讲经济地位，舜“富有四海之内”，全天下都是他的，谁敢说比他更有钱？讲美名和赞誉，“宗庙飨之，子孙保之”，中国人不是一代又一代一直都在祭祀舜、赞美舜吗？我们一提到古代的圣王名君，马上想到的就是尧、舜、禹。讲长寿，古人都相信舜活了一百多岁。舜之所以过得那么滋润，是因为他“德为圣人”，关键是他的品德修养达到了圣人的境界！

“故天之生物，必因其材而笃焉。”上天生成事物，一定是借着它自身的素质而将之放大。换句话说，老天会把你本身具有的给你放大。

比如说，你要是有美德，那么老天给你放大，把给你的福报放大；你要是有恶行，老天也给你放大，把给你的灾难放大。老天就是根据你自身的表现，给你加倍。

下面一句话是具体的解释，也可以说是举了两个例子。

“故栽者培之”，你要栽种这个东西，就一定要培植它。“倾者覆之”，你要是倾侧一下呢，老天给你加倍，直接给你倒过去。这句话的意思是，你想栽种那个东西，老天帮你培植它，让它生长；你想把这个东西倒一倒，老天给你加倍，直接给你扣过去了。这两句其实还是在说“必因其材而笃焉”。

为什么谈这个？是讲你加强品德修养的话，老天会给你加倍的回报。如果做到舜那样的大德，老天会将给你的福报加倍，你就能得其位、得其禄、得其名、得其寿了。

下面又引了一句《诗经》。

《诗》曰：“嘉乐君子，宪宪令德。宜民宜人，受禄于天。保佑命之，自天申之。”

这几句诗出自《诗经·大雅·假乐》篇。

“嘉乐君子，宪宪令德”的意思是，这美好的君子啊，有非常宏大的美德。“宜民宜人，受禄于天”的意思是，他对于人民是适宜的，人们都觉得他很好，他会从老天那里得到福报。“保佑命之，自天申之”，老天会保佑他，给他好的命运，并使他知道伸张，发扬光大。

然后下面这句是做个总结。

故大德者必受命。

因此有美好品德的人一定是受到老天保佑的。这就是古人讲的“受命于天”，老天会给他机遇。

我在《大学》的公开课上讲，静心修养以后会有意想不到的好事会有意想不到的机遇，这是符合《中庸》的精神的。

举了舜的例子之后，子思接着又引孔子的话，并以周文王为例。这是《中庸》的第十八章。

子曰：“无忧者其惟文王乎！以王季为父，以武王为子，父作之，子述之。武王缵大王、王季、文王之绪，壹戎衣而有天下，身不失天下之显名，尊为天子，富有四海之内。宗庙飨之，子孙保之。武王末受命，周公成文武之德，追王大王、王季，上祀先公以天子之礼。斯礼也，达乎诸侯、大夫及士、庶人。父为大夫，子为士，葬以大夫，祭以士；父为士，子为大夫，葬以士，祭以大夫。期之丧达乎大夫，三年之丧达乎天子，父母之丧无贵贱，一也。”

周人的发展是从古公亶父率部众迁居周原开始的。古公亶父后来被周人称为太王，他的小儿子季历就是王季，即周文王的父亲。从周文王的爷爷古公亶父到其父亲王季，两辈人奠定了周王朝的基础，到周文王的时候加以发扬光大。到周武王的时候，经过前几辈的积累，最后把商朝灭掉，建立了周王朝。为什么说周文王是无忧无虑的呢？他的父亲是王季，奠定了周人兴盛的基础。他的儿子是周武王，最后把周人的势力发展到了巅峰，完成了灭亡商朝的大业。周文王有个好父亲给自己打下了基业，还有个好儿子替自己去完成伟业，当然是无忧无虑的了。这叫“父作之，子述之”，这个“述”是继承、继述的意思。周文王的父亲成就了这个事业，周文王的儿子继承了这个事业，所以周文王可以无忧无虑了。

“武王缵大王、王季、文王之绪”，周武王是继承了太王古公亶父、王季、周文王的业绩。意思是说，周武王最后能建立周王朝，把商王朝灭掉，是靠着他上面三辈人的积累。从他太爷爷太王古公亶父，他爷爷王季，到他父亲周文王，经历了三代的积累，最后到周武王才能灭商建立周王朝。

“壹戎衣而有天下”，周武王只穿了一次战服就占有了天下，意思是只打了一次仗，就把商朝灭掉了。这是形容周武王最后成功的容易。

“身不失天下之显名，尊为天子，富有四海之内。”这句话的主语不是很清楚，不知是指周文王还是指周武王，若是从全段来看，应该指周文王；若是从承上句来说，又应该指周武王。我们姑且认为既指周文王也指周武王吧。这是强调他们跟舜很相似，自身没有失掉天下显赫的名声，被尊为国家最高领导人，又富有四海之内。

这里又找出一位历史名人给前面那个响亮的广告做证据。你看周文王也好，周武王也好，他们通过修养是不是也得到了美名？“身不失天下之显名”就是“必得其名”，得到天下人的赞誉和尊敬。下文“宗庙飨之，子孙保之”，说的也是这个方面。“尊为天子”就是“必得其位”，获得了极高的社会地位；

“富有四海之内”就是“必得其禄”，获得了极大的经济收获；“必得其寿”这里没有说，但是古人都认为周文王也活了近一百岁。

从字面上看，这段话是在说修行能带给我们的益处，但实际上是在举例。一方面证明修行能带给我们益处，另一方面已经说到治国、平天下这个层面上去了。前面讲的是齐家，现在已经谈到治国、平天下了。

“武王末受命，周公成文武之德”，“末”是结尾，指武王晚年。周武王晚年接受了上天的成命，这叫作“武王末受命”。周武王灭亡商朝之后不久就去世了，他的儿子就是周成王，年纪还小，所以由周武王的弟弟周公辅政。周王朝虽然是周武王开创的天下，但真正使周朝的天下稳定下来的是周公，所以说“周公成文武之德”，即周公成就了文王、武王的美德。曹操的诗里面讲的“周公吐哺，天下归心”，说的就是这个周公。周公思贤若渴，对待贤人、国家大事用心到了什么程度？正在吃饭的时候听说来人了，都来不及把这口饭咽下去，而是直接吐出去，赶紧去接见、赶紧去处理问题，这叫“吐哺”。因为周公的经营，使周王朝的江山稳定下来，所以说是周公成就了文王和武王的美德。

“追王大王、王季”，第一个“王”字得读“wàng”。在古公亶父、季历和周文王的时代，周国还是商王朝的附属国，他们都不曾拥有王的地位和名誉。到周王朝建立之后，到周公的时候，才将古公亶父、季历、周文王三代追封为王，这叫“追王”。周公稳定了周朝的天下，然后把他的爷爷、太爷爷都追封为王，这叫“追王大王、王季”。

“上祀先公以天子之礼”，用天子的礼仪去祭祀他们家去世的列位祖先，就是古公亶父、王季等。以前周国是商朝的附属国，是没有资格享受天子的礼仪的，等到周公的时代，他们家坐稳了天下，所以用天子的礼仪去祭祀他们家的祖先。

说到这儿笔锋一转，转到另一个问题上去了，就是“礼”。这一章实际上的落脚点在“礼”字上。

我们从这个角度去理解，前一章举舜的例子，这一章举周文王的例子，这两章行文虽然非常相似，但是两章强调的侧重点不一样。上一章第一句话就提出了重点，“舜其大孝也与”，所以上一章强调的是儒家的理念“孝”。如果我们再往前看，第十六章是“诚之不可掩如此夫”，强调的是“诚”。现在讲周文王的第十八章，强调的是“礼”。接连这几章，实际上提出了儒家的几个核心概念，齐家、治国、平天下靠的是“诚”，靠的是“孝”，靠的是“礼”。这三章的侧重点是不一样的。

因为这一章侧重谈的是“礼”，所以在讲完周文王的故事之后，笔锋一转，转到了“礼”上。由“追王大王、王季，上祀先公以天子之礼”开始说“礼”了。

“斯礼也，达乎诸侯、大夫及士、庶人。”“斯”就是“这”的意思，“达”是通达，就是通用。这个礼对于诸侯、大夫、士、普通老百姓都是通用的。

然后讲的是葬礼、祭祀的一些大的原则，可以解析为四条。

第一，“父为大夫，子为士，葬以大夫，祭以士”说的是父亲的身份是大夫，儿子的身份是士，父亲去世了，要按大夫，也就是他身前享受的级别去下葬，举行葬礼。但祭祀的时候，是按照士，也就是他儿子的社会地位去祭祀，举行祭礼。通俗来说，葬礼的级别由死者的社会地位决定，祭礼的级别由其后代的社会地位决定。换句话说，确定葬礼级别看死人，确定祭礼级别看活人。

在孔子以前，社会等级是相当分明的，天子、诸侯、卿、大夫、士，这五个都是贵族阶层，或者说是统治阶层，再底下是庶人，就是普通老百姓了。在礼的方面，各个阶层都有不同的规格。

从本质上来讲，礼对于诸侯、大夫、士、庶人都是通用的，但是它有不同的级别，不同社会地位的人有着不同的礼。比如婚礼，诸侯的婚礼，士的婚礼，卿、大夫的婚礼都是不一样的。

第二，“父为士，子为大夫，葬以士，祭以大夫”。前一句理解了，这句就完全可以理解了。前面一条说的情况是儿子级别比父亲低，这句说的情况是儿子的级别比父亲高。父亲是士，儿子是大夫，那么安葬父亲的时候要按士的礼仪举行葬礼，但在祭祀的时候，是按大夫的礼仪举行祭祀。实际上还是那个意思，葬的时候按死者的级别，祭祀的时候按活人的级别。

第三，“期之丧达乎大夫”。“期”读“jī”，就是一年。一年的丧礼是一直到大夫这个阶层都通用的。

第四，“三年之丧达乎天子”。三年的丧礼是一直到天子都通用的。父母去世之后为父母守孝二十五个月，是跨三个年度，不是三年整，这叫“三年之丧”。这种礼仪一直到天子都是通用的。就是作为国家最高元首也得遵守这个礼仪。这也就是“父母之丧，无贵贱，一也”。对于父母的丧礼，不论你社会地位高低都是一样的，都得执行这个三年之丧，为父母守孝二十五个月。

这段谈葬礼、祭礼的内容，也暗示着前面说的周公“上祀先公以天子之礼”是合乎当时的礼制的。周文王等周人的“先公”虽然生前并没有当过天子，但是他们的后代成为周朝的天子了，因为祭祀按活人的级别，所以要按照天子的规格来祭祀他们。

以上是第十八章的内容，谈的是礼。下面又是引孔子的话，构成《中庸》第十九章。

子曰："武王、周公其达孝矣乎！夫孝者，善继人之志、善述人之事者也。春秋修其祖庙，陈其宗器，设其裳衣，荐其时食。宗庙之礼，所以序昭穆也。序爵，所以辨贵贱也。序事，所以辨贤也。旅酬下为上，所以逮贱也。燕毛，所以序齿也。践其位，行其礼，奏其乐，敬其所尊，爱其所亲，事死如事生，事亡如事存，孝之至也。郊社之礼，所以事上帝也。宗庙之礼，所以祀乎其先也。明乎郊社之礼、禘尝之义，治国其如示诸掌乎！"

"武王、周公其达孝矣乎！"周武王和周公，他们的孝都达到极致了吧！这是一种什么境界呢？或者说孝的最高境界应该是什么样子呢？"夫孝者，善继人之志、善述人之事者也"，孝的最高境界是善于继承前辈的志向和事业，这才是真正的孝。这是儒家提倡的孝的极致，可以说是大孝。"达孝"就是大孝，就是孝的极致、最高境界。

孝的最高境界是继承前人的志向，继承前人的事业。在日常生活中尽孝，侍奉老人，这在儒家看来是必须的，但这只是孝的较低境界，孝的较高境界就是要继承前人的志向和事业。

下面接着说具体做法。怎么体现"达孝"呢？怎么体现继承前人的志向和事业呢？

"春秋修其祖庙"，意思是春季、秋季都要修缮祖庙。"陈其宗器"，意思是把家族用来祭祀的器皿陈列出来。"设其裳衣”，意思是把前辈的衣裳整理好，这是指死去亡人留下的衣服。“荐其时食”，意思是献上应季的食物。

这几句讲的都是祭祀。在儒家看来，祭祀是孝的重要体现，不仅在老人活着的时候要孝，老人去世后仍旧要孝。要想达到孝的最高境界，就必须要在祭祀方面做到位。

然后下面连着用几个排比句解释这些东西的功能。

“宗庙之礼，所以序昭穆也。”“序”是排次序；“昭穆”是一种站队的排列方法。就是祭祀的时候，家族的男性成员站成两排，“昭”字一排，“穆”字一排。隔辈为昭，隔辈为穆。如果你爷爷这一辈是昭，那么你这一辈是昭；如果你父亲这辈是穆，到了你儿子那辈才是穆，就是两辈之间不是一个昭穆，而是一昭一穆地按辈分排，这叫“序昭穆”。

“宗庙之礼”也就是祭祀，宗庙里的祭祀礼仪要起到什么作用、发挥什么功能呢？就是让家族的每一个人都找对自己的位置。平常大家都各忙各的事情，有些家族成员可能都搞不清楚自己在家族里的位置，等到家族一起祭祖的时候，通过“序昭穆”就可以把辈分排清楚，使族人间彼此交流、认识、了解。祭祀礼仪有这么一个功能。

“序爵，所以辨贵贱也。”“序”在这里也是排次序的意思，“爵”是爵位，就是人的社会地位。有些场合是按照爵位来排次序的，这叫“序爵”。“序爵”的目的是什么呢？“所以辨贵贱也”，靠这个来分辨社会地位的高低。

“序事，所以辨贤也。”有的时候是按你做什么事来排序，你在家族里担任什么职务和你的社会地位没关系。比方说，今天祭祖，谁负责传菜，谁负责上菜，谁负责司仪，谁负责敬酒，要根据你负责的事务来排序，排谁比谁重要。为什么要这么做呢？这么做可以分辨谁是更有才能的，谁更贤能。

“旅酬下为上，所以逮贱也。”“旅”是集体的、大家一起的意思，“酬”是一种敬酒的次序，“旅酬”就是大家一起来敬酒。对古人来讲，凡是能到“旅”这个层面的，都是下级的，意思就是在仪式上大家一起来的，都是级别低的，级别高的都是单独敬。我们今天的酒文化，在酒桌上还保持着这个传统。地位高的人是单独敬酒，从高到低一个一个敬，敬到后面，几个人一起喝一个，那这几个一般都是这桌上地位最低的，这就叫“旅酬”。“旅酬下为上”的意思就是下级集体向上级敬酒。“所以逮贱也”，就是礼不能只是级别高的讲究，级别低的你也得让他参与，也得给他行礼的机会。以酒桌为例，不管岁数大小、级别高低，既然坐到一个桌儿上了，都得给他敬酒的机会。但是，如果每个人都是一样的，那就体现不出尊卑贵贱了，所以用这个“旅酬”给级别低的人一个机会，同时也体现了地位的高低。

子思在这里给我们一项一项地讲这些礼仪要达到的目的和效果，并告诉我们这么做为了什么。实际上这就是我们前面讲过的“行顾言”，针对为什么这么“行”，给你一个能拿到桌面上的说法。

“燕毛，所以序齿也。”这里实际上要表达的意思是按年龄排序。宴会上为什么按人的头发颜色决定座次先后呢？头发白的往前坐，头发黑的往后坐，是为了按年龄排序，体现尊长。

这些礼为什么这么设计？要达到什么效果？有些场合是要让每一个人找对自己的位置，有些场合是要分出社会地位高低，有些场合是要分出来谁更贤能，有些场合是为了给地位低的人一个表现的机会，有些场合是为了尊重年长的人。这都是礼的基本原则。礼就是要体现这些东西。在什么场合是尊长优先，什么场合是贤能的人优先，什么场合是社会地位高的人优先，这就是礼。

你乘公交车的时候给老年人让座，体现敬老，这就是礼。乘公交车没有强调给领导让座的，这个场合就不能“辨贵贱”了。但是单位开大会的时候，是领导坐主席台上，没有请年长的员工上主席台的，这个时候需要“辨贵贱”。按级别高低来，厅长以上坐主席台，正厅坐前排，副厅坐后排，处长以下坐下面，这时就不能“序齿”了。为什么呢？根据场合的需要。开会的时候是要体现级别的，但坐车的时候就不应该体现级别了。

怎么去讲究这个礼？首先要注意的是场合，场合决定了是应该尊老，还是应该尊长，还是应该尊贤。不同场合的要求是不一样的，要因时、因事而定，这个没有一个固化的标准。

讲完了礼之后，子思接着给我们讲孝，又回到了这个主题上。因为他第一句就说“武王、周公其达孝矣乎”，他是要说孝的。关于孝，前面已经说到“善继人之志、善述人之事”，这是孝的极致。那么，怎么体现这一点呢？下面说“践其位，行其礼，奏其乐，敬其所尊，爱其所亲，事死如事生，事亡如事存，孝之至也”。为什么前面先讲一下礼？因为礼也是孝的组成部分。孝达到极致是什么状态？在父亲去世之后，“践其位”，就是你走到父亲的位置上，或者说，你坐到了他的位置上。古代是讲世袭制的，诸侯王去世了，长子接班，坐到他父亲的位置上。你要“践其位”，而不能追求“隐”。父亲去世之后，这国家你不想管，要隐居去，那不行！“践其位”是孝的体现，你要把父亲的事业继承下去，首先你得“践其位”，你得坐到他的位置上去，把他的责任扛起来。

“行其礼”，你要按照他生前的那些规范来行动。不能坐到父亲的位置上后否定父亲的那一套做法，古人认为这样做不合适，不能一上台就改革，那不是孝。“三年无改于父之道”，就是三年之内不要改，因为你的“三年之丧”还没完成呢，至少得守孝期满之后你才可以有所改革，以此表示对父亲的尊重和缅怀。

“奏其乐”，还要演奏他生前喜欢的音乐。归纳起来，“践其位，行其礼，奏其乐”，就是你要坐到父亲的位置上，还要执行他生前实行的那些礼仪，也就是继承父亲的事业。

“敬其所尊”，尊敬父亲生前所尊敬的人。“爱其所亲”，爱父亲生前所亲近爱护的人。不管这人怎么样，哪怕是觉得这人不行，你瞧不起，但只要是你父亲尊敬、欣赏、亲近、爱护的人，你也要尊敬、欣赏、亲近、爱护，这叫“敬其所尊，爱其所亲”。

“事死如事生，事亡如事存”，侍奉这个死去的人，就像侍奉活着的人一样，就是对死者也要和他生前那样去同样对待他。

能做到以上这些，就达到了“孝之至也”，就是孝达到极致了！

这里都是说人死之后的事，怎么没谈人活着时候的事？那个不是《中庸》要讲的，那个见于《论语》。

另外我们要注意，这里子思已经讲到齐家、治国、平天下了，上述实际上就是治国、平天下的内容。作为统治者，你怎么体现孝？要用孝道治天下。所以说孝是和治国、平天下相结合的。你给老人买点好吃的、买点好穿的，陪他去旅个游，那不是统治者的“至孝”，那是庶民的孝。统治者如果想用孝来治天下，就应该“践其位，行其礼，奏其乐，敬其所尊，爱其所亲，事死如事生”，得从这个角度入手，因为这样才能发挥孝的政治功能，这才是统治者的“至孝”。

“郊社之礼，所以事上帝也”，“郊”和“社”是两种祭祀，都是用来侍奉上天、侍奉上帝的。“宗庙之礼，所以祀乎其先也”，宗庙祭祀之礼是用来祭祀祖先的。“明乎郊社之礼、禘尝之义，治国其如示诸掌乎”，你要能真正明白这些礼仪及其深刻的内涵和作用，治理国家对你来说就好像在手掌上比画那么容易。孔子这句话对古人的影响是很深的。“郊”“社”“禘”“尝”都是祭祀礼仪，这里我们就不详细解释了。

从最后这句话中我们能意识到这一章的落脚点是治国、平天下。实际上，上面几章我们要这样去理解：第十五章谈的是齐家，第十六章是从齐家向治国、平天下过渡，第十七章举舜为例，第十八章、十九章举周文王、周武王、周公为例，谈的都是治国、平天下。

所以我才说《大学》和《中庸》是姊妹篇。《大学》讲“八目”——格物、致知、诚意、正心、修身、齐家、治国、平天下，《中庸》虽然没有把这个明确地说出来，但是文章结构是按照《大学》“八目”编排的，是按照《大学》的结构往下讲的，是对《大学》具体的阐释，是一种方法论。

上面讲了齐家、治国、平天下的基本点是修身，通过修身达到齐家、治国、平天下的目的。上述几章每章都有明确的核心，可以分别用一个字来归纳，先讲了“诚”，然后讲了“孝”，接着讲了“礼”，而我们刚刚结束的这章是把“孝”和“礼”合起来讲的。《中庸》这种行文次序在暗示我们，从修身进入齐家、治国、平天下，其核心要素就是“诚”“孝”“礼”这三个字。想要做到治国、平天下，或者从今天的需要出发，就要做到诚、孝、礼，要从这三个方面切入。

上面讲过作为统治者怎么体现孝，就是“践其位，行其礼，奏其乐，敬其所尊，爱其所亲”，这是具体做法。实际上在管理团队上，强调孝的原因是为了达到敬。古人认为家国同构，不管你事业做得有多大，公司跟家庭没有本质的区别，只是规模不一样而已。你在家里怎么做能理顺家庭内部的关系，同样的方法就可以应用于企业管理。

家庭内部也存在上下级，这就是辈分。作为长辈，如果能和晚辈把关系理顺，本着同样的原则和态度去管理你的员工，你就能把团队带好。如果你是一名员工，在公司能拿出你对家里长辈的态度，你和领导就能处好关系，当然前提条件是你家里的这些关系都已经理顺了，你得真是个孝子。这就是孝的作用。

你如果是孝子，那你在社会上与人交往时，就想一想你在家是怎么对父母的，拿出你对父母的态度来对你的领导，你和领导的关系自然就理顺了。但如果你在家里没有做到孝，这一原则就行不通了。说让你拿出对待父母的态度来，你在家就是打爹骂娘的不孝子，到社会之后又拿出这套作风来，与领导也好，与同事也好，一言不合便大打出手，或是破口大骂，那还能搞好关系？

上面的例子也许过于极端，但是我们想一想，现在的独生子女是不是在走向社会之后存在一定的问题？家长们把独生子女惯坏了，在家庭中，全家人围着一个孩子转，以他为核心，他从来没有遇到过与人相处的问题，爸爸妈妈、爷爷奶奶、姥姥姥爷都在想办法让他高兴。养成这样的习惯之后，他走向社会之后怎么会不是以自我为中心，怎么会处理好人际关系？如果年轻一代都是如此，这个社会又怎么可能和谐？

“诚、孝、礼”这三个字是治国、平天下要注意的三个核心、三个基本点。下面“哀公问政”章，对我刚才说的内容进行了总结和提升。

第十讲　哀公问政

哀公问政。子曰："文武之政，布在方策，其人存则其政举，其人亡则其政息。人道敏政，地道敏树。夫政也者，蒲卢也。故为政在人，取人以身，修身以道，修道以仁。仁者，人也，亲亲为大；义者，宜也，尊贤为大。亲亲之杀，尊贤之等，礼所生也。在下位不获乎上，民不可得而治矣。故君子不可以不修身，思修身不可以不事亲，思事亲不可以不知人，思知人不可以不知天。"

鲁哀公来问孔子怎样能把政治搞好，或者说怎样才能把国家治理好。孔子回答说："周文王、周武王的施政方针、措施，是有文献记载、有记录的。当年周文王、周武王在世的时候，他们按照这一套方法把政治搞得很好，但是他们去世之后，在政治方面就没有人这么去实践了。虽然这些方针措施都记录下来了，但是它们就停留在书本上了，没有人将之付诸实践，去照着做。"

言外之意，孔子下面讲这些就是文武之道、文武之政。孔子先告诉鲁哀公，他下面讲的这些内容不是个人的发明，而是从周文王、周武王那里一直传下来的搞好政治的方法，也就是治国、平天下的方法。

然后，孔子先做了一个归纳，说“人道敏政，地道敏树”。“敏”，按照朱熹的解释是速，就是快的意思。什么叫“人道敏政”？你得快速地把政治搞好，或者说要迅速地建立起政治秩序。“地道敏树”，老子说“人法地”，意思是地道和人道是相通的。地道也讲究一个快速，体现在哪儿？快速地让树生长起来。这是一个比喻。

换一种表达方式，如果考察这片土地好不好，是不是肥沃，就看栽到这块地上的树长得快还是慢。树长得非常快，说明地好，反之则不好。怎么去评价政治搞得好不好呢？就看你是否能迅速地确立起政治秩序。作为领导者，作为管理者，能力如何？道德修养如何？我们不需要从其他方面去考察，就看是不是能做到“敏政”。

“夫政也者，蒲芦也。”“蒲芦”，古书注解是芦苇，说搞政治这个事，就好比芦苇。古人一般都解释说，芦苇有两个特点：第一，生长得快；第二，没有单个儿长的，都是一片一片的。也就是说，怎么评价措施、制度的好坏？第一，能迅速见效，能够达到“敏政”的效果；第二，这个制度、措施还要能复制。这里孔子先谈了一个纲领。

鲁哀公来问孔子怎么搞好政治，孔子在给他讲具体方法之前，先讲了一些纲领性的东西。我个人认为，这是孔子慈悲心的体现。鲁哀公实际上是个不怎么样的国君，但是他来向孔子请教怎么搞好政治，孔子还是很耐心地给他解释。耐心不是先教他具体方法，而是先教他方法论，告诉他搞好政治应该怎样去思考、怎样去分析、怎样去评判，也就是先教一个宏观的原则，在这个原则的指导下再教他具体的方法。那么下面要谈的就是具体方法。

俗话说，授人以鱼，不如授人以渔。你给别人鱼，不如教人家打鱼的方法。这也就是佛家讲的法布施，法布施比财布施要更贵重，福报要更大。法布施是教你方法，就是授人以渔，你学会了，随时随地自己都能捞到鱼。给你鱼呢？就是所谓的财布施，不管给你多少，最后也有用完的那一天。

我们要注意前面这一段。孔子是在给鲁哀公讲一些从政的基本原则，而不是先给他讲具体方法。孔子先对鲁哀公讲从政应该怎样去思考问题，把这个学会了，就不用向别人请教了，自己就能想明白了。从这里我们能看出，孔子诲人不倦，对鲁哀公是想尽一切办法让他明白怎样做一个合格的国君。

这一段是总纲领，是理论体系，也是方法论。所以孔子先讲“文武之政，布在方策”。周文王、周武王把天下治理得那么好的方法政策都记录下来了，没有失传，但问题是这些东西都在书上记着，没有人去落实啊！要想搞好政治，就得把这些东西落实。

那么，在实践当中怎么去分辨这些治国的方法、制度到底是好的还是不好的？作为国君，大臣给你出的主意有千种万种，你得有识别能力啊！你怎么知道哪个建议是好的，哪个建议是不好的？很简单，哪个政策和措施能迅速见效，能迅速地把秩序确立起来，而且还能简单复制，那就是最佳的方法。这是孔子教给鲁哀公的一个总原则。

接下来虽然还是纲领性的论述，但是已经开始切入可操作层面了，不是纯理论了。

“故为政在人，取人以身，修身以道，修道以仁。”总原则是“为政在人”，即搞好政治在于人。你想把政治搞好，或者是把企业管好，首先得认识到一点：把谁管好。齐家、治国、平天下的核心问题就是管人。所以，搞好政治的关键在于这个“人”字。

什么叫管理？管理的本质就是人和人的关系。什么叫政治？政治的本质也是人和人的关系。二者都离不开跟人打交道。所以儒家修行才讲“格物致知”“诚意正心”。先把自己搞清楚、把人搞清楚，弄明白怎么和人打交道，那么齐家、治国、平天下就都在其中了。

所以孔子首先强调怎么搞好政治。搞好政治的关键在人。但是怎样才能把人弄清楚呢？作为国君，是一个人来管理一群人，企业的领导者也是一样，是一个人来管理一个团队、一群人，是单数对复数，怎么能把关系理顺呢？

孔子接着说“取人以身”。“身”是自身的意思，首先得把自身弄明白。因为这是一个互动。所谓管理，就是你和一群人的互动关系，要把这个关系处理明白，首先得把自己弄明白，因为你是主导者。如果起主导作用的这一方都不明白，那还能管明白吗？

所以孔子说“取人以身”，要想了解他人，得先了解自己；要想把团队带好，首先得把自己弄明白；要想把国家治理好，也要先把自己想明白，这叫“取人以身”。怎么去管理他人？首先要会管理自我，首先得在自己身上下功夫，这就是儒家说的“反求诸己”，就是修身！

假如我认同这个方法，认为儒家说得对，我就先从自己身上下功夫，我能管理好自己，我才能管理好团队。那么管理我自己应该从哪儿入手呢？ “修身以道”，讲修身，一定要有“道”。

中国古书里的“道”含义相当丰富，绝对真理、客观规律、方法途径等都可以叫作道。这里说的“道”我们可以简单地理解成方法论，即你要有一定的方法论。但实际上这里的“道”字，我们应该把上述这些道的含义都拿来解释，才是全面和完整的。

修身就是修道的过程，这个“道”往高说，是绝对真理、客观规律，修身就是要认识到客观规律和绝对真理；往低说，是方法、途径，要有自己的一定之规，有自己的一套方法，这叫“修身以道”。

不仅儒家有自己一整套的方法，实际上，诸子百家都是政治学说，在治国这个层面都有自己的一套方法，但是为什么儒家提倡的是这一套？儒家方法的核心是什么？

孔子告诉我们“修道以仁”，儒家修的道的核心是“仁”。“仁者爱人”，仁就是爱，要本着利他的、爱人的精神出发，去设计你的方法，这才是见效快并且能长久、没有副作用的。

在这里，孔子没有批判别家的学说，但实际上他已经明确地提出了儒家和其他各家不一样的地方。儒家的修身也好，从政也好，基本点是这个“仁”字，是“仁者爱人”。这是儒家的核心，也是儒家和其他各家学说的区别之所在。

这是一整套逻辑思维，告诉你怎么去思考问题。搞好政治的关键就是把人弄明白。你要想把人弄明白，首先得弄明白你自己。这是一个思考的逻辑。事情的规律你如果看不清楚，遇事则迷，没有自己的一套方法，谁说的你都觉得对，那你又如何能把自己弄明白呢？

孔子下面越讲越细，越讲越接近方法论层面。先讲“修道以仁”，然后讲什么是“仁”。

“仁者，人也”，这是给“仁”下了一个定义，说“仁”就是“人”。这句话不是很好理解。如果从起高调的角度去说，很多古书认为，这句话的意思是仁爱精神是人的本性、是人的本质，如果没有“仁”，就不是人了。我觉得这么理解不能说不对，也符合儒家的思想，但是放在这里让上下文有点连贯不上，感觉行文脱节了。

我认为，“人”应该解释为“为人”。什么叫“仁者，人也”？就是应该将仁爱精神作为你为人处事的出发点。换句话说，“修道以仁”的“仁”靠为人来体现。

说自己在修身、在修道，修道的核心是本着“仁者爱人”为出发点的，但得在事儿上体现，得从你为人处事上来看你是否以爱为出发点，是否具有利他的精神。“仁者，人也”，首先是你的“为人”，在你日常生活的一举一动中体现出来，这也就是本文以《中庸》作为章名的意义之所在。你这种利他的、爱人的精神，需要在日常生活的为人处事中体现出来，这才叫“仁者，人也”。

那么你应该从哪儿做起呢？“亲亲为大。”两个“亲”字内涵不一样，第一个“亲”指亲爱，是动词；第二个“亲”是名词，指双亲、父母，或者可以扩大一下，泛指亲人。在日常生活中要体现仁爱精神，最重要的是先爱你的亲人，这叫“亲亲为大”。这个是最大的、是最重要的，先从这儿入手。要想落实儒家这种仁爱精神，首先要爱你的父母，这叫“亲亲”。“仁者，人也”首先要在“亲亲”中体现出来。

父母是你最亲近的人，在他们身上你都体现不出仁爱，让你在别处体现，你好像也做不到，就算做到了也是虚假的、伪装的，也是为了表演给别人看的。

然后孔子又提出儒家的另一个理念“义者，宜也”。“宜”是适合、妥当，就是处理问题恰如其分。在这方面也需要从小事做起，逐渐练习逐渐修，一下子要求你处理所有问题都能做到恰如其分，谁也做不到。别说是日理万机的国君了，就是一个企业的老板，每天上班八个小时得处理多少件事？一下子要求你将每件事都处理得妥帖、处理得恰如其分，这个谁也做不到。

这方面的能力也得一点点锻炼。孔子讲“尊贤为大”。最重要的是先做到尊敬贤能的人。这个跟“亲亲”一样，是容易做到的，是一个入手阶段。我们见到能力素质非常高、道德修养非常好的人，自然而然就能产生一种敬意，就能做到“尊贤”。“尊贤”是容易做到的，所以将此作为第一步。

我们先由易入难，先从尊贤开始，然后慢慢地向外扩展，由尊敬比我们强的人，扩展到尊敬和我们差不多的人，再扩展到尊敬不如我们的人，也就是尊敬所有的人。这也就做到了儒家强调的“敬”字。

《周易》上讲“敬慎不败”，能做到敬和慎，你就立于不败之地了。怎么做到这一点？要一点一点修出来。这里面最重要的是首先要做到尊贤。一开始就要求你去尊敬不如你的人，见到乞丐也要心生敬意，这个太难了。你不要从难的入手，先从容易的入手。

另外，首先提倡“尊贤”，孔子还有深层次的含义。如果你能一开始就做到尊贤，贤能的人成为你的朋友，你身边都是能力比你强的、修养比你好的，那你想不进步都难。

而且我们一定要注意文章的整体结构，这是孔子在给鲁哀公讲怎么搞好政治，因此不能把这两句抽出去单独理解，得放在这个宏观背景下去理解孔子的意思。孔子把怎么搞好政治这个问题的逻辑关系讲清楚之后，接下来就讲什么叫仁、什么叫义。很显然，孔子的意思是，你要搞好政治，首先得做到“仁”“义”二字。

作为一个管理者，你要想带好你的团队，切入点首先应该是“仁”“义”二字。仁的核心，是在日常生活中以利他为出发点，充满慈爱之心；义的关键，是追求处理问题妥当、恰如其分。这两点是搞好政治的核心，是修身之后要达到的效果，是齐家、治国、平天下的核心。

要体现仁爱精神，先从仁爱父母双亲入手；要体现处理问题妥当、恰如其分，先从尊敬贤能的人入手。但这两点相对还是抽象了一点，接下来就越讲越具体了。

“亲亲之杀，尊贤之等，礼所生也。”“杀”字在这里是降等、递降的意思。有一个固定的等级，依次下降，就是一个台阶一个台阶往下，这叫“杀”。这个“杀”跟后面的“等”是近义词。

“亲亲之杀”，就是说在做到“亲亲”之后，要把这个爱向外推广，由爱父母到爱兄弟姐妹，孝、悌做到了，然后爱你的朋友、爱你的团队、爱你的员工，最后到爱陌生人，大爱无疆。但要注意，儒家讲爱是由近及远、依次降等，从和自己关系最近的人逐渐向和自己关系比较远的人扩展，但随着爱的范围的扩大，爱的程度也在降低，儒家并不提倡对所有人无差别的爱。

我认为，儒家提倡的有差别的爱是符合人性的。你对敬老院的孤寡老人的爱和对自己父母的爱硬要画等号是不现实的。原因很简单，如果你对两者的爱是一样的，那你就不是真爱你父母，结论是你对你父亲的爱就是不到位的。人和人的关系有远近亲疏。你对抚养你多年、把你培养成人的父母的爱，跟对陌生人的爱画等号，显然是不合适的。

给父母最高的爱，就是孝。然后由爱父母扩展出去爱兄弟姐妹，这是悌。对兄弟姐妹的爱就要比对父母的爱降一个等级，对堂兄弟、堂姐妹的爱又要比对亲兄弟、亲姐妹降一个等级，对陌生人的爱要比对你的远房亲戚降一个等级。两个人都和你是十年的同学，你对与你只是同学关系的那个人的爱要比你对同桌、同宿舍的那个同学的爱降一个等级。总之，你得分出远近来，虽然对所有人都要讲究爱，但是爱的程度是不一样的。

举个不是很准确的比喻：以你为圆心，画无数个同心圆，然后每一个同心圆扩展到下一个同心圆时，你的爱就降一个等级。你对最接近圆心的小圆的爱是最浓的，扩到下一个圆爱就降一个等级，再往外扩就再降一个等级，这叫“亲亲之杀”。和人相处时你得先自己琢磨明白，你认识的这些人都在哪个圆上，与你这个圆心距离有多远，然后你才能弄清楚给他们何种程度的爱。

你要想把身边的人际关系理顺，首先要明白“亲亲之杀”，要想明白把你接触的每一个人放在哪一个圈上。换句话说，你接触的每个人在第几环里面，你对这个人的爱就应该是第几档。先把这个弄清楚，然后才能跟每一个人都有恰如其分的交往方法。

“义者，宜也”就是处理问题要妥当。什么叫妥当？就是得把你们的关系搞清楚，如果搞不清楚对方现在在你的哪一个圆上，你处理与他相关的事情时就不可能妥当。我们在日常生活中常常遇到这种情况，比如你们之间交往很浅，但你说的话非常深入，这就不合适了。“亲亲之杀”是儒家很重要的一个处理问题的思路，而且我认为这是符合人性的。

“尊贤之等”，即尊贤也是降等的。对贤能的人最尊重，然后随着他人道德修养、能力素质的下降，我们的敬意也要逐渐降等。但是这不等于没有敬意，而是尊敬到什么程度的问题。

孔子的意思是，爱也好，敬也好，不能对所有人一视同仁，要分出等级。当然，你对所有人都应该爱、应该敬，这是没有问题的。儒家追求对所有人都做到爱和敬，但程度是有区别的，这叫“亲亲之杀，尊贤之等”。然后孔子告诉我们“礼所生也”，礼就由此生成了。

礼就是规范、准则。礼是有等级的。《礼记》里面讲的丧服有五种，对父母的是最重的，那叫“三年之丧”，这就是礼。礼体现的是什么？体现的就是等级。亲属关系越近，他去世你为他服丧的时间就越长；亲属关系越远，他去世你给他服丧的时间就越短，这就是“亲亲之杀”。

孔子的话说得太直白了。礼仪也好，礼貌也好，骨子里都是对人进行分等、分门别类、区别对待。我一直觉得孔子说话是绝对诚意正心的，是不撒谎的，他把一些不该说的话都说出来了。

我们今天讲礼仪、讲礼貌，实际上就是要对人分等对待，能把握住这个基本原则，把人的等级划分明白，自然就知道对谁应该是什么态度，人际关系就理顺了。我们将挑人毛病也称作挑“礼”，基本上挑的都是这个“等”，就是对你的分等有意见。

相处的过程中你的相应做法就是“礼”的体现。处理得恰如其分，人家就不挑“礼”了，也挑不出“礼”了！有人会问：如果我做得恰如其分，就一定所有人都不挑礼了吗？那也不一定，也有不懂事的人出来挑，但他出来挑的时候别人会认为他不对。如果人家站出来挑你的礼，大家却都认为他挑得对，那你就必须认真检讨，问题应该出在你自己身上。

在孔子看来，搞好政治核心就是这三个字：仁、义、礼。

然后他开始讲一些相对具体点儿的东西了。“在下位不获乎上，民不可得而治矣。”你作为一个下级不能得到上级领导的认同，这时候你是没有办法把自己的下级管理明白的。

当然，这句话的意思不能理解歪了，不是说你想管理好下级必须要上级给你授权。孔子是接着前面一段话来说的。怎样检验你处理问题是不是合适的？就看你的上级对你是否满意。获得了上级的认可，说明你在仁、义、礼三个方面都做得比较到位，然后你拿这个态度去管理你的下级，就能把团队带好。你如果得不到上级的认可，说明你在这三个方面的个人修养还有所欠缺，带着这么一个残缺的修养去带团队，肯定是管不好的，因为你自身就没有完善。所以说“在下位不获乎上，民不可得而治也”。

这里是鲁哀公问政，孔子做的回答，实际上这个部分我们可以引申理解为他讲的是大臣的所作所为在仁、义、礼三个方面能不能让国君满意。如果能让国君满意，说明他的能力素质、道德修养没有问题，用他去治理老百姓，能把老百姓治理好。如果这三个方面都不能让国君满意，这种人就不要用了，让他去管理老百姓是管不好的。

当然，以孔子的身份回答一个国家领导人的问话，有些话他不方便说得太直白，点到为止。

然后孔子总结说“故君子不可以不修身”。要想把政治搞好，关键是三个字——仁、义、礼，而这三个字都要从加强个人修养入手。因此，作为君子，作为一个管理者，“不可以不修身”，一定要从修身入手，才能在仁、义、礼三个方面都做到位，才能齐家、治国、平天下。

“思修身不可以不事亲。”如果你想修身的话，就不可以不侍奉你的父母，这是一个基本点。

“思事亲不可以不知人。”你要想侍奉你的父母双亲，想尽孝道，那你就不能不了解他们。父母是最不会挑儿女毛病的，父母对儿女是最宽容的，如果连这两位对你最宽容的人你都不能令他们满意，那你和其他人相处，就根本不可能做到

“义”字。

我想起了很多年前姜昆相声里说的一个笑话：一个做儿子的想给他老爸买点儿什么，感觉维纳斯雕像很好，就给他老爸买了一个。老头儿看到就生气了，最后告诉他：“你看我这八仙桌、大条案、太师椅，放一个光身子的小人站着合适吗？”爷俩儿正吵呢，一转身雕像找不到了，原来是他老妈拿走了，给缝了一个棉坎肩穿上，还说：“爷俩儿在一起就知道吵，谁也不知道收拾收拾东西，你看我收拾完了，这不放哪儿都合适了。”这就是一个典型的例子。儿子是好心，想尽尽孝心，但没有注意到审美的差异，他买的东西跟父母的审美观格格不入，结果反而惹老父亲不痛快。所以“思事亲不可以不知人”啊！

这里孔子没有展开，但我们完全可以想到，要想让父母这两位对我们最包容的人满意，我们还需要去了解他们的想法呢，更何况其他人。在社会上与人的交往中，没有任何人会像父母那样包容我们的缺点和错误，如果我们不了解其他人的想法就去做，最后的结果可能就是好心没好报，人际关系理不顺。

“思知人不可以不知天。”天道就是自然规律，用我们今天的话说，你要想了解他人，就不可以不知道自然规律，你一定要格物致知，了解他人，获得真正的知识。人和人之间的想法是相似的、相通的，你要想了解其他人，首先要了解自己，然后推己及人。

不是让你一个人一个人地去了解，那是做不过来的，也是不可能的。你的熟人、朋友至少有几十上百个，交往多的人可能会有几百人，你一个一个去分析，去想清楚每个人是什么性格、有什么特点，那是做不过来的。关键是天道，天道就是规律，首先要通过对自己的思考，掌握、明白一些人之间共性的东西，然后举一反三，这样才能认识所有的人。

孔子从讲政治问题，一步一步讲到人的修养。“哀公问政”，孔子先给鲁哀公讲搞好政治的原则性理论、方法、判别标准等，这是宏观的、抽象的，然后一步一步导向政治的核心，即个人的修养。修身，然后才能齐家、治国、平天下。显然，《中庸》和《大学》是配套的，是对《大学》的具体阐释。

天下之达道五，所以行之者三。曰君臣也，父子也，夫妇也，昆弟也，朋友之交也，五者天下之达道也。知、仁、勇三者，天下之达德也，所以行之者一也。或生而知之，或学而知之，或困而知之，及其知之，一也。或安而行之，或利而行之，或勉强而行之，及其成功，一也。子曰：“好学近乎知，力行近乎仁，知耻近乎勇。知斯三者，则知所以修身；知所以修身，则知所以治人；知所以治人，则知所以治天下国家矣。”

“天下之达道五，所以行之者三”，意思是天下最通达的“道”有五个，去落实这五个道有三种方法。这是一句概括。然后解释天下的五个“达道”是什么，“曰君臣也，父子也，夫妇也，昆弟也，朋友之交也”，君臣，上下级关系；父子，血缘关系；夫妇，婚姻关系；昆弟，就是兄弟，也应该算到血缘关系里；最后是朋友关系。昆弟可以延伸指大家族内部的关系，三大爷、四叔就都包括在这里了；夫妇是婚姻关系，以媳妇为纽带、为桥梁的所有亲属都可以涵盖其中。如果按照我们今天的表述方法，所谓五“达道”可以用一句话来概括，就是人际关系。人的社会关系不外乎就这五种吧。

什么叫“达道五”？我个人认为就是你的人际关系。古人将所有的人际关系分成五类，称“达道五”，我们今天也许还可以重新进行分类，但这都是次要的了。

“五者天下之达道也”，这五个是全天下都通达的道，就是说全天下人都超不出这个范畴，全天下的人都会有这五种人际关系。

“知、仁、勇三者，天下之达德也”，智、仁、勇这三点是天下通达的美德。下一句“所以行之者一也”存在不同的解释。朱熹说这个“一”是“诚”，不管处理什么关系，“行之者一也”，去处理这些关系的方法都是“诚”字。朱熹解释为“诚”，就是你不管和谁，要想处好，都得本着这个“诚”字。我觉得，朱熹的解释也不能说不对，就是引申得有点儿远。

我个人比较倾向于另一种解释，把“一”解释成“一致”，就是你处理这些人际关系的时候方法都是一个，也就是前文讲过的“亲亲之杀，尊贤之等”。虽然你的人际关系有很多种，但孔子告诉你，处理这些人际关系的方法就是一个，你掌握了一套方法，即《中庸》里讲的这套方法，你就能把所有这些人际关系都处理明白。

孔子告诉我们三“达德”，其中有三点关键因素是所有人都需要具备的美德，具备这三种美德才能把人际关系处理好。虽然方法论只有一套，但三个关键点是每个人都必须具备的，就是智、仁、勇。

为了讲得顺畅，我跳过去两句，把后面一句提出来先讲。为什么说智、仁、勇是处理人际关系的关键呢？

“子曰：好学近乎知，力行近乎仁，知耻近乎勇。”从这三句里面我们才能理解智、仁、勇是什么。显然，“知”通“智”，智是智慧，仁是仁爱，勇是刚毅。实际上“勇”就是《中庸》前面提到的“强”。

为什么说处理人际关系需要具备这三点呢？

首先是智，你得有那个智慧，才能把这个方法想明白。就像我刚才讲的比喻，所有的人际关系都是以我们自己为圆心画的若干个同心圆，要搞明白这个人和你的关系是在哪个圆上，应该怎么去和他交往。能把这些事情想明白就是智慧。也可以反过来说，如果没有一定的智慧，这些事你是想不明白的，想了半天可能还得去问别人。

智慧这个事说起来简单，做起来可就不简单了。你现在就可以把你的熟人全部都理顺一遍，去画你的人际关系同心圆，看看能不能画明白。你不能画无数个圆，一共才认识一百七十六个人，结果画出一百七十六个圆来，那不就等于没分类吗？按照《周易》六爻来讲，我认为不能超过六个圆，超过六个连六爻都涵盖不了了。而且不能按君臣、父子、朋友那么分，要按亲疏远近分。同样是上下级关系，却还有远有近。比如你是团队的领导，你的手下跟你都是上下级关系，但你和他们的关系远近并不在一个圆上。因此你要根据远近，画出几个同心圆来。越里面的圆涉及的人越少，越外面的圆涉及的人越多，最外面的大圆是仅仅认识的人而已。你认识的人，你的社会关系，处在最外圈的人数是最多的，越往里圈人数越少。你能把这事想明白就是智慧。

第二点是仁，“仁者爱人”。要想把人际关系处理明白，你首先得没有坏心眼儿，要本着爱的精神出发。

第三点是勇。你得有自己的独立人格，要勇敢、刚毅，要有自己的为人处事原则。没有“勇”字也不行，智慧也有，也能爱人，但为了跟这些人处好关系，就无所不用其极，谄媚、巴结，结果走到邪路上去了。《中庸》说人际关系理顺了就能事业有成，那好，我就挨个儿巴结，今天请张三吃饭，明天给李四送礼，这样是不行的！所以最后还有一个“勇”字，你得强毅、勇猛，你得有自己的人生准则，不能丧失自我。

这三点是理顺人际关系的三个基本原则，那怎么能做到这三点呢？

“好学近乎智”，处理人际关系的智慧从哪儿来？你得学习！喜欢学习，你就接近于智慧了。换句话说，只要爱学习，你就离智慧越来越近了。“力行近乎仁”，学完之后要身体力行，把学来的东西在实践中运用，这就接近于仁爱了，你离“仁者爱人”的目标就越来越近了。“知耻近乎勇”，知道什么是可耻的，你就接近于这个“勇”字了。

三“达德”是怎么修出来的？孔子也告诉我们了，《中庸》就是方法论。想修出智，你得学习；想修出仁，你得身体力行，把学到的东西在生活中运用、贯彻；想修出勇，你得知道什么是可耻的，你要有荣誉感。

孔子强调学习并且付诸实践，也就是《论语》的第一句“学而时习之”，学习并在实践中运用，说的就是好学力行。修《论语》的第一句，你就接近了智，接近了仁，在这个基础上还要能知耻，能分出善恶美丑来，知道什么事是可耻的，要保护自己的名誉，知道自爱，那么你就接近了勇。儒家讲“仁者爱人”。你要爱别人还能不爱自己吗？你连自己都不爱怎么能爱别人呢？爱自己体现在哪里？不是给自己弄点好吃的、好喝的、好穿的，而是要爱惜自己的名誉。如果不知道什么事可耻，什么事都做，最后就没有一个好名声了。

“好学近乎知，力行近乎仁，知耻近乎勇。”孔子这句话让我们更清楚地认识到三“达德”的内涵，同时也告诉我们怎样去修出三“达德”来。有了三“达德”就能处理好所有的人际关系。

我们回过头来再说上面这句："或生而知之，或学而知之，或困而知之，及其知之，一也。"有的人生来就知道这个道理，这个道理就是孔子前面讲的处理人际关系的方法，也就是三"达德"、五"达道"。有的人天生就知道，这叫"生而知之"。有的人学习之后才明白、才知道，这是"学而知之"。有的人是在陷入困境之后才明白，这叫"困而知之"。

"及其知之，一也"，等到明白了这些道理之后，对于他们来讲是一样的，没有区别。

不管你是大圣人，天生就明白这些道理，还是你辛辛苦苦学习理解的，或是你在这上面吃过亏、上过当、被坑过、栽过跟头，总结血淋淋的教训之后终于明白的，不管通过什么渠道明白的，等到明白了这个道理之后，你们是一样的，就没有差别了。

我们不必觉得自己不是"生而知之"而心生遗憾，只要努力去"学而知之""困而知之"就行了，经过后天的努力能把这些道理想明白，最后达到的效果和"生而知之"的大圣、大贤是一样的。我觉得这是孔子对大多数世人的一种勉励。

"或安而行之，或利而行之，或勉强而行之，及其成功，一也。"这句话的意思和上面那句差不多。"或安而行之"，有的人是非常安心地、安然地、坦然地在实践当中推行、实行这些方法。换句话说，你不让他这么去做，他心里不安、心里难受，他就要这么去做，这属于大贤，是"生而知之"的人。"或利而行之"，有的人是因为认识到这样做对自己有好处、有利，所以他去实践。"或勉强而行之"，有的人纯粹是受外力强迫勉强地去这么做。他不愿意这么做，他的心不安，他也没认识到这么做能给他带来好处，但是他受外在的影响，不得不勉勉强强地做。

比如说，今天很多企业的老板自己开始学国学，感觉国学很好，于是请老师到企业里面去给员工讲国学，并且要求每个员工必须在日常生活工作中落实。有的员工非常不愿意学，但是老板安排的，没有办法，只得勉强地坐着跟大家一起学，也很勉强地在日常生活工作中落实，这就叫“勉强而行之”。

中庸之道是儒家讲的修身方法、处理人际关系的方法，不管你是“安而行之”，是“利而行之”，还是“勉强而行之”，只要你“行”，就都能成功，跟你的心态没有关系。你是心安理得地这么做，能使自己的人生走向成功；你是被逼的，勉强这么做的，也能走向成功。不管你做的时候的心态是怎样的，只要照着这个方法去做，就能理顺人际关系，就能事业有成，就能使自己的人生走向好的方面。

孔子这里是谈完“知”接着谈“行”，不管是怎么“知”的，只要“知”了，就到位了；不管因为什么去“行”的，只要“行”了，就能走向成功。

按照这个逻辑讲下来，可能很多人就开始热血沸腾了。既然不管什么原因，只要做了就能走向成功，那为何不试一试？我想试一下，请告诉我应该怎么做。

下文就是我们刚才讲过的，“好学近乎知，力行近乎仁，知耻近乎勇”。孔子告诉我们，怎么去修“智”，好学！怎么去修“仁”，力行！怎么去修“勇”，知耻！先从好学、力行、知耻做起吧！

下面孔子做了一个总结：“知斯三者，则知所以修身；知所以修身，则知所以治人；知所以治人，则知所以治天下国家矣。”你知道了这三件事，即好学、力行、知耻，就知道了怎样修身；知道了怎样修身，也就知道了怎样治理人、管理人；知道了怎样管理、统治他人，也就知道了怎样能把天下国家治理好。

最后的落脚点又回到鲁哀公问政上，上面那些就是搞政治的方法，它们是一环扣一环的。你能做到智、仁、勇，你就知道怎样修身了，这是修身的方法；你会修身了，就知道怎么去对待别人，就能把人际关系理顺，就能把政治搞好。

第十一讲　凡为天下国家有九经

因为鲁哀公问的是“为政”，前面讲了搞好政治的一些理论和基本原则，接下来开始讲具体方法。

凡为天下国家有九经，曰：修身也，尊贤也，亲亲也，敬大臣也，体群臣也，子庶民也，来百工也，柔远人也，怀诸侯也。修身则道立，尊贤则不惑，亲亲则诸父昆弟不怨，敬大臣则不眩，体群臣则士之报礼重，子庶民则百姓劝，来百工则财用足，柔远人则四方归之，怀诸侯则天下畏之。齐明盛服，非礼不动，所以修身也。去谗远色，贱货而贵德，所以劝贤也。尊其位，重其禄，同其好恶，所以劝亲亲也。官盛任使，所以劝大臣也。忠信重禄，所以劝士也。时使薄敛，所以劝百姓也。日省月试，既禀称事，所以劝百工也。送往迎来，嘉善而矜不能，所以柔远人也。继绝世，举废国，治乱持危，朝聘以时，厚往而薄来，所以怀诸侯也。凡为天下国家有九经，所以行之者一也。

“凡为天下国家有九经”，凡是治理天下国家有九个必须考虑的方面。下面列出这九个方面是：“修身也，尊贤也，亲亲也，敬大臣也，体群臣也，子庶民也，来百工也，柔远人也，怀诸侯也。”要搞好政治、治理好国家，这九个方面必须考虑。

第一要修身，第二要尊贤，第三要亲亲。这三点前面解释过，这里就不重复了。

第四“敬大臣”。这里的“大臣”是指重要的臣子，即高级别的官员。要尊敬级别高的官员。

第五“体群臣”。“体”是体察，体谅，“群臣”指级别稍微低一点的大臣们，即普通官员。对低级别的普通官员要体察和体谅。如果理解为体察的话，就是你得了解他，了解他的喜怒哀乐，了解他的能力素质；如果理解为体谅的话，就是你得包容他。

第六“子庶民”。“庶民”就是普通百姓，对待普通百姓如同对待自己的子女。

第七“来百工”。“来”是招徕，吸引的意思；“工”是工匠；“百”是修饰词，不是说一百个工匠，或者一百个工种，这是一个虚词。各种工匠你都要能吸引他们到你的朝廷里来，为你服务。

第八“柔远人”，第九“怀诸侯”。“怀”和“柔”是同义词，就是我们今天说的怀柔。对于远方的人要怀柔，对于各个诸侯也要怀柔。

以上是讲治国的九大方面，是孔子在当时的社会背景下提炼出来的治国的基本原则。我们今天不能生搬硬套，而是应该理解其思想，然后思考对我们今天治国、治企是否有启发。

接下来孔子具体解释为什么要这么做，为什么是这九个方面，每一个方面做到之后会产生什么样的效果。

“修身则道立”，修身然后才能够确立起你的道，办事才有道，才有方法。“尊贤则不惑”，你能够做到尊贤，就没有困惑、迷惑了。你身边的都是贤能的人，有什么问题他们会给你献计献策，治理国家的时候就不会有困惑了。“亲亲则诸父昆弟不怨”，“诸父昆弟”就是本家亲戚、亲属，或者说父系亲属。你能够关爱亲属，你的父辈们、兄弟们就都不会抱怨你了。

“敬大臣则不眩”，知道尊敬高级别的官员，就不会有困惑。

“体群臣则士之报礼重”，你要体察、体谅手下的普通官员们，他们就会给你非常重的回报。你多体察、体谅大臣们、普通官员们，关系处到位了，然后他们会为你努力工作，给你带来的回报是非常重大的。

“子庶民则百姓劝”，你把庶民、普通百姓当自己子女那样去对待，那么老百姓们就会自动自觉地努力工作了。

“来百工则财用足”，“百工”相当于今天的手艺人、技术工人，“财用”相当于今天的利润，能够吸引各种工匠到你这儿来，你的财富就充足了。工匠就是创造财富的人，能吸引来为你创造利润，你的财富自然就充足了。

“柔远人则四方归之”，你能怀柔远方的人，四方的百姓就愿意到你这里来。“怀诸侯则天下畏之”，你能怀柔各个诸侯，全天下人就都敬畏你了。

我们可以站在企业管理的角度参悟一下上述九个方面的现实意义。首先你要按照儒家的方式“修身”，然后你才能确立起自己独特的管理企业的方法，就是“道立”；要尊重道德素质好而又有才能的人，他们会帮你解决管理中遇到的问题和困惑，这就做到了“尊贤则不惑”；作为民营企业家，你不可能将企业与家族完全剥离，因此要关爱你的直系亲属，不要招致他们的抱怨，这就是“亲亲则诸父昆弟不怨”；在企业里，尊敬高级管理干部，你就不会有困惑；体察、体谅普通干部，他们就会努力工作，会带给你意想不到的回报；像爱自己的子女那样爱你的员工，员工在工作上就会自动自觉地努力，而不需要督促；吸引有一技之长的人来为你工作，或者说吸引专业技术人员来你的企业，就能给你创造利润；能服务于所有的人你就可以占领四方的市场；能整合行业内的各方诸侯，业内人士就都要敬畏你了。发展到这一步，你就已经成为这个行业的龙头了。

这一自然段孔子谈的是为什么治国要从这九个方面入手，或者说，做好这九个方面会带来什么样的效果。下面他谈的是怎样做到这九个方面。先谈伟大意义，做到之后的收效、成效，然后谈怎么做到。这种谈话的逻辑次序也是非常值得我们借鉴的，可以说是一种行之有效的劝人术。

第一个方面，“齐明盛服，非礼不动，所以修身也”。“齐明”要读“zhāi míng”，就是斋戒、英明的意思；“盛服”是盛大的礼服。你要像斋戒那样做到敬和诚，加强自我修养，以便做到英明，而且你的仪表要非常端庄。“非礼不动”，不符合礼仪就不行动，也就是一举一动都按礼仪的要求来做，这就做到了修身。“所以修身也”的意思是这就是用来修身的方法。修身方法的核心就是“非礼不动”，能一举一动都守着礼仪，也就做到了“义者，宜也”。

第二个方面，“去谗远色，贱货而贵德，所以劝贤也”。尊贤怎么做到呢？其一，“去谗”，远离谗言；其二，“远色”，远离女色；其三，“贱货”，把钱财看淡一点，就是不拜金，夸张点儿说，甚至视金钱如粪土；其四，“贵德”，把德看得比较高贵。这四个就是尊贤的方法，使贤人能够努力为你工作的方法。

第三个方面，“尊其位，重其禄，同其好恶，所以劝亲亲也”。“亲亲”怎么做到？其一，“尊其位”，就是给他一个体面的位置，尊重他。其二，“重其禄”，就是加重他们的俸禄，保证他们的物质利益。

在孔子的时代以前，中国的社会是“家天下”，把天下当成统治者自己家的。所以孔子说你得给你的亲属安排个职位，多给他们俸禄，这样他们才不会抱怨你。用我们今天的话说，就是任人唯亲。这有一个时代背景问题。今天的领导人要给叔叔、大爷都安排一个位置，再多给他们经济利益，那政治就肯定搞不好了。但是，如果在不违背法律法规和政治原则的情况下，怎么跟你的亲属处好关系？第一条，尊重他们，帮他们争取社会地位；第二条，顾念他们的经济利益。那么，这两条仍旧是有道理的。

其三，“同其好恶”，你跟他们喜欢同样的东西，讨厌同样的东西，说白了就是有共同的价值观。你能做到以上三条，也就做到了“亲亲”。

第四个方面，“官盛任使，所以劝大臣也”。你对高级别官员的尊敬体现在让他手下人的数量能够满足他的需要。鲁哀公作为国君、作为最高领导，这方面要注意，要让你手下的高级别官员手下的人足够他支派，这就是对他的尊敬。“敬大臣”就做到了。“所以劝大臣也”，你能做到这一点，高级别的官员就能做到“劝”，就是自动自觉地努力工作了。

第五个方面，“忠信重禄，所以劝士也”。对于普通官员、低级别官员，你怎么能做到体察、体谅呢？你和这些人交往时要守着三个原则：忠、信、重禄。

其一，忠。和这些低级别官员交往的时候要守着一个“忠”字，就是和他们办事一定要尽心尽力。其二，信。对他们一定要讲诚信。这两个是道德层面的。其三，重禄。要给他们厚重的俸禄，就是给他们高薪。这个是经济层面的。如果对你手下的普通干部，你和他们办事儿能守着“忠信”二字，而且能满足他们的物质需求，那么他们在工作上就都能做到自动自觉地努力了。

第六个方面，“时使薄敛，所以劝百姓也”。怎么对待老百姓呢？怎么能让老百姓自动自觉地努力呢？

其一，“时使”。就是使唤他们得有一定的时间、一定的时机。给老百姓摊派工作不能没完没了，一直使唤。比如我们现在是八小时工作制，你不能总让员工加班，那是不行的。在古代，这个“时”还讲时机，因为我们是农业国家，所以讲究不妨农时。正农忙的时候，你别征劳役或是发动战争、征兵，把劳动力都调走了，农活没人干了，一年的收成就全泡汤了。你使用老百姓要掌握好时间的度，掌握好具体的时机。从企业管理的角度说，你给手下员工安排任务，也要守着“时”字，有一定的时间、有一定的时机。

其二，“薄敛”。少在老百姓那里敛财，言外之意就是税收要尽量低。

能做到这两条，老百姓就能自动自觉努力了。这是实现“子庶民”的具体方法。

第七个方面，“日省月试，既廪称事，所以劝百工也”。对于工匠，对于创造利润的人，你需要做到什么？对创造利润的工匠们，每天都应该去巡视，每个月都应该有考核。给他开的工资得与他干的活儿相当，别多也别少。这就能够使各种工匠、创造利润的人自动自觉努力了。

第八个方面，“送往迎来，嘉善而矜不能，所以柔远人也”。怎么怀柔远人呢？他走的时候你能送一送，他来的时候你能迎接一下。对于他好的一面要嘉奖、表扬，对于他差的那方面要怜悯、包容。这就是实现“怀远人”的具体方法。

第九个方面，“继绝世，举废国，治乱持危，朝聘以时，厚往而薄来，所以怀诸侯也”。对诸侯应该是什么态度？“继”

是接续；“绝”是断绝；“世”是世袭；“继绝世”的意思是说，他们家的世袭断绝了，你要想办法接续下去，别让其断了。这个国已经灭了，就叫“废国”，你再把它重新建起来，这叫“举废国”。换句话说，就是诸侯出现危机，他的统治无法延续的时候，你帮他延续；或者他的统治被颠覆了，你帮他重新确立起来。前一种情况叫“继绝世”，后一种情况叫“举废国”。“治乱持危”，当他出现乱子的时候，你帮他去治理，也就是说当他出现危难的时候，你帮他渡过危机。

“朝聘以时”，诸侯国的国王来晋见天子叫“朝”，天子跟诸侯国王要保持一定的礼尚往来，就叫“聘”；“以时”是按一定的时间。但往来时要注意做到“厚往而薄来”，“厚”是多，“往”是去，“薄”是少；“薄来”，让他拿来的少；“厚往”，你给出去的多。诸侯国王来朝见天子都得送礼物，但是你给他的回礼要比他送的还重，就是你给这些诸侯的要多于他们给你的，这叫“厚往而薄来”。这就是怀柔诸侯的方法。

孔子谈的九个方面对我们今天的企业管理也是有启发的。比如第五个方面，要以忠、信、重禄对待普通官员。现在大多数企业对待普通干部想到的只是“重禄”，只知道靠提高薪酬来刺激他们工作的积极性。而按照孔子的看法，应该将忠、信放在更为重要的位置，就是老板要本着“忠”“信”二字与企业的基层干部相处，对他们实实在在、实心实意并且讲究诚信，再辅以“重禄”，基层干部就会自动自觉地努力工作了。

以上讲的是治理天下国家有九个大的方面。先谈了这九个方面的重要意义，能做到这九个方面会给你带来什么样的效果，然后谈的是做到这九个方面的具体方法。

“凡为天下国家有九经，所以行之者一也。”凡是治理天下国家，有这九大方面，但去实行、推行这九个方面的方法却是一样的，即你在落实的时候方法是一样的，是同一套方法。那这一套方法是什么呢？就是前面说的智、仁、勇。虽然治理国家可以细分为九个方面，都是统治者需要高度关注的、需要理顺做好的，但是做好这九个方面，所用的方法是一套。

另外，顺便说一句，“行之者一也”的“一”与前面“天下之达德也，所以行之者一也”的“一”是同样的。

凡事豫则立，不豫则废。言前定则不跲，事前定则不困，行前定则不疚，道前定则不穷。在下位不获乎上，民不可得而治矣。获乎上有道，不信乎朋友，不获乎上矣。信乎朋友有道，不顺乎亲，不信乎朋友矣。顺乎亲有道，反诸身不诚，不顺乎亲矣。诚身有道，不明乎善，不诚乎身矣。诚者，天之道也。诚之者，人之道也。诚者，不勉而中，不思而得，从容中道，圣人也。诚之者，择善而固执之者也。

“凡事豫则立，不豫则废”，按字面解释就是你提前准备，你就能立得住；你不提前准备，那就废了。什么事你都得想在前面，不能临时抱佛脚。

不仅事情是这样，孔子又列举了几个方面的例子，具体阐释这个原则。“言前定则不跲，事前定则不困”，“跲”是跌倒的意思，就是你在言语方面也要提前确定，那样就不会栽跟头；事情上你要提前确定，那样就不会陷入困境。“行前定则不疚”，“行”是走，“疚”是小毛病，就是你要出去办事，一定提前定好，那样就不会出现问题。“道前定则不穷”，你的方法要提前确定，那样就不会陷入困境。总之一句话，你的“言”“事”“行”“道”都要提前确定，那样就不会使自己陷入困境。

从另一个角度来说，要想人生通达，要想避免人生的困境，你就得提前做好准备，不管是说话办事还是具体的处理问题的方法，都应该提前想好，这样你才不会使自己陷入困境。

比如说，隔壁夫妻俩吵架，请你去劝，你去之前得先想好怎么劝。人家夫妻俩都信任你，都请你去调节，你得有个立场吧？你本着什么立场去劝？你说谁有错？你怎么切入？最后要达到什么效果？这些你都得提前想好，这叫“言前定”。做事情也是如此，你要处理某件事情，要提前想好有几种处理方法，做好各种预案，这才是“事前定”。总之一句话，“凡事豫则立，不豫则废”。

“在下位不获乎上，民不可得而治矣。”这句话重复出现了，这里就不解释了。它的重复出现，是为了引出下文。

“获乎上有道”，获得上级认可是有方法的。上一句已经指出，你在下级的位置上，要是不能获得上级的认同，你就治理不好老百姓。然后这句话告诉你，获得上级认同是有具体方法的。“不信乎朋友，不获乎上矣”，如果你不能取得朋友的信任，就不可能得到上级的认同。

上下级的关系是没有朋友关系亲近的，朋友对你是包容的，上级领导可不是。你得不到朋友信任，就更不可能得到上级的信任。什么叫朋友？朋友是能包容你的缺点和错误的人，你事情办得不到位，做错了、办砸了，朋友可能会拍桌子骂你一顿，然后还得捏着鼻子给你去善后，这叫朋友。哪个领导能做到这一点？事情办砸了，领导可能不批评你，但他心里得出一个结论：这个人工作能力不行，下回不用他了。所以，你要想得到上级的认同，首先要能得到朋友的信任。

“信乎朋友有道，不顺乎亲，不信乎朋友矣。”得到朋友的信任是有方法的，如果你不能顺从你的父母，就得不到朋友的信任。朋友和领导关系比，朋友是比领导能包容你的。但朋友对你的包容程度却比不上父母。你和父母的关系理顺了，你在朋友那里才有可能得到信任。因为父母对你的包容程度比朋友对你的包容程度要强多了。对于和父母的关系都不能理顺，和朋友的关系又怎么可能理顺呢？

“顺乎亲有道，反诸身不诚，不顺乎亲矣。”跟双亲把关系理顺也是有具体方法的。“反诸身”就是反求诸己，反思一下你自己。如果你说的、做的都没有一个诚心，那你和父母的关系就理不顺了。你和父母相处能不能体现诚是关键。在父母面前满嘴谎言，想搞好关系也难。

“诚身有道，不明乎善，不诚乎身矣。”做到诚也有具体方法。你对什么是善都搞不明白，你就不可能做到诚。孔子在这里给出一个很出乎我们意料的答案。你为什么没做到诚呢？因为你没有真正明白什么是善！

你要能真正搞懂什么是善、什么是恶，你自然能做到诚。上面的行文是层层递进的，从治理国家的上下级关系递进到朋友关系，从朋友关系递进到亲属关系，从亲属关系递进到自身修养，从自身修养递进到明辨善恶，最后递进到明辨善恶才能做到诚。然后，按照他的逻辑，推导出一个结果：要想搞好人际关系，治理好天下国家，最关键的是诚。由此引出《中庸》后半篇的核心内容，然后开始对“诚”进行解释。

“诚者，天之道也”，诚是天之道，天道是诚。为什么说天道是诚？大自然是不撒谎的，一切事物都预先显示出一定的征兆，各种现象之间也存在着必然的联系，就是我们说的自然规律。自然规律体现着天的诚，你看见刮南风了，肯定要升温；刮北风就要降温了，这就是天的诚。所以说天道是诚。

“诚之者，人之道也”，人之道是“诚之”。不管在生活中遇到什么问题，你都要做到诚，这叫“诚之”，这是人之道。出现问题你本着诚去处理，这才是人的道，也可以说这才是为人的正道，才是理顺人际关系的正确方法，因为这样做才符合天道。

你如果做到了诚，最后能达到什么境界呢？

“诚者，不勉而中，不思而得，从容中道，圣人也。”“勉”是努力、勉励的意思。在你处理人生问题的时候，不用刻意地努力，自然而然地就能做到中庸，就能本着中庸的精神去处理问题，这叫“不勉而中”。

“不思而得”，你不用刻意去思考，就能得到答案、就能抓住问题的关键，这是最高境界。这种最高境界不是一下子就能达到的，是需要修炼的，要一点点修到这个境界。

最开始是追求“勉而中，思而得”。你知道这个事怎么做才是中庸的、才是恰当的，但是一开始，你得努力要求自己才能做到。为什么得努力呢？因为你有喜怒哀乐这些情绪。你明知道这么做才是中庸的、才是恰当的，但是你的情感还要爆发，你需要努力才能压住火气、做到中庸。“思而得”，最开始也不是一下子就能看到并抓住问题的关键，你得练怎么去思考。你得通过认真思考，有意而为之，然后你才能找到问题的答案。这是一个修炼的过程。

你坚持修行之后，就能做到“不思而得”，再遇到类似的问题，根本不需要静下心来认真思考，就会自然而然地冒出来一种最恰当、最适合的处理问题的方法，这就是修行带来的效果。

“从容中道”，表现得非常从容地走在中庸之道上，或者说，一言一行不需要一丝刻意已和中庸之道完全契合。所以，对于能做到诚的人，孔子最后用“圣人也”来评价，这是圣人的境界。也就是说，“不勉而中，不思而得”就是圣人的境界。

我们没达到那个境界，所以我们要按照儒家的修行方法去修行，先修“勉而中，思而得”。首先你要学会思考、学会动脑、学会反思，通过反思才能有收获、有所得，才能越来越进步、头脑越来越灵活，才能开启先天的智慧，然后逐渐进入“不思而得”的境界。

最开始，我们不仅仅是思考，还要落实，要以此来指导我们的实践，在处理具体问题的时候要守着中庸之道，做到“义者，宜也”，追求不偏不倚、恰如其分。但最开始我们是受意识支配的，我们要“勉而中”，我们得很努力地约束自己、要求自己，然后才能在处理问题时不偏不倚，达到中庸的要求。如果坚持这么去做，本身就是一种修行，随着你修行越来越深入，最后习惯成自然，就不用再去强迫自己了，再处理问题的时候，就自然能把内心的情绪波动与释放控制在恰如其分的度上，自然就能按照恰如其分的方法处理问题。

但我们要注意，“不勉而中，不思而得”是圣人的境界，是不容易做到的。所以，不要一开始就把这个作为奋斗的目标，我们现在追求“勉而中，思而得”就行了。在这条路上走下去，虽然不一定能达到“不勉而中，不思而得”，但是我们也是会进步、会有收效的。能够做到“不勉而中，不思而得”，就是“从容中道”的圣人了。

但是，“诚之者”，处理问题实际上最关键的是“择善而固执之者也”，处理问题要体现诚，核心是你选择最好的方法、最恰当的方法，并且牢固地抓住这种方法，执着地坚守这种方法，这就叫诚。

我们怎样才能做到“择善而固执之”呢？下文接着论述。

博学之，审问之，慎思之，明辨之，笃行之。

“博”是广博、广泛，广泛地去学习它，即“博学之”；“审”是审慎、慎重，审慎、慎重地去向他人请教它，即“审问之”；“慎思之”，慎重地去思考它；“明辨之”，明确地去分辨它；“笃行之”，坚定地去执行它。五个“之”都是代词，指它，就是人生中的事情或者要处理、要面对的问题。如果想要做到选择最好的方法，并牢牢把握住，方法是“博学之，审问之，慎思之，明辨之，笃行之”。这五种方法是递进关系。

怎么能做到中庸？怎么能做到诚？怎么能做到“择善而固执之”呢？

第一，首先得“博学”，广泛地学习。某件事情，如果你只知道一种处理方法，那这种方法是不是中庸的你不知道。对这个问题的处理究竟有多少种可行的方法，你必须广泛地去学习，然后才能从中选出中庸之道。我们前面说过“执两而用中”，首先得知道两个极端是什么，然后才能知道中庸是什么，所以，要广泛地学习。儒家强调“学而时习之”，学习的重要性就在这里体现出来了。如果不学习，后面说的那些就都实现不了。学习虽然不是目的，但它是一个很重要的途径，不经过这条途径，儒家后面说的很多东西都做不到。所以，五种通达的方法，第一种就是广泛学习。

第二，“审问”。在学习的过程中肯定会有困惑、有疑问，要审慎地去提问，跟别人请教。提什么问题一定要想明白，不要什么问题都问，这样很容易问着问着就跑题了！要会学习，得会提问，问题要扣住关键点，然后才能找到答案。

有句话说：“夫子如木铎，叩之则鸣。”是说孔子就像木铎，你敲他才响，但你得会敲。“叩”，一方面是指敲，另一方面古代提问题也叫叩问，叩问不是说叩头去问，而是表示尊敬，很恭敬、审慎地去问。

可怕的是没问题。有时候老师问你有什么问题没有？你说没有。老师没法儿往下说了，只能下课。但不能审问也是可怕的。老师说："今天听完了《中庸》，大家有什么问题吗？"某人踊跃提问："老师，我有一个问题，子思怎么能想到论述《中庸》的呢？"这与我们研究《中庸》思想对人生的指导意义有关系吗？再说，老师怎么可能知道子思是怎么想到的。如果按照这个思路往下聊，聊一天也不会有任何收获，名义上是在讨论《中庸》，实际上讨论的全是跟《中庸》没关系的事儿。

在博学的基础上，肯定会有疑问，学得越多困惑越多。爱因斯坦曾说："用一个大圆圈代表我所学的知识，但是圆圈之外是那么多空白，对我来说就意味着无知，而且圆圈越大，它与外界空白接触面也就越大。由此可见，我感到不懂的地方还多得很呢。"

所以，在博学的基础上，你的学习越来越广泛、越来越深入，你的问题也会越来越多，这个时候就需要"审问之"。不是说把想到的问题都拿出来问，那不仅问不过来，而且也没地方问。当你想找个你认为懂的人问一问时，得想好问什么。好钢得用在刀刃上。这就是"审问之"。能够博学，还能慎重地提问，但问完之后你不能把别人给的答案当标准答案，回来后你还要慎重地思考。思考别人说得对不对，他的答案能不能让你满意。还是那句话："汝心安否？"如果老师给你的答案你听完觉得太对了，是这么回事！你心很安，说明这个理可能你已经把握住了。如果老师给你讲完了之后，你表面上不好意思批判老师，但是心里面觉得这个答案不能完全说服你，那就是你慎重思考的开始。我们提倡质疑："吾爱吾师，吾更爱真理！"

如果老师说什么你都觉得对，那你就不能进步了，最起码你超越不了你的老师了！

第四步，“明辨”，就是对事物非常深入地解析，这是一个很深入的思考过程。你只有“明辨”之后，才能做到“择善”。你不能做到“明辨”，你就“不明乎善”，根本连什么是善都弄不清楚。

广泛地学习，慎重地提问，谨慎地思考，明确地分辨，然后才能找到真正的答案。实际上这也就是《大学》中讲的格物致知。通过前面这四个步骤，你才能获得真正的知识，真知灼见由此产生。

儒家这套东西是指导人生的，不是用来考试的，真知灼见、正确答案找到了就完事了吗？最后一点最关键——“笃行之”，坚定地去奉行。

经过学习、思考，最后这个问题终于想明白了，自己知道什么是对、什么是善之后，选择了善并牢牢地抓住。你要想到，这个善得来不容易，经过前面那四步，才找到了正确答案，所以得牢牢地抓住、坚定地奉行。

学习也好，思考也好，目的就是找到正确的方法。当你找到正确方法之后，不能停留在纸面上，要坚定地奉行，牢牢地把握。这样才能使你处理问题达到“义”，达到妥当、恰如其分。

把这五种方法把握好了，你自己就能进步了。

然后下面这段话就很容易理解了，全是排比句。

有弗学，学之弗能弗措也。有弗问，问之弗知弗措也；有弗思，思之弗得弗措也；有弗辨，辨之弗明弗措也；有弗行，行之弗笃弗措也。

“有弗学，学之弗能弗措也”意思是说，有的事儿我不学习，但是如果学，我不学会就不放弃，就不会把它放在一边。

“有弗问，问之弗知弗措也”意思是说，这事儿我要不问便罢，问了之后如果不能真正了解、真正知道，我就不放弃，接着问，打破砂锅问到底，一定得问明白。

“有弗思，思之弗得弗措也”意思是说，这事儿不思考便罢，一旦思考我就得想明白，思考而没能得到正确的答案，那我就不能放弃，不能把它放在一边，一定得想明白。

“有弗辨，辨之弗明弗措也”意思是说，这个事儿我如果分辨不清楚，我就不会放弃。

“有弗行，行之弗笃弗措也”意思是说，这个事儿我一旦要奉行，就坚定地执行下去，绝对不会半途而废。

要达到上述的效果，关键是什么？

人一能之，己百之；人十能之，己千之。果能此道矣，虽愚必明，虽柔必强。

怎样才能做到博学、审问、慎思、明辨、笃行？可能有人会认为自己做不到，认为自己能力不足、智力不足，所以做不到。但在孔子看来，没有做不到的事，就看你努力不努力。别人一遍能够做到，我来一百遍；别人十遍能做到，我来一千遍，你看能不能做到！要有这个心，还有什么做不到的，还有什么学不会的？

“果能此道矣，虽愚必明，虽柔必强。”你果真能够按照这种方法去做，即使你是愚蠢的，也一定会变得聪明；即使你是懦弱的，也一定会变得坚强。

第十二讲　自诚明谓之性

我读《中庸》时一直有一种感觉：《中庸》是可以分成上下篇的。从“自诚明”往下，与前面的文字相比，有一种另起的感觉，因为由此开始集中讨论一个“诚”字。而且第一个自然段和《中庸》开篇的第一个自然段也有相似之处，还是先对概念进行界定，“自诚明谓之性，自明诚谓之教”。而《中庸》第一句“天命之谓性，率性之谓道，修道之谓教”，也界定了什么叫性、什么是教。行文到这里又重新界定“性”和“教”两个概念，也让人觉得这里是一个重新开始。所以，我个人觉得，《中庸》可以分上下篇，上篇的中心是谈“智、仁、勇”，再加上“礼”，而下篇比较集中地讨论“诚”。

古人并不认为《中庸》是分上下篇的。古人讲《中庸》文章的结构、写作风格是总、分、总，即先是总论，然后是分论，最后再是总论；古人认为自“自诚明”起是重新开始总论，属于总分总的后一个总论部分。这说明，古人实际上也感觉到了，这里是一个重新开始。

自诚明谓之性，自明诚谓之教。诚则明矣，明则诚矣。

在古人的分章中，这句话是《中庸》的第二十一章。以下几章，都是非常集中地讨论一个“诚”字。因为这个原因，开始重新进行概念的界定。

《中庸》一开篇界定的“天命之谓性”在这里重新被界定。“自诚明谓之性”，“自诚明”我觉得应该是省略句，省略了一个“至”字，应该是“自诚至明”，即由“诚”达到“明”，叫作性。下面一句是同样的句式，“自明诚谓之教”应该理解为，从“明”达到“诚”，这叫教。这里的界定，和《中庸》一开篇对性和“教”的界定是不一样的。

《中庸》一开篇对性和教的界定是静态的，是一种性质的论述。“天命之谓性”，老天赋予你的东西叫作性。“率性之谓道”，你遵循老天给你的这些特性，这种做法、方法，叫作道。“修道之谓教”，你能够有意识地去修这个道，修炼这种方法，就是教。

这里为什么要重新界定性和教？一方面是为了突出“诚”字，另一方面，这里的界定是动态的，实际上指的是你怎么达到性、怎么达到教。你要按照老天给你的本性去行动，怎么能做到这一点呢？所以要重新界定性和教，重点是怎么达到性和教。

“自诚明”，从“诚”达到“明”，关键在于什么是诚。

诚，按字面理解就是真诚无伪，但这只是一个浅层的意思。所谓伪，看这个字的构成就明白了，是由“人”“为”两个字组合成的，暗示给我们：人为为伪。后天的、人为的东西就是伪，那么，与之相对的先天的才是诚。就是说，人身上的先天的本性叫作诚，而人身上后天养成的那些东西、人为形成的那些东西叫作伪。诚，首先是真诚无伪，就是去掉后天的习染，恢复先天的本性。

“人之初，性本善，性相近，习相远。”人最初的、与生俱来的善良本性就是诚，人后天在社会这个大染缸里头熏陶出来的、受影响形成的那些东西就是伪。把这些“伪”除去，只留下先天的美好素质，就是诚。这是诚第一个方面的内涵。

另一方面，诚也是实。我们今天讲诚实，将诚和实作为同义词，但是在这里，要把诚理解为实的话，不能理解为诚实，而要理解为落实。什么叫诚？诚就是实，就是你得把这个事儿做实了，这才叫诚。《中庸》里的“诚”字至少有这两方面的含义，一是真诚无伪，二是落实、做实。

什么是明？明就是明了。或者用今天通俗的语言来表达，就是你开智慧了、你明白了，无论什么事你都能看清楚了，人生这点儿事你都能参透了，这叫明。

“自诚明谓之性”，通过“诚”实现“明”这叫作性。意思是，通过修这个诚、通过真诚无伪、通过把这个事落实，最后达到明，对人生的事情非常明了、非常通透，一切都看明白、看清楚了，这叫作性。这里说的“性”明显是动态的，就是恢复你的本性。通过“诚”达到“明”，走这条路线的，叫作性，叫作恢复本性。

但这不是唯一的渠道，还有另外一个渠道，“自明诚谓之教”，通过“明”达到“诚”这叫作教。先是明、明白，通过明白是非善恶，然后去把它落实，做到真诚无伪，这叫教，就是教育、教化。这是两种不同的修行的渠道或者说途径。

这里给出两种儒家修养的途径，并认为都是正确的。一种人是先诚后明，他还不明白的时候就能做到诚，通过诚，最后他明白了，人生的一切都通透了。另一种人是先明后诚，先把事情弄明白，知道什么是善、什么是恶，人应该选择什么然后照着去做，修到诚的境界，达到真诚无伪，达到完全落实。给这两种途径分别命名，一个叫作性，一个叫作教。

古人还有一种比较玄妙的理解，认为“自诚明谓之性”是圣人，“自明诚谓之教”是贤人。像孔子、孟子这些圣人，他们的境界是“自诚明谓之性”，就是他们先实现了、做到了，然后在做的过程中通透了。那么孔门七十二贤人呢？他们不是一开始就能做到、就能落实，他们先是跟随孔子学习，然后才知道什么是对的，什么是错的，自己应该怎么做，最后才去做，才达到诚，才能够落实，就是“自明诚谓之教”，所以说这是大贤、贤人的境界。

古人是这么解释的，但我觉得，把这两句区分出圣人的境界和贤人的境界实在没什么必要。这就是两个渠道、两个不同的途径，但殊途同归，最后都能达到同样的效果。

下面这句话就说得很清楚了，“诚则明矣，明则诚矣”，你能做到诚，你就会达到明，反过来也成立，你要能做到明，你也就能做到诚。所以不管是“自诚明”还是“自明诚”，途径是什么并不重要，重要的是通过两个途径中的任何一个，所达到的效果、境界都是一样的。

“诚则明”，就是修这个诚，真诚无伪，把这个事情做实，然后就能拥有明，就能够明白、明了、通透。那么反过来呢，如果你真正地明白了这些人生的道理，也就能做到真诚，就能把这些在生活中落实。

唯天下至诚为能尽其性，能尽其性则能尽人之性，能尽人之性则能尽物之性，能尽物之性则可以赞天地之化育，可以赞天地之化育则可以与天地参矣。

这是《中庸》第二十二章。

“唯天下至诚为能尽其性”的意思是，只有做到天下达到极致的那种诚，你才能够穷尽你的本性。

所谓穷尽你的本性，就是能够完全认识到人的本性，能够完全地、清晰地看透自我。要达到这个境界，首先得达到天下至诚，也就是说，达到诚的极致、达到诚的最高境界，你才能真正地认识自我。

我们讲格物致知最后的目的是什么？首先是真正地认识自己。真正地认识自己，才能了解其他人，才能了解这个社会，才能把人际关系处明白，你的事才能办明白。怎么能达到这个境界？《中庸》告诉我们，要从“诚”字入手，首先从真诚无伪入手，要把这个“诚”字修到极致，才能够真正地在格物致知上达到极致，才能完全认识自我的本性。

“能尽其性则能尽人之性”，能够穷尽自己的本性，能把自己完完全全地看明白，才能够把别人的本性完完全全地看明白。如果对自己没有一个清晰的认识，对别人的了解要么是肤浅的、片面的，要么就是完全错误的。

儒家讲修行从“反求诸己”入手，理论依据就在这里。为什么要先进行自我反思啊？就是“能尽其性”。先把自己的一举一动包括心理状态、喜怒哀乐都想明白，在这个基础上才能把别人看明白。能做到这两步，应该说你的人际关系就能得到明显的改善。

“能尽人之性则能尽物之性”，能够穷尽人的本性，能把他人看明白，那么就能把事物的本性、本质看明白，不管遇到多么复杂的问题，你一下子就能抓住问题的关键，一下子就能认识到问题的本质。

所以这里讲的是儒家修行的三部曲：第一部“尽其性”，第二部“尽人之性”，第三部“尽物之性”。

这里还要涉及一个问题。我讲《大学》“格物”的时候提到什么是物，有两种不同的解释。朱熹说物是事物，王阳明理解物是人物。两位都是儒家大学者，我认为可以把他们的说法合到一起，物既指人物也指事物。我不是没有立场，就是本着《中庸》这里的文字去理解的。“尽其性”“尽人之性”，说的不是理解人吗？“尽物之性”，说的不是理解事物吗？

按《中庸》原文的次序，先是“尽其性”“尽人之性”，就是先要理解自己、理解他人，然后才能“尽物之性”，才能理解事物。所以我理解，《大学》讲的“格物”实际上可以分为三个层面，依次是理解自己、理解他人、理解事物。

按儒家方式修身、做日课、反省，第一步是反省自己，反省自己一天的所作所为：自己当时处理问题的心态、出发点、方式方法是否正确？这是“尽其性”。第二步是反省他人：和我接触的那个人当时是什么状态、什么心态？他的想法是什么？他想达到什么目的？这是“尽人之性”。第三步是静下心来反思白天做的事：今天处理的这些事情做得妥不妥当？处理方法是不是最佳方案？有没有更好的解决方法？这是“尽物之性”。

从这三个方面去反省自己，这才是《中庸》教给我们的修行方法，我们可以将之理解为格物致知的三步骤、三境界。能实现这三个境界，你为人处事就相当通透了，事就能办明白了，你的人生、事业就肯定向好的方面发展了。

“唯天下至诚为能尽其性”，就是说你的自我反省要本着一个基本原则：诚。诚有两方面含义，真诚无伪、落实。

你反思的时候首先要做到真诚无伪，这实际上就是一种修行、就是一种修养。人总是避免戳到自己的痛处，反思一天的所作所为的时候经常会避重就轻，或是给自己找借口、找理由，这是人的本性。为什么呢？因为认识自己的错误也好，认识自己的愚昧也好，都是一个痛苦的过程，人都不愿意经历痛苦。

但是，你想要做到“尽其性”，就必须面对这个痛苦，然后你才能飞跃。首先要做到真诚无伪。就是你得真诚地去面对自己的所有缺点、毛病和错误，没有任何的杂念在里边，站在第三者的角度去解剖自己，做到真诚解剖自己，这样才能达到“尽其性”。

其次，诚也是实，要把这事儿做实，反思一定要从实事入手，从具体事情入手，一定要落到实处。

“唯天下至诚为能尽其性”告诉我们，你如果把诚的这两个方面发挥到极致，你就能够完全、清晰地了解自我，把自己真正地看透、看明白。这是格物的核心。但我个人认为，要做到这一点并不容易，实际上这是一个突破口，能做到这一点就是一个飞跃，后面的“尽人之性”“尽物之性”就随之而来，就非常容易了。

怎样通过“诚”来“尽其性”?

先是一个“静”字，你得使自己沉下来、静下来。如果还夹杂着情绪，你不可能做到诚。晚上打坐反思上午跟人吵架的事，情绪还平静不下来，越想越生气。在这种情绪下反思，看问题根本不可能客观，就更做不到诚了。所以，要想真正地反思自我，第一步要先静下来。

第二个是“敬”字，要有敬畏之心，对事情、对人都要有敬畏之心，你才能做到诚，保持一个诚的状态去反思。你要有敬畏之心，首先得考虑这个事情对你有什么影响。一旦考虑到后果，你就有敬畏之心了。这样你才能意识到你处理得对不对、妥当不妥当。

还有第三个“净”字，心是干净的。要守着诚意正心去反思，心得端正，心是干净的，没有杂七杂八的想法，没有不好的念头，出发点是善的。

要想做到诚，得先守着“静、敬、净”三个字，然后去反思自己一天的所作所为，你才有可能把自己想明白。

由此你可以引申，处理这个问题时你的想法到底是什么？心态到底是什么？这件事能反映出你性格的优点和缺点是什么？这样你才能把自己想明白。在这个事情上你当时的心态对不对？状态对不对？处理方法是不是最佳方案？如果不是最佳方案，那么你为什么处理得不妥当？你当时为什么就没有想到或者没有选择最佳方案呢？是一种什么心态造成的呢？这种心态反映出的你的性格、能力、素质上的欠缺有哪些呢？你应该在哪方面进行修炼和弥补呢？这样反思才能对自己有一个完全地、清晰地了解，才能做到“尽其性”。这就是儒家讲的“反求诸己”。

“天命之谓性”，老天给你的才是你的“性”，你要先把这些参明白。你的喜怒哀乐、你的性格、你的思维到底是一种什么状态？你的能力素质优势是什么、劣势是什么？什么事能影响你的情绪？这些方面是需要注意的。只要看见男的扎着小辫心里就不舒服，那以后遇到这种场合，就是你需要修心的时候，人家这事儿没碍着你啊。你因为看见他之后心里就不平衡了，心态失常了，导致你处理日常问题出现毛病，就说明你需要去调整自己的心态。这就是“尽其性”。你需要通过反省把自己认识明白、把自己参透，这样在日常生活中才能把事情处理妥当。

想要把事情办明白，你先得守着静、敬、净，把自己想明白，这个过程是痛苦的，但是一个飞跃，如果真把这层窗户纸捅破，就进入一个新的境界了。能够克服自己心理上对认识错误的恐惧，你就进入了新的境界，完成了飞跃，就能够“尽其性”，能够把自己看明白了。

你能够把自己看明白，接下来把别人看明白就是非常容易的事情了。本着同样的思路去分析每一个人，就能把他们看明白。人是最复杂的，因为人是动态的，是一直在变的，如果能把这个最复杂的、变化之中的人想明白，那些具体的、静态的事物你就都能想明白了。

人生遇到的所有事，不外乎就是人的事，没有人哪来的事？你需要去处理的一切事都是你和人的事。你要能把自己想明白，还能把对方想明白，你和这个人处事自然就能处明白，这就是“尽物之性”。

你如果能做到“尽其性”“尽人之性”“尽物之性”这三步，你就“可以赞天地之化育”。就是说，你就可以参与天地造化万物的行为了。这是多么高的境界！

“与天地参”的“参”有两种解释。一说“参”读“sān”，“与天地参”，就是成为与天地并列的第三位，这是古人将天、地、人合称三才的观念的体现。换个角度说，就是和天地并列了，你就从一个个体的人变成了一个大写的人，你和天地等同，和天地平起平坐了。这是一种解释。另一说“参”读“cān”，指加入其中。“与天地参”的意思是可以加入天地的行列中去了。天地是化育万物的，你能加入这个化育万物的行列，言外之意是你也成为化育万物的人了，就是说，你可以改造世界了。

“可以赞天地之化育则可以与天地参矣”，既然你可以参与天地造化万物的行为了，那么你就可以去改造人类、改造这个世界了，换句话说，你就具有改变人、改变世界的能力了。

这两句话简单地说，讲的是修行的功能、效果，也就是你能达到的境界、层次，这是“天下至诚”才能达到的境界。古人认为是圣人，不是普通人能做到的。

《大学》里说，大学之道“在止于至善”。这就是至善，是愿景。人的修养要有“止于至善”的愿景，虽然我们必定达不到至诚、达不到至善，凡带“至”字的都是极致，是最高境界，我们可能一生都达不到这种最高境界，但是我们应该知道这个最高境界是什么。这个最高境界对于我们来说是愿景，是一个远大理想，是我们的奋斗目标，我们虽然达不到，但是在向着这个愿景前进的过程当中，我们的人生就已经走向成功了。

你要修行，却没有这样一个宏大的愿景，那你的动力就不足，进步速度就慢，最后达到的境界也低。要有一个伟大的愿景，你才能走得更远、走得更高。所以我的理解是，这个层面古人认为是圣人的境界，实际上就是一种愿景。古人修行的终极目的就是学做圣人，可见这个愿景是他前进的方向，也是他前进的动力。

其次致曲。曲能有诚，诚则形，形则著，著则明，明则动，动则变，变则化，唯天下至诚为能化。

这是《中庸》第二十三章。

“其次”，比“至诚”低一层的境界，诚的第二个境界，这个境界叫“致曲”。“曲”，朱熹说就是“一偏”，是指某一个方面。“至诚”是把诚达到极致、完善的状态，而“致曲”是在某一个方面达到诚，不是人生的全部。这是诚的第二个境界，也就是古人说的贤人的境界。

要让一个人每天的所作所为全都真正无伪，这太难了，做不到，因此大贤是追求在某一个方面做到诚。既然不能全做到，就先追求在某一个方面做到诚。比方说，我现在首先就追求对客户做到诚，或者我就追求对员工做到诚，或者我先追求对朋友做到诚，或者我先追求对家人做到诚。这叫“致曲”。在某一个方面能做到诚，这是仅次于至诚的，已经很好了。

你说你现在追求和朋友之间做到诚，你就得在与朋友相处的时候表现出你的诚来。打电话跟朋友约：“咱们今天晚上六点半见，保证准时。”结果你七点半才去，这能叫诚吗？如果这样，你的人际关系肯定会有问题。人家跟你相处心不安。儒家修行追求“修己以安人”，要让他人和你打交道的时候心里安、心里踏实。诚是很重要的方面。跟朋友约六点半那就六点半到，甚至早点儿到，这就是诚的表现，这样朋友们慢慢地就对你有信任感了。

“诚则形”，把你的诚形于外表，表现出来，让人家感受到。这是你要做到的第一步。第二步是“形则著”，“著”是显著、发挥、发扬，是对“形”的递进。你要把这种表现变得越来越显著、越来越加强。最开始是小范围的，跟最亲近的几个朋友是真诚无伪的，慢慢地再向外扩，和越来越多的人表现出你的诚。这叫“形则著”。

后面说的是你做到这两步之后所能达到的效果，如果你能达到“著”，就是你的诚已经表现得非常明显了，那么，你就能做到“明”。我们处理问题为什么经常糊涂、想不明白呢？因为你没有做到诚。你和朋友相处，你对他说的不是你内心的真实感受，他对你说的也不是内心的真实感受，那么你俩这事肯定是办不明白了。

如果你的诚有着非常强烈的表现，你就容易把事情办明白，看问题就容易通透。为什么？首先你明白自己，不糊弄自己，做到了诚意正心，把心放正了，看问题就容易客观、容易看明白了。所以“著则明”，这是修诚能达到的第一个效果。

收获不仅是这么一点点，还有第二个收获：“明则动”。这个事情你要能看明白、办明白，然后还能有另一个收获，还能使他人感动。

“动则变”是第三个收获。你能令他感动，就能令他发生变化，不知不觉中他的为人处事、性格都会发生一些微妙的变化，这是诚能带给我们的第三个收获。

可以这么讲，“著则明”是你个人的收获，“明则动”“动则变”“变则化”是你对社会的贡献。如果你把修诚仅仅理解为对自己有好处，那就很狭隘了。对自己有没有好处？当然有。但这不是唯一的好处，你还会给社会带来很大的益处。修诚之后能把自己的事情办明白，在这个过程当中，你还能感动他人，受你感动的人还会有变化，会往好的方向发展，因此你就是一个有益于社会的人了。

“变则化”，使人发生变化，这就是教化。通过人格的魅力去影响、感召，使他人发生微妙的变化，这才是“化”。“化”不是强制性要求，不是靠法律来解决的，但是，真正使人、使社会发生根本性变化的是这个“化”。“化”是发自内心的。他认识到自己以前那个状态不好，和你接触之后受你影响，觉得你的状态令他欣赏，他便往这个方向改变，这就是发自内心的“化”，而这本身也是诚。发自内心地、真诚地进行自我改变，这才是靠谱的。靠外在的约束力、强制力改变人，是不靠谱的。

“唯天下至诚为能化”，能达到“天下至诚”，才有能力教化百姓，才能改造社会。

这一章谈的是诚的另一个层面，先谈了应该做到什么，做到之后个人会得到什么，对社会的影响又是什么，都说清楚了。实际上这一章还是对上一章的呼应。前面说你“可以赞天地之化育”，“与天地参”，能不能做到、怎么做到。不是说非得达到“至诚”才能做到，你只要在某一个方面能达到诚，这个诚充分地表现出来了，就是“著”，你就能把事办明白，就能使接触你的人受到感动，使他因此而发生改变。你起到了改造社会、改造世界的作用，就达到了“赞天地之化育”。

这实际上说的是儒家修行的社会功能。修行不仅给我们自己带来益处，还能传播正能量、改变社会。这里得强调一下，修行首先是改变我们的小环境。通过你的修养改变全人类那是做不到的，但是你能影响你身边的人，跟你越熟的人越受你影响，然后你的人脉就好了。你把自己的小环境打造好了，事业就能往好的方向发展。所谓的“明则动”“动则变”“变则化”，首先是改造自己的小环境。

如果每一个人都能够像儒家说的这样去修行、去改变自己的小环境，社会的大环境不也就为之改变了吗？

我们去空谈一些东西，或者有一些愤青的言论，那是没有意义的。我们就从改变自身的小环境入手，就是改造社会，就是改变世道人心。如果有一批人这样做，社会的大环境自然会为之改变。社会上各种丑陋现象不会因为你的指责而消失，但是，每一个人去改变自己的小环境而拉动大环境，会使这些丑恶现象越来越少，这就是“参赞天地之化育”，这就是改造社会。

所以说“唯天下至诚为能化”，能达到“至诚”，就能改造社会。而你在“致曲”的时候则可以改变你的小环境！

至诚之道，可以前知。国家将兴，必有祯祥；国家将亡，

必有妖孽。见乎蓍龟，动乎四体。祸福将至，善必先知之，不善必先知之。故至诚如神。

这是《中庸》第二十四章。

“前知”就是提前知道，就是预见性。“至诚之道，可以前知”，要修至诚之道，对事物就会有预见性。

“国家将兴，必有祯祥”，说国家将要兴起，将要走向兴盛，一定会有好兆头出现。“国家将亡，必有妖孽”，国家即将灭亡的时候，一定会有妖孽出现，就是有一些坏事、坏兆头发生。为什么修诚的人可以预见？因为事情都是有一些征兆的，修诚的人会感应到、意识到这些征兆，因此能预见事情的未来。事情好坏的征兆都体现出来了，不修诚的人不能注意到，因此就没有预见性。

虽然这里说的是国家，是大的方面，实际上人生的所有事情都在其中，不仅国家的事情，包括我们日常生活中的很多事情，都是提前有征兆的，只不过人们没有留意而已。很多时候我们都是在事情发生之后才回忆起来这事儿提前是有征兆的。

可能有人会说：“我达不到‘至诚’啊，你前面说了‘至诚’是圣人的境界，我只能‘致曲’，那我能不能前知？”答案是能。只不过要加点技术，即“见乎蓍龟”。“蓍”，蓍草，指用蓍草算卦；“龟”，龟甲，指用龟甲占卜。你没修到“至诚”，能达到“致曲”也行，然后再加上点技术，就可以预知了。但你要达到“至诚”就不用术的东西了。没修到“至诚”之前，你可以用点技术性的东西辅佐一下，但这不是一个根本办法。根本办法是“动乎四体”，就是好坏的征兆在你的肢体上都会有所表现。

“前知”就是预见性。预见性从哪里来？第一个方面，达到“至诚”。你修到“至诚”就什么都不用了，你对未来就有一种感应，有一种预见的本能。第二个方面，达不到“至诚”的境界时，可以在修诚的过程当中，加一点儿技术性的辅助，也能达到预见。

如果没有修行，纯走技术路线，在儒家看来是不靠谱的。这个东西是对修诚的辅助，你不能倒过来，专门去研究这种技术，反而以修行为辅，那就本末倒置了。

第三个方面，《中庸》讲平常日用，最常用的对事情的预见性，在你的身体上就能体现出来。

当然，这些都得以修诚为前提，不修诚，这些统统没有。按照儒家这套修行方式修到最后，可以具有对事情的预见性，就是在你的身体上都能体现出来，这叫“动乎四体”。这不是理智的、逻辑的分析，就是身体有一种特殊的感应。《中庸》这里的说法是有些神秘主义的。

下面是总结。“祸福将至”，不管是祸还是福，将要到来的时候；“善必先知之，不善必先知之”，是善、好的，你一定提前知道，提前就能感知到、预见到；是不好的、不善，你也能提前预见到。能提前预见到祸福的来临，这是修诚带给我们的另一方面的好处。

“故至诚如神”，所以说，你能修到“至诚”，你就像神一样了。你的预见性在别人看来相当神了，“故至诚如神”。

以上三章实际上谈了修到至诚能带来的三个方面的好处。以下是《中庸》第二十五章，还是谈“诚”。

诚者自成也，而道自道也。诚者物之终始，不诚无物，是故君子诚之为贵。

第二个“道”字应该读“dǎo”，是引导的意思。“诚者自成也，而道自道也”意思是诚就是成就你自己，道就是引导你自己。

这两句话我非常欣赏，这真是“中庸”啊。谈修诚，前面说得有点儿太高了，又是“赞天地之化育”，又是“至诚如神”，怕你理解成抽象的东西，回过头来再说到平常日用上。什么叫诚？你为什么要修诚？诚就是成就你自己的方法，使你自己有所成就的方法。这让我们认识到，儒家修行的目的，归根到底，不是改造社会，而是为了成就自我。

我们修诚，强调诚，是为了成就我们自己，成就我们的修养，成就我们的事业。不管是加强个人修养、自我完善，还是在世俗红尘里事业有成，都得从这个“诚”字入手，出发点是为了自己，而不是为了别人。

所以孔子讲“古之学者为己”，古代的学者学习是为自己。学完了之后，我能够用得上，使自己的人生走向好的方面，这才是为自己学。如果你学习不是为了使自己的人生走向好的方面，就为了炫耀一下；跟老师听课，就为了学两句名言，下回喝酒的时候，可以在朋友面前炫耀。如果这是你的学习目的，那就不对了，那你的人生就不会为之改变，你也没有从学习中真正获益。

什么是诚？第一，真诚无伪。第二，落实。学完了落实，然后使你的人生向好的方向转变，这才是为自己学，这才是“自成”。修诚是为了成就自我，不是为了别的。

什么叫道？这个概念的内涵相当复杂。在古书里，绝对真理、客观规律、外在环境、途径、方法等都可以叫道。在这里我们要理解得低一点，日用平常嘛，这个道就是方法、就是方法论。“自导”，引导你自己的才叫方法，“道自导也”道就是引导你自己的方法。

在儒家看来，修道不要专门去追求玄虚的，不要张口本体论，闭口绝对真理、客观规律，再就是要研究人类社会基本原理，否则就不是中庸了、就不是日用平常了。什么是道？《中庸》讲就是引导你自己的方法。引导你自己、指导你自己，让你在生活中走向成功，让你的日子越来越好，这些方法叫道。儒家的修道，是修炼指导自己人生走向成功的方法。

读到这儿你就会发现，恐怕这里就有门户之见了。我认为，这里好像就是在批判老子。老子《道德经》第一句“道可道，非常道；名可名，非常名”，先从绝对真理开始探讨。《中庸》却告诉我们，别说那些玄的，有什么用？道就是引导你自己的方法。人生这点儿事你还处理不明白呢，你还研究什么本体论、抽象哲学？

引导你的就是道，让你知道人生怎么正确前进的就是道。“诚者自成也，而道自道也”，充分体现了“中庸”这个“庸”字的平常、日用平常。我们都说修心悟道，悟的是什么？首先得会引领自己。你说你得道了，那你自己人生的事情弄明白了吗？

“诚者物之终始，不诚无物”，诚是事物的开始和终结，事物不论开始还是终结，都体现着诚。开始、终结涵盖全过程，也就是事物的全部都体现着诚，这叫“诚者物之终始”。“不诚无物”，如果没有这个诚，就没有事物。

他要说的是，事物本身是无伪的，只有人才有伪。你一看花要死之前的状态，就知道这花不行了。花没有伪。大自然也是这样，地震之前给你征兆，发大水之前给你征兆。事物都是真诚无伪的，我们可以将诚看作事物的本质，如果没有了诚，事物就不会存在了。

“是故君子诚之为贵”，因为事物都是以诚为本的，所以君子修养要以诚为贵，就是要把诚作为最宝贵的东西。

诚者非自成己而已也，所以成物也。成己，仁也；成物，知也。性之德也，合外内之道也，故时措之宜也。

“诚者非自成己而已也，所以成物也。”这句话的意思是，修诚不是仅仅成就自己而已，也是成就事物的方法。前面谈了“诚者自成”，这里又告诉你，修诚不仅仅能成就自己，还能成就事物，使事物有成。

然后下面总结：“成己，仁也；成物，知也。”“知”是通假字，通“智”。能够使自己成功，体现了“仁”，就是仁爱；能够成就事，能够干成事，体现了“智”，就是智慧。“仁者爱人”，先得把自己的事办明白，然后再去爱他人。“成己，仁也”，首先得自己有所成就，自我完善，把自己的事都办明白，才能体现出仁，证明你是一个“仁者”。在此基础上，“诚”不仅能够成就自己，还能够成就事物，还能把事都办明白，这就是智慧了。

“性之德也，合外内之道也。”主语“诚”省略了，这个“诚”是你本性当中所具有的美德，是使自己的内心和外在相吻合的一种方法，是使我们自己的追求和我们所处的环境相吻合的一种方法，故“时措之宜也”。“措”是把这个东西放到另一个东西上面。时时要把“诚”摆在首要的位置，这才是适宜的。

第十三讲　至诚无息

《中庸》第二十六章：

故至诚无息。不息则久，久则征，征则悠远，悠远则博厚，博厚则高明。博厚所以载物也，高明所以覆物也，悠久所以成物也。博厚配地，高明配天，悠久无疆。如此者，不见而章，不动而变，无为而成。天地之道可壹言而尽也。其为物不贰，则其生物不测。天地之道，博也，厚也，高也，明也，悠也，久也。

"故至诚无息"，因此要向着"至诚"努力的话，关键在于不要停止、不要间断，要持之以恒。能不能达到"至诚"是另一个问题，但只要能够不停止、不间断地向这个方向努力，必有成效。所以修"至诚"的关键，是不要停顿、不要间断。

"不息则久"，能够不间断，才能够持久，才能够长时间地使自己保持诚的状态。

"久则征"，按照朱熹的解释，"征"指外在的表现，就是征兆。能够不停止，能够长久地保持诚的心态，然后才能有外在的表现，你的诚才能表现出来。如果心里面不能够总想着这个事，那你是不能表现出来的。要使你的心态长时间地停留在诚的状态下，然后才能有诚的外在表现。这叫“久则征”。

“征则悠远”，有诚的外在表现，你的事情才能发展得长长久久，才能走得更远。

“悠远则博厚”，要能走得远，才能有广博而深厚的积淀、积累。事情首先得悠远，而后才能博厚。

“博厚则高明”，你的积累广博、深厚了，才能变得“高”和“明”。“高”是指你的境界，“明”是指你的思路。有深厚、广博的积淀，然后你的境界才能上去，站得高，看得远，然后看问题才能明了，才能通透。

儒家的修行讲究不间断、长期性，长期坚持才能达到博厚、高明。

为什么要追求博厚、高明？他下面解释：“博厚，所以载物也。”就是“厚德载物”的“载物”。《周易》坤卦讲：“地势坤，君子以厚德载物。”“载物”就是承载身边的人和事。换个表述方式，就是包容身边的人和事。你在诚的方面有了深厚而广博的积淀，才能做到包容身边的人和事。做到了广博，才有这个包容性，心胸才真正打开，才能够包容身边的人和事。

“高明，所以覆物也。”“覆”和“盖”是同义词，所谓的“覆物”“盖物”，就是在上面罩着它。修诚要修到了高明的境界，就能站得高、看得远，就能明了、通透，然后才能罩着这些人、这些事，才能把它们涵盖进来。

以上可以理解为两个层次。博厚载物说的是包容，高明覆物说的是成就。包容它和成就它是两个层次，包容是容易的，成就是更难的。能做到“博厚”，就能“载物”，就能做到包容，但要做到“高明”，才能“覆物”，才能成就事物。这也就是前面说的“能尽人之性，则能尽物之性”。你要想成就事物，就必须达到“高明”的状态，这也就是上一章说的“成物，知也”，这才是智慧的体现。而要修出来这个智慧，必须通过修诚达到“高明”的境界。通过修诚使自己达到站得高、看事物明白通透的境界，然后才能成就其他人，能帮到人。

包容固然是一种美德，但包容只是在容忍他的错误和缺点，不去加重他的痛苦和坎坷而已。你的包容并不能带给他真实的益处，所以包容是美德，也仅仅是美德。真正站得高的人、通透明白的人，能够成就他人，真正帮助他人，使他人的人生向好的方向转变，所以成就不仅是美德，更是智慧。这也就是前面谈到的“动则变，变则化”。怎么能让身边的人发生改变，让他的人生走向美好？首先你得能做到“载物”，能包容他，他才能跟你接触，然后要帮到他、成就他，这就是“成物”，这才是“止于至善”。最终的目的是帮助别人。包容是较低层面的，成就是较高层面的，但你要帮助人，首先得包容人。

这是修诚能达到的境界，但是要达到这个境界，首先要做到“不息”，就是不能间断。三天打鱼两天晒网的绝不会有效果，不管做多做少，持之以恒，必然就能有所表现，就是“征”。

就像儒家提倡的修行方式，做日课。不管你做多做少，只要你坚持下去，你就会发生变化，这种变化会让你身边的人感觉到，这就是“征”。甚至有的时候你自己都没有感觉到自己的变化，但是其他人已经感觉到。你修行的结果是，有外在的表现让他人感觉到了，这就是“征”。做到这一步之后，你的事业才能走得更高、更远，这就是“悠远”。你的人生、你的事业变得越来越好，这个过程就是逐渐积累的过程，坚持下去之后，就能做到“博厚”“高明”。你的积淀很广博、很深厚，然后心胸就打开了，能够包容人，你的人脉自然也会向好的方向发展，这是你的所得。但是你还没有做到“化”，还没有做到“成物”。再继续下去，从“博厚”达到“高明”，你能站得高、看得远，看问题非常通透，成为一个智者，然后就能“覆物”，能罩着别人，能帮到别人。能做到这一点，也就引导身边的人向好的方向变化和发展了，这叫“博厚，所以载物也；高明，所以覆物也；悠久，所以成物也”。

然后子思将之提升到理论的高度，“博厚配地，高明配天，悠久无疆”。“博厚”是和地道配合的，因为“地势坤，君子以厚德载物”，大地的美德就是包容、顺从。修诚使自己达到宽博、深厚，心胸打开能包容人，就具有了大地的美德，这种博厚的精神是可以配得上大地的美德的，是符合地道的，是和地道相配合的。你如果能达到高瞻远瞩、明达通透，这就是天道的美德，做到这一点就能配合天道。而这两点如果能坚持下去，那你的发展就是没有尽头的，能一直向前推进。

“如此者，不见而章，不动而变，无为而成。”如果能做到上面这几点，从“不息”到“久”，到“征”，再到“悠远”“博厚”“高明”，那能达到什么效果呢？修诚到这个境界之后，能达到的效果首先是“不见而章”，不用去刻意表现，在别人眼里你就已经光辉灿烂了，已经是一颗非常耀眼的明星了。“不动而变”，不用刻意去变动，不用刻意去追求变化，在别人眼里，你就是非常善于变化的。“无为而成”，不用刻意地去做什么，但是你追求的都能够实现，都能够成功。这是讲修诚最后带给我们的结果。

有人可能会怀疑，能达到这个效果吗？举个例子，比如你们现在学国学，如果在和朋友聊天的时候，把课堂上学的东西和别人聊一聊，在别人眼里，你是不是马上就变得非常高大上了？这就是“不见而章”，你没有刻意表现，没有想过：“今天和老张吃饭，我要给他讲点儿国学，让他佩服我。”你根本没有这个念头，而是吃饭的时候无意中聊到这方面了，结果老张很佩服，感叹：“真是士别三日当刮目相看啊！”这就是“不见而章”。这还仅仅是知识层面，如果你修诚，持之以恒地修，能达不到“不见而章”的效果吗？

最高境界是“无为而成”。没有刻意去做，但事情就成了。因为“得道多助，失道寡助”！真修到那个境界之后，主动帮你的人多了，你的事情都不用你出手，就有人替你解决了。

“天地之道可壹言而尽也”，天地之道可以用一句话就把它说尽、说完。意思是，天地之道不复杂，一句话就能表述清楚。这一句话是什么？就是后面这一句：“其为物不贰，则其生物不测。”“不贰”，不是“二”，那就是“一”，“一”就是诚。按照朱熹的解释，天地之道的本质就是一个“诚”字，诚经过积累达到一定程度之后就会引发质变，所带来的万物的生长和事物的变化是无法想象、无法猜测的。“不测”就是让你想象不到，无法想象、无法猜测。天地生成万物是让你想不到的，生成的什么都有，那是人无法想象的。但是，天地怎么能达到这个境界呢？就是守着一个“诚”，就是“不贰”。它没有两套东西，它对所有的事物都守着一个规律、一个原则。但在这个规律、这个原则的指导下，事物是变化无穷、变幻莫测的。

子思的意思是，人应该学习天地之道，要“不贰”，就是守着诚。天地守着一个“诚”，最后生成万物，达到的效果是极其伟大的。人呢？只要你守着这个“诚”，积累到一定程度之后就会发生质变，能达到的效果也是你意想不到的、无法猜测的。

然后子思用一系列比喻来形容天地之道。“天地之道，博也，厚也，高也，明也，悠也，久也。”修“至诚”为什么要达到“博厚”“高明”“悠久”？因为这种修行符合天地之道，所以才能达到天地生物不测的那种至高境界。

“天地之道”前面是三个词组，到这里拆成六个字。天地的特点是：第一，“博”，广博、广大；第二，“厚”，深厚；第三，“高”，境界高；第四，“明”，它是明亮的、明白的；第五，“悠”，它是悠远的，讲的是空间；第六，“久”，长久，讲的是时间。

但是天地之道的“博厚”“高明”“悠久”是怎么来的呢？是一点点积累的。通过诚，一点点积累，就能达到这个效果。达到这个效果之后，体现出来的东西是变化莫测的。接着子思举了四个例子来说明这个道理。

今夫天，斯昭昭之多，及其无穷也，日月星辰系焉，万物覆焉。今夫地，一撮土之多，及其广厚，载华岳而不重，振河海而不泄，万物载焉。今夫山，一卷石之多，及其广大，草木生之，禽兽居之，宝藏兴焉。今夫水，一勺之多，及其不测，鼋鼍鲛龙鱼鳖生焉，货财殖焉。

按字面来说，“今”是现在，“夫”是发语词、感叹词，没有意义。“今夫天”，是现在我们说这个天；“斯”是这；“昭昭”是明亮的；“多”是增加、增多。天就是这个明亮的东西，它是逐渐增加的。不是坐井观天，就这一巴掌大，天是把这一点点空明的东西逐渐增加，增加到无穷大，这叫“斯昭昭之多”。“及其无穷”，等到把这个空明扩大到无穷大的时候，就成为我们面对的天，表现出来的效果是“日月星辰系焉，万物覆焉”。日、月、星体都靠天来维系，万物都靠天来覆盖，能达到这么伟大的效果，它最初是什么呢？最初它就是那么一点点的空明。这个空明一点点扩大，当它扩到无穷大的时候，就能够承载星辰、覆盖万物。

我们再说大地，“一撮土之多”，大地的本质不过就是一撮土，“及其广厚”，把这一撮土积累非常广大、非常深厚的时候，就形成了大地。所达到的效果是“载华岳而不重，振河海而不泄”，承载华山而不觉得沉重，维系江河湖海而不会让其泄漏。“万物载焉”，万物都靠大地来承载，就达到这么伟大的效果。

再说山。山的本质不过“一卷石之多”，就是像拳头那么大的一个石头而已（“卷”读“quán”，拳头的意思），把它积累、增多，“及其广大”，等把石头积累得非常广大的时候，就变成了山。变成山之后呢？“草木生之，禽兽居之，宝藏兴焉”，草木在上面生长，禽兽在上面居住，宝物在上面兴起。“宝物”，我们可以理解成矿物、各种宝藏。实际上它最开始的本质不过就是一块石头而已，单独一块石头是没有意义的，但是一点点积累成为一座山，就发生本质性的变化了，就有了变化莫测的功能。

再说水。把“一勺之多”的水积累起来，“及其不测”，积累到你无法猜测的时候，就能形成江河湖海。达到那个境界之后，“鼋鼍蛟龙鱼鳖生焉，货财殖焉”。“鼋”是一种大龟，“鼍”是鳄鱼。龟、鳄鱼、蛟龙、鱼鳖就都在这水里生成了，财物也在水底生成，就是在江河湖海里生成对人类有益的财产、财物，如：鱼、鳖、虾、蟹、珍珠、珊瑚等等。

以上连举了四个例子，要说明的是一个道理：积累产生质变。修诚也是这样。诚在本质上看是个小事，这个小事如果只做一次是没有意义的，就好比一勺水，里面什么也生不成，养金鱼都养不活。但如果你每天去修诚，每天让这水多一点，这水最后会变成江河湖海，作用就是无穷无尽的，它带给你的好处是你想象不到的。修诚的结果也是一样的。

所以，儒家提倡的修诚是不息的，是不能够间断的，如果间断了，就是一勺之水，没有意义了。但如果能坚持，能一勺一勺地积累，持之以恒，天长日久之后你就会发现，“鱼鳖生焉，货财殖焉”，就什么都有了。这个诚给你带来的效果是你意想不到的。

子思举了天、地、山、水四个例子，实际上是在给我们强调一个道理，就是修行这个事不能间断。只要你持之以恒，就能做到博、厚、高、明、悠、久；只要你持之以恒，它就能带给你意想不到的效果，就像天、地、山、水这样。他给我们讲了这么一个道理，也是勉励我们在修行的路上要持之以恒。

《诗》曰“维天之命，於穆不已”，盖曰天之所以为天也。“於乎不显，文王之德之纯”，盖曰文王之所以为文也，纯亦不已。

“於”，应该读“wū”，是发语词、感叹词；“维”实际上也是感叹词；“维天之命”，就是老天的那个命啊！“穆”是指深远而不会停止。“维天之命，於穆不已”，上天给你的这个命，它是深远的、无穷无尽的。换句话说，人身上的潜力是非常巨大的，你还没有完全挖掘出来。

一说到修诚，你总是先打退堂鼓：“哎呀！我做不到啊！这事太难了，我没那个能力。”实际上你有这个能力，你做得到，因为“维天之命，于穆不已”。老天赋予你的本性，你天生的能力，是你想象不到的巨大，但是百分之九十九的人都没有把他的先天潜力开发出哪怕是百分之一，所以才没有成就。

只要去修行，你就会发现，你身上可挖掘的潜力实在是太多了，最起码老天赋予你的先天智慧还没修出来，还没用上呢！“盖曰天之所以为天也”，老天之所以是老天。子思解释这句诗的意思，说的就是天成其为天的理由，天的伟大就在这里。

“於乎不显，文王之德之纯”，前面是个感叹词，他感叹的是：周文王的美德的纯粹啊！他是没有完全显现出来，就是他的纯粹的美德，并不是完全地都已经表现出来了。“盖曰文王之所以为文也”，子思说：这句诗大概是在形容文王之所以被称为“文”的原因吧。在帝王的谥号中，“文”字是非常美好的称呼。“纯亦不已”，这种纯粹也是无法穷尽的。

以上是《中庸》的第二十六章。

大哉圣人之道，洋洋乎发育万物，峻极于天，优优大哉！礼仪三百，威仪三千，待其人然后行。

“大哉圣人之道”，又是感叹句，圣人之道是多么伟大啊！古汉语里面，感叹句往往把感叹词放在前头，把所感叹的对象放在后面，就是倒装句，和我们今天的语序不太一样。按我们今天的语序应该说，圣人之道是多么伟大啊！但是古汉语说成“大哉圣人之道”，就是伟大啊圣人之道。

“洋洋乎发育万物，峻极于天。”“洋洋”“峻”“极”都是形容词，都是形容大。圣人之道是多么伟大啊，因为它能够发育万物，而且这种伟大可以上比于天的。“优优大哉”，这是多么伟大啊。发表完感慨之后，转到了礼的方面。

“礼仪三百，威仪三千，待其人然后行。”礼仪和威仪有什么区别呢？“礼仪”可以说是大的方面，“威仪”是小的方面。礼包含多少内容？大的方面有三百项，小的方面有三千项。

“三百”和“三千”不是实数，是形容非常多而已。

礼的规范是相当多的，“待其人然后行”，得等到那个人然后才能得到推行。换句话说，礼的要求是非常广泛的，但也得有人来执行它才能体现出来，得真正有那么个人，它才能得到推行，才能够被落实。没有那个人来行这个礼，礼自然就废了。

我理解礼就是社会行为规范。人在社会上为人处事，有一系列的社会行为规范，这些行为规范是绝对没有明文规定的，但每个人心里都有数。你心里要是没有数，在社会上就混不明白。

比方说，你现在和朋友们一起去餐厅吃饭，菜都上来了，这个时候你突然想打喷嚏，但你能直接冲着桌子打吗？谁也不能这么做吧？这就是“礼”。你如果真的这么做了，会被认为很失礼。但是哪本书上写了？哪条文件规定了？都没有。社会行为规范是社会对人的行为有一种期望。这个问题难就难在没人把它写到纸面上，把它明确规定出来。

这种生活中礼的细节恐怕不只三千。这个东西不好掌握。第一，没有明文规定，没处学去。第二，量太大。具体事有具体事的礼，如开车有开车的礼，吃饭有吃饭的礼，甚至你走在马路上，也有一个行走的礼。这些东西要都计算起来，何止三千？

子思谈中庸之道，谈到诚，怎么突然间说到礼上去了？因为礼是诚的外在表现。前面强调了诚，“不息则久，久则征”，要有外在的表现。外在表现在哪里体现出来？就是在生活的细节中体现出来。

你修诚，就要让人感觉到你的诚，就要在这些日常生活的礼的细节上体现出来。你说你修诚，却连最基本的礼貌都不知道、都做不到，人们怎么能感受到你的诚呢？所以诚是靠礼来体现的。而这个礼，我理解就是社会行为规范。换句话说，做一个让人尊敬的人、做一个有礼貌的人，应该注意哪些细节，这就是诚的具体体现。

怎么能做到礼呢？《中庸》上没说，儒家经典上也没说。我个人理解，如果一条条学是无法穷尽的，“礼仪三百，威仪三千”，生活中的细节不要说比三千多，就算刚好是三千条，我们一条条去学、一条条去背、一条条去落实，好像也不现实，也是一项不可完成的任务。

既然不能一条条学，我们怎么能掌握呢？怎么能做到呢？这就是《中庸》这个“中”字的重要性。遇到事不知道什么是礼，你就守着一个“中”，基本就符合礼了。就是无论什么事都别走极端，这样基本就会符合礼，你就不用一条条去学了，就基本能做到位了。

当然，儒家也有很多对礼的具体阐释或者说界定，《礼记》里面记载是最多的，其中有很多日常行为规范在我们今天看来也是不过时的。例如，人家两个人在那里站着的时候，你不要从两人中间走过去，这是不礼貌的。《礼记》上讲，古人进屋要把鞋脱在门外，你如果看到门外只有两双鞋，你就先别进去，你要“声闻则入，声不闻则不入”。如果屋子里面有声音，或者说话声音能听见，你可以敲门进去；如果就两双鞋在外面，屋里一点动静都没有，那你就不要敲门了，就别进了。这是我举《礼记》里面的两个例子，《礼记》里面谈这种规范的地方是很多的，但是在我看来，这个事儿没法穷尽。

在日常生活当中我们做到礼，就是不要惹别人讨厌。做到礼就不招人烦，这样你的人际关系才能理顺。我们如果要一条条去学礼的细节，是永远学不完的，因为总会遇到新的问题。

但是，你不管在什么场景下，只要守着一个“中”字去处理事情，基本上就符合礼了。

故曰“苟不至德，至道不凝焉”。

假如你没有至高境界的道德修养，你也不会凝结、形成那种达到极致的处理问题的方法和途径。所谓达到极致，就是把事情处理得非常完美。换句话说，要想在人生中、生活中把自己的事情处理得非常完美，首先要追求自己的修养达到完美。再引申一下，就是你修到什么程度，处理问题就能达到什么程度，你修行有什么境界，处理问题就能达到什么境界。如果不修行，处理问题时就容易处理得稀里糊涂、乱七八糟，把事情办砸。

遇到问题，为什么你想不出办法来，而别人能想出来？修行的差距在这里就体现出来了。你如果修一分，处理问题的能力就增长一分，你的人生就能有一分的成功。你修五分，处理问题的能力就能达到五分，你的人生就能有五分的成功。你修到了八分，你的人生事业就八九不离十了。

故君子尊德性而道问学，致广大而尽精微，极高明而道中庸，温故而知新，敦厚以崇礼。

因此，君子尊重、重视道德品性的修养，而且是以求学为达到修养的途径。这句话把君子的修养说得非常明确。首先是重视德行的修养，怎么去做呢？以求学为途径。不学习你就不知道怎么修，所以首先得学，这叫“尊德性而道问学”。君子重视的是品德和本性的修养，并且以求学作为途径，作为加强修养的方法。

“极”是达到极致。要达到修养的广和大，要达到修养的精和微，要达到终极的高明的状态，方法和途径就是中庸。这叫“致广大而尽精微，极高明而道中庸”。

中庸就是日用平常，在日常生活中，点点滴滴守着“中”字，这就是方法。通过这个方法，最后就能达到非常高和明的境界，也就能达到广大、精微。

复习以前学过的，你才能够知道新的东西。你要尊崇礼、推崇礼，才能使自己的修养变得越来越厚重。为什么要强调礼？是为了使自己为人处事变得越来越厚重，越来越有内涵。

有人说：“哎呀，我这个人是好人，就是在为人处事上粗心了一点。”那你修养就上不去了！有人说：“我没别的毛病，就是不拘小节，那些细节方面不用注意吧，我大方向把握住不就行了嘛。”那你修养就上不去了！

需要推崇礼，把上面说的“礼仪三百，威仪三千”都在生活中落实，然后你的修养才能变得越来越厚重，然后你才能达到“致广大而尽精微，极高明而道中庸”。入手处还是在日用平常，还是从生活当中一点一滴做起，在这些小的方面都做到礼，然后你的修养才能上去。所以修养能不能提高，取决于小事而不是大事。

是故居上不骄，为下不倍，国有道其言足以兴，国无道其默足以容。

这是说修行应有的效果。这是君子修养应该达到的境界和状态。你成功了，居上位了，不骄、不傲、不慢；你没成功，没有机遇，一直处在下位，也不背离自己的人生原则，不背离自己为人处事的准则，也不背离社会道德。

在国家政治清明、太平盛世的时候，他的言谈就足以让他兴起，让他成为居上位的，能够成功。政治不清明的时候，他的沉默足以让他有容身之处。言外之意，说不说话得看形势。形势好的时候说，并且要通过说使自己走向成功，居上位；形势不好的时候别说容易惹事，这个时候靠沉默，能够使自己有一个容身之处，不至于把自己变成别人打压的对象。

君子这种中庸的修养，最后要达到的境界是，不管外在的形势好还是不好，最低有一个安身立命的地方，能过自己的小日子。人改变不了大环境，但在恶劣的大环境下，也能过好自己的小日子，“其默足以容”。如果大环境非常好的话，就出来表现一下，然后能够事业有成，走向辉煌灿烂。这才是君子修养要达到的境界。

《诗》曰“既明且哲，以保其身”，其此之谓与！

他已经做到了“明”，明了、明白、通透，并且他是“哲”，非常英明，这样就能保住、保全他自身。

后来“明哲保身”变成了一句成语，这个成语在今天带有贬义，但最初可不是。在《中庸》里面不是贬义词，“既明且哲，以保其身”，能够通过修行达到“明”、达到“哲”，能做出正确的决定，既能看明白，又能做明白，这样就能保全你自己，使自己能活明白。

“其此之谓与”，《诗经》上说的“既明且哲，以保其身”，恐怕就是这个状态了吧。

第十四讲　愚而好自用

下面是《中庸》第二十八章。

子曰："愚而好自用，贱而好自专，生乎今之世，反古之道，如此者，灾及其身者也。"

子思引孔子一段话，说在三种情况下会有灾难。

第一种情况，"愚而好自用"。本身不聪明，比较愚蠢，还喜欢自以为是，这种人肯定会有灾。

第二种情况，"贱而好自专"。本来地位比较低，说了不算，却喜欢专断独行，这种人肯定是要有灾的。

第三种情况，"生乎今之世，反古之道"。生在今天这个世界上，却要回到古代的那些处事方法上，"如此者"，就是像这样的人，"灾及其身者也"，灾难一定会降临到他的身上。

我们以前总认为儒家是复古的，从这句话来看，孔子并不提倡盲目地复古。孔子讲，生在当今这个世界上，却一定要恢复古代的一些做法，这样的话你是会有灾的。

显然把儒家思想理解为一种复古的思想是不准确的，至少是片面的。孔子提倡一些古代的智慧，但是从这句话我们能明显地看出来，他还提倡把古代的智慧跟当下的社会现实相结合，不能盲目地恢复古代的东西，否则是要有灾的。

我们学习古代的东西要和当代社会相结合，要进行发展，进行变通，所以《周易》讲“变通者，趣时者也”，变通是要跟上时代的要求，跟上时代的步伐。将这两者结合到一起，我们才能真正理解孔子对古代智慧、思想、文化的态度。我们学习古人的东西，孔子已经给我们确立了一个基本原则，就是学习古代的东西，要和所处时代的社会状况相结合，不能盲目地去恢复古代的东西。我们要把古代一些优秀的文化传统继承下来，同时还要根据时代、社会的要求，有取舍、有变通，这才是孔子的精神。

不管什么朝代、什么社会，“愚而好自用，贱而好自专”，都是会给自己惹麻烦的。本身不大聪明，事情想不明白，还总自以为是，认为自己是对的，谁说都不听，谁也劝不了。孔子说这种人会给自己招灾。另一种情况，本来没那么大的权力，地位比较低，也不是领导，却非得要说了算，太把自己当回事儿了，这也会招灾惹祸。

对我们今天最重要的，我认为就是孔子排在最前面的这句话，“愚而好自用”。孔子把这个排在最前面，显然认为这个最重要，也是最常见的，所以孔子先把这个提出来让我们醒悟，记住“愚而好自用”是会招灾惹祸的。

我觉得，一个人聪明不聪明，最简单的判别方法就是他自己认为自己聪明不聪明。凡是认为自己聪明的，他才会“自用”，才会自以为是，因为他觉得自己是对的。所以我们应该避免的一点，就是不要认为自己聪明，不要总是觉得自己比别人聪明，实际上这恰恰是愚蠢的体现。

怎么能免这个灾，避这个祸呢？就是不要“自用”。不要自以为是，不要刚愎自用，什么事情都征求一下他人的意见，学会倾听，学会去听他人对这个事情的看法，这就不是“自用”，也就是我们现在提倡的“空杯心态”。这样，即使你是“愚”，智商不高，但只要避免了“自用”，也能避灾免祸。

子思引孔子这段话，实际上是顺着前面的思路在讲诚。《中庸》后半篇的核心就是诚。要想真正做到诚，你就不能“自用”“自专”，而且不能盲目地复古。这才是《中庸》提倡的诚。接下来子思开始引申孔子这段话对人生的指导意义。

非天子不议礼，不制度，不考文。

从孔子前面这段话里，统治者能参悟到什么人生哲理呢？

你如果不是国家最高领导人，不是本单位的第一负责人，这三件事你不要做。

第一件事，“不议礼”。“不议礼”就是不要去讨论礼仪规范。你不是国家最高领导人，就不要去讨论国家应该实行什么样的礼仪。把这个思想用到企业管理上呢？如果你不是企业的总经理，你就不要去考虑、不要去讨论企业应用的一些礼仪。作为公司一个普通员工，你就你们公司员工应该统一着什么装、统一行什么礼大发议论；作为公司的主管，你去讨论你们公司应该早上搞升旗仪式，这就容易给自己招灾了。

“非天子，不议礼”，得是最高领导才有资格去讨论关于礼的问题，如果你不是，就要记住，不要去讨论礼仪问题。这是第一点，不应该你管的事，你管就是越位。

第二件事，“不制度”。“制”是动词，是创制、制定的意思；“度”是我们今天说的制度。你不是天子，就不要去制定制度、法规；你不是最高领导，就不要去制定制度，这容易给自己惹麻烦。这是第二点，不应该你管的事，你如果管，就容易给自己招灾惹祸。

第三件事，“不考文”。“考”是考辨、考证；“文”指典章。如果我们简单地理解“文”就是指书面的东西，指文字、书籍，那么在这里应该引申一下，是指典章文物。你不是最高领导人，就不要去考辨典章。这不是你应该管的事情。

在古代，这三条都是天子的特权，其他人是不能干预的。后文还提到“王天下有三重焉”，国家有最重要的三件事，一个是礼仪，一个是制度，一个是典章，这三点都应该是国家最高领导去关注的，其他人考虑这个就越权了。

下面这段话是当代研究者颇有争议的。

今天下车同轨，书同文，行同伦。

“今”就是当今；“行”是行为；“伦”是一种规范。这句话的意思是，现在全天下车的轨道是相同的，用作书面语的文字是相同的，行为规范也是相同的。

有的学者说，这不像战国时期的事啊！认为子思是战国时期人，战国时期怎么可能“车同轨，书同文”，那是秦始皇统一之后的事。因为这个原因，现在有学者对《中庸》的成书时间有所质疑，仅从这句话分析，认为《中庸》成书于西汉初期。

但是我觉得，仅根据文章中一句话的内涵去判断文章的成书年代，这种做法过于草率。战国时期不具备这种社会现实，这是毫无疑问的。战国时期各国制度不一样，车的型制不一样，车轴长短不一样，车不可能“同轨”，“书同文”更不可能了。现在古文字学家研究得很充分，战国时期各国有各国的文字，秦始皇统一文字之后，才统一到秦朝那种篆书，把其他战国文字都废了。战国时期，或者说子思生活的年代，确实不具备“车同轨，书同文”的社会现实。但因此否定《中庸》成书于战国时期我认为是草率的，难道我们就不能把这个理解为是子思的一种政治理想，理解为他的一种政治幻想吗？或者退而求其次，难道我们就不可以认为这句话是后人加进去的吗？古书中窜入后人的文字，这在古代书籍的流传过程中是非常常见的现象。因为没有印刷术，书都是靠抄写来流传的，又没有固定的抄写规范，抄书人有时候就把自己感兴趣的话，或者认为和这一段关系比较密切的话顺手抄在下面。或是在下面写两句自己的感想，个人的引申、发挥，都是可能的。因为他抄这本书就为他自己用，也没有什么出版制度，他按自己的想法加进去点儿东西，也很正常。后来别人从他这里借书回去抄，把他后加进去的内容当原文抄了，最后越流传越广，这种有添加的版本反而成为通行的版本，这种情况可以说屡见不鲜。总之，因为这句话就否定《中庸》的作者是子思，否定《中庸》的成书是在战国时期，我认为是比较草率的。

如果把这句话删掉，上下文一点不受影响，因为“非天子不议礼，不制度，不考文”，然后把这句话越过去，接着看下一句，“虽有其位，苟无其德，不敢作礼乐焉。虽有其德，苟无其位，亦不敢作礼乐焉”，是和前面能连上的。所以我觉得中间这段话很可疑，很有可能是后窜进来的。

在没有发现新版本之前，我们还是按照传世的版本讲，姑且将这句话也作为子思的原文来讲。

“车同轨，书同文，行同伦。”车，代表器物、物质，物质方面有了共同的规范；文字，可以理解为狭义的文化。在物质方面有一致的规范，在文化方面有统一的规范，在人的行为方面也有了统一的规范，就是社会的共性已经很强了，这是一种文化上的统一，文化上的一致性。

可能站在我们的角度去说，那个年代差异还是比较大的，秦始皇之后一致性才更强。但子思站在他的时代，他看不到秦始皇，他是往前比，发展到战国时代，子思认为一致性已经很强了。

虽有其位，苟无其德，不敢作礼乐焉。虽有其德，苟无其位，亦不敢作礼乐焉。

这句话的意思是，即使你有那个位置，假如你没有那个德，也不敢去创作新的礼乐。即使你有那个美德，假如你没有那个位置，也不敢去创作礼乐。

原文是从事情的两个方面来说，我们可以归纳为一句话，要想创作礼仪制度，你要有其位、有其德。

“礼乐”，从我们今天的角度看，就是一种文化。礼仪制度、音乐制度，这是儒家相当重视的，因为“礼”体现了社会行为规范，“乐”具有教化功能。

儒家之所以重视音乐，是因为音乐对人有潜移默化的教化功能。现在我们听音乐，应该尽量听点儿健康的，儒家也反对“靡靡之音”，但今天的流行音乐基本上都是儒家说的“靡靡之音”，这个问题不是当代才有的问题。

儒家不是不知道人喜欢什么音乐，为什么要反对靡靡之音？因为它对人的修养是有负面影响的。音乐对人有很深的潜移默化的作用，一旦沉浸其中，就会受它的影响。所以听音乐要有选择，听正面的，它对你的影响是正面的；听负面的，它对你的影响就是负面的。现在的流行歌曲，很多都和失恋、单相思有关，常听这种歌，会使人陷入一种忧郁的状态，心情开朗不起来。

在这里体现出儒家对文化的重视。文化有一种改变人的力量，文化是一种教化，是能深刻改变人的力量，所以儒家对文化很重视。儒家思想认为倡导文化是统治者的事情。“君子之德风，小人之德草，草上之风必偃”，这是《论语》里面讲的。“文化”是社会上层、是领导者来提倡的，因为社会的下层在文化方面永远是看上层的，上层流行什么，下层就流行什么。

因此，社会的精英阶层和领导者要注意引领文化。文化不可能自动走向好的方面，不可能自动就是正能量的，它是需要领导者去加以引导，将文化引导到正能量上去。

但是谁来引导？这个人要“有其位”“有其德”，符合这两条，对文化的倡导引领才可能是正确的。如果不具备这两条，那你就不要讨论文化的事情了，你容易把文化搞偏了。

如果你现在是“有其位”，但也要先考虑你有没有那个德，如果自身德行不够，还拼命搞文化建设，对文化的理解很可能就是偏的，最后就提倡出负能量来了。如果你有那个德，道德修养方面没有问题，但是你没有坐在那个位置上，不是最高领导，也不要去制定文化方面的制度，也不要去引领文化。为什么？没人听你的。子思很深刻地揭示了文化发展的内在规律。

子曰：“吾说夏礼，杞不足征也。吾学殷礼，有宋存焉。吾学周礼，今用之，吾从周。”

“说”在古文里经常是通假字，要么通“悦”，要么通“脱”，但是在这里，我觉得应该理解为“说话”的“说”。“吾说夏礼”，就是孔子说，我可以给你们说一说、讲一讲夏朝的礼仪是什么样子的。但是，“杞不足征也”，杞国不足以作为验证。

杞国是春秋时期山东的一个小国，有个成语和它有关，叫“杞人忧天”，就是拿杞国人说事儿。

夏王朝灭亡之后，它的后裔被封为杞国的国君。商王朝灭亡之后，它的后裔被封为宋国的国君。春秋时代的杞国、宋国，一个是夏朝的后裔，一个是商朝的后裔。孔子的祖辈出自宋国，要再往上追溯，就是出自商朝的王室，只不过到他那个时候早都没落了。商朝灭亡之后才有宋国，周武王封微子为宋国的国君，而孔子家就出自这一系，是微子的后裔。

杞国是夏朝的后裔，但问题是，按照《左传》的记载，发展到春秋时期，杞国的王室已经不实行夏朝的礼仪了，没有继承他老祖先那套东西，而是改用夷礼。夷指山东的少数民族东夷人。杞国与夷人居住区相邻，受夷人影响改用少数民族的礼俗了，夏朝的礼仪在杞国已经荡然无存。所以孔子讲，我能够给你们讲讲夏朝的礼仪，但是我讲的这些东西在杞国是找不到验证的。换句话说，就是在现实生活中已经没有了，孔子是在书本记载上学来的。

然后孔子讲：“吾学殷礼，有宋存焉。吾学周礼，今用之，吾从周。”“殷”就是商朝，商朝后来迁都到殷这个地方，所以商朝也被称为殷朝。孔子说，他学过商朝的礼仪制度，幸好还有宋国存在。换句话说，就是宋比杞要强，宋国还保存了一些商朝的礼仪制度。孔子说：“我能讲、我学过商朝的礼仪，这些东西宋国还有所保存。我也学过周朝的礼仪，周朝的礼仪我们今天还在用。”所以孔子得出一个结论：就是在礼仪制度上遵从周礼。

《论语》上面讲：“周监于二代，郁郁乎文哉！吾从周。”意思是说，周朝的礼仪继承了夏商两代，并在此基础上丰富发展。周朝是对夏商礼仪的集大成者，有继承、有发展，所以更完善，因此孔子说，我遵从周朝的礼仪。但从《中庸》这句话来看，孔子遵从周朝的礼仪还有另外一个原因，就是在现实生活当中还在用。

由此我们发现，子思引孔子的这段话也是呼应前文的。前面说“生乎今之世，反古之道”是招灾惹祸的，孔子为什么还从周礼？周礼在现实生活中还有，如果孔子抛弃周礼，硬要去恢复夏礼、殷礼，那不就是“生乎今之世，反古之道”吗？所以孔子遵周礼。子思把孔子这段话放到这里，我个人理解，还有另一重含义。

孔子这段话就是讨论礼的。前边刚说过“虽有其位，苟无其德”或者是“虽有其德，苟无其位，不敢作礼乐”。那么孔子为什么讨论礼乐？孔子有其德，我们必须承认；但孔子有其位吗？没有。那么这不矛盾了吗？按前边讲的，孔子不应该去讨论礼乐，他“无其位”啊！

但是，子思作为孔子的孙子，显然不会否定孔子。他把孔子这段话放在这里，又没有展开，实际上是给我们一种暗示，在他看来，孔子是有其德、有其位的，所以孔子有资格讨论礼。

后代的儒家学者认为，孔子有其位体现在他是帝王的老师。天子有资格讨论礼乐问题，孔子是天子的老师，天子讨论的礼乐问题是孔子教的，所以孔子有这个资格。后世给孔子一个特殊的尊号——“素王”，就是他没有真正当过帝王，但是他具有帝王的资格，他发挥了帝王的功能。

孔子没有真正做到天子的位置上，但是他老人家发挥着天子的功能。战国时期，礼崩乐坏，从周天子到诸侯都是讲究怎么发展军事、发展法制，要靠战争统一中国，没有人讲究礼乐了。在儒家看来，这批统治者都是德不配位，导致了礼崩乐坏。在这样一个大的历史背景下，孔子站出来去恢复礼乐的社会功能，他发挥了一个天子、一个王者应该发挥的功能，所以称他为“素王”。

我认为子思把孔子的这句话放在这里，实际上是对孔子的推崇。

以上是《中庸》第二十八章，下面是第二十九章。

王天下有三重焉，其寡过矣乎！上焉者虽善无征，无征不信，不信民弗从；下焉者虽善不尊，不尊不信，不信民弗从。故君子之道，本诸身，征诸庶民，考诸三王而不缪，建诸天地而不悖，质诸鬼神而无疑，百世以俟圣人而不惑。质诸鬼神而无疑，知天也。百世以俟圣人而不惑，知人也。是故君子动而世为天下道，行而世为天下法，言而世为天下则，远之则有望，近之则不厌。《诗》曰：“在彼无恶，在此无射。庶几夙夜，以永终誉。”君子未有不如此而蚤有誉于天下者也。

“王”在这里要读四声“wàng”，用作动词，意思是称王。“王天下”是称王于天下，就是统治天下。“王天下有三重焉”，对于统治天下的人来说，有三件事是最重要的。子思这里没说这三件事是什么，但是根据上文我们可以明白，这最重要的三件事是“仪礼”“制度”“考文”。

读到这里我们就会发现，这是儒家的独特思想。按现代人的思维，我们总是把经济视为最重要的，但在儒家看来是不对的，仅仅把经济搞上去，不足以带来一个国家的繁荣和强盛。改革开放之后我们一直在抓经济，最后经济是抓上去了，中国GDP世界第二了，但是，中国在世界上的地位是世界第二吗？中国在世界上的威望是世界第二吗？我们现在的国际地位跟我们的经济实力不相匹配啊！这就证明了儒家思想是正确的。一个国家要在世界上立得住，只靠经济是不行的，你还得有“仪礼”“制度”“考文”这些文化的东西。

文化可以转化为实实在在的力量，文化可以转化为经济。好莱坞大片每年在中国拿走多少票房收入！这就是文化影响力最后转化为经济实力。然后它还灌输给你一种价值观，引领你的时尚，对不对？

当代中国的问题是，我们虽然有文化底蕴，但是我们没有文化影响力。跆拳道本是中国武术的一个分支，现在中国人纷纷送孩子去学跆拳道，却没有人去学中国传统武术，这说明什么？人家的文化影响力比中国强。文化影响力强，不仅能给这个国家带来国际地位，也能带来实实在在的经济收入。如果中国传统文化的精华能被打造为世界产业的话，会给中国带来多大的经济利益？包括传统武术、古琴、毛笔字、国画等，如果能成为国际时髦的文化产业，像跆拳道那样，能给中国带来多大的经济利益！这是多大的市场！从这里我们能深刻地意识到文化的力量。所以，我们现在应该意识到一点，我们提倡传统文化，是与经济、与综合国力密切相关的事情。

为什么儒家重点强调这一点？因为容易被忽视。经济的作用不用强调，谁都能认识到，就不用学者提倡了，学者要提倡的是很重要又经常被忽视的东西。所以《中庸》提出“王天下有三重”，言外之意，统治者一定要高度重视文化的建设。

“其寡过矣乎”，统治者要能重视这三点的话，就能少犯错误了。说得多直白啊！

“上焉者虽善无征，无征不信，不信民弗从。”对“上焉者”传统上有两种解释：一种解释是上代的帝王，另一种解释是上层、上流社会。我也分辨不出来哪种解释是对的，我们就两存吧。“虽善无征”，即使你有善，但是你没有验证，没有把它表现出来；“无征不信”，没有验证、没有表现出来，大家就不会相信你；“不信民弗从”，如果得不到大家的信任，老百姓就不会服从你。

不管是前代的帝王还是上流社会的统治者，即使他有善德、有善行，身上具有美好的品德，若是没有验证，没有表现出来，也得不到大家的信任，得不到大家的信任自然就得不到老百姓的服从。

统治者怎么能得到民众的信从？或者用我们今天的话来说，如何确立政府的公信力？你得让人相信你！老百姓不相信你，就不会顺从你。怎么能让人相信你呢？你得把你的善表现出来，去证明你是善的。只说这个政策怎么怎么好，老百姓是不信的，你要证明给他看。如果他不相信，就不照着你说的做，政府的公信力就降下来了。

刚才说的是统治者、上层，下一句说下层。“下焉者虽善不尊，不尊不信，不信民弗从。”你即使有善，但你得不到大家的尊重，大家不尊重你就不能相信你，得不到大家的信任，也就得不到大家的服从。

作为社会下层，你即使有善，如果得不到尊重的话，大家也不会相信你，身边的人也不会服从你。比如，作为一个企业的管理者，不仅应该有善，还要得到大家的尊重，大家尊重你才能相信你，然后才能服从你。

管理学重点探讨的一个问题是如何使员工高效服从。实际上儒家早就给出答案了，就是这句话，“下焉者虽善不尊，不尊不信，不信民弗从”。你要想让员工高效服从，第一，你必须是善的；第二，你要得到员工的尊重。员工尊重你，才能相信你。如果他不尊重你，即使你有好的举措，他也不相信你，觉得你这里面肯定有阴谋，肯定是在骗他。

《论语》上讲，季康子问孔子："使民敬忠以劝，如之何？"子曰："临之以庄则敬，孝慈则忠，举善而教不能则劝。"作为一名领导者，不管到什么时候都要庄重。你如果天天跟员工拍肩膀论哥们儿，回头让他尊敬你，这不太现实。"临之以庄则敬"，要庄重地和他相处，然后你才能换来敬重。你要有善，再得到尊重和敬重，才能得到高效服从。

这几段话里面始终没出现"诚"字，但是我们要特别注意，这里贯穿着诚，是对诚的具体展开。"上焉者虽善无征，无征不信，不信民弗从"，不就是诚嘛！"下焉者虽善不尊，不尊不信，不信民弗从"，还是要诚啊！

我们前面讲过诚的内涵，一方面是真诚无伪，一方面要落实、做到位。这里就是在一条条展开，告诉我们怎么能真诚地把事情做到位。上一章谈的是你需要避免的一些东西，别弄得德不配位，不该你管的你瞎琢磨，那不是诚。这里讲的是，你要想真诚地把事情做到位，如果你是上层、统治者、精英阶层，应该做到什么，要怎么体现诚；在下位又怎么体现诚并通过诚来获得尊重。这里面贯穿着一条主线，就是诚，这个我们始终不要忘了。

下面开始总结："故君子之道，本诸身，征诸庶民，考诸三王而不缪，建诸天地而不悖，质诸鬼神而无疑，百世以俟圣人而不惑。"

什么叫君子之道？首先是"本诸身"，以你自身为本、为根本。你自身的修养、你的能力素质、你身上具有的东西才是根本。孟子讲"反求诸己"，是"求在我者"，得求你自己身上具有的东西，这才是事情的根本。

"本诸身"，以自身为本，就是你自身具有的美德、能力、素质，这才是你安身立命之本。你在社会上能不能立得住，不是靠外在的因素，靠的是你自身的这些东西。

我也在按照儒家的方法修身，但是我身上具不具备这些美德呢？下面告诉你“征诸庶民”，你身上具不具备这些美好的素质，你自己不知道没关系，可以在你身边的这些普通人身上得到验证。你通过大家对你的态度，就能知道这个安身立命之本，做得到不到位。你身边的人都很亲近你，说明你的修养已经达到一定层次了；你身边的人都很鄙视你，见你绕着走，你说你修到位了，没人信的。所以讲“本诸身，征诸庶民”，你要以自身的能力、素质、美德作为安身立命之本，这方面你做到什么程度，要从身边的普通人那里得到验证。

《论语》讲：“君子务本，本立而道生。”君子要在根本问题上下功夫，根本问题得到确立，方法自然来。所以儒家讲修身，“自天子以至于庶民，壹是皆以修身为本”。修身才是“本”，修身修到位了，然后“本立而道生”，处理具体问题的方法自然就来了。

为什么修身到一定程度之后，处理具体问题的方法自动就有了呢？这就是《大学》说的“明明德”，就是孟子讲的“反求诸己”。因为修到一定程度之后，会把后天加于你的对美德的遮蔽都去掉，先天的美好素质就光辉灿烂起来了，先天的智慧就浮现出来了，然后处理问题的方法就来了。

所以说“本诸身”，还是以修身为根本。但是你修到什么程度，修没修到位，修得对不对，在书本上找不到判断标准，自己也无从判断，得到身边的普通人那里去加以验证，这叫“本诸身，征诸庶民”。

除了到普通人身上加以验证之外，还有四个方法来验证你修得对不对。

第一个方法是“考诸三王而不缪”。

“三王”，指三代圣王，有人说是尧、舜、禹，有人说是夏、商、周，总之就是古代那些伟大的帝王。“考”是考量、衡量、判断、比较；“不缪”是没有错误。

怎么知道自己修得对还是错？把自己的做法和古代伟大帝王的做法、说法相比较、相衡量，看看自己是不是存在谬误、错误。就是把古代先贤的说法和做法作为衡量是非的标准，拿它做一把尺子，来检验自己。

下面这几个验证自己修行到没到位的方法，我认为是一个比一个抽象。上面说的“征诸庶民”是最具体的。你若是不能做到“修己以安人”，身边的人跟你打交道时心里总不安，就说明你没修到位，这叫“征诸庶民”。这是最具体的验证方法，越往后说越抽象，到后来就有点儿神秘主义了。

要“考诸三王”，首先得学习古代这些伟大圣王的是非善恶标准，我们为什么读“四书”、学《论语》。你得知道孔子是怎么判断是非的，他提倡什么、反对什么，然后再看看你修的和他提倡的、反对的是不是契合。如果发现孔子提倡的正是你反对的，那就麻烦了。这叫“考诸三王而不谬”。

第二个方法是“建诸天地而不悖”。

把你自己立在天地之间而不觉得自己与之相违背。换句话说，这个对我们修身进行考量的标准是天地、是大自然。用我们今天的话说，考虑你自己的所作所为是否符合自然规律。这是另一个检验标准，相对又抽象一点了。

你把自己放到大自然之中，看看你的所作所为跟大自然的运行规律是不是相违背。不违背，说明你修对了，修得很好了；违背，那你就修错了，你要倒霉了。

哲学上讲，人要和客观规律相吻合，要主客观相统一。在我看来，就是符合时代的要求，该动的时候动，该静的时候静。《周易》上讲："时止则止，时行则行，动静不失其时，其道光明。"时代要求你前进你就前进，时代要求你停止你就停止，该动的时候就动，该静的时候就静，这就叫不违背客观规律、不违背自然规律。

衡量我们修行、修身的标准是否跟自然规律相吻合，这个就更抽象了。但是，如果你不考虑外在的环境因素，我行我素，逆历史潮流而动，还谈什么修行！

第三个方法是"质诸鬼神而无疑"。

把你的所作所为跟鬼神的要求相衡量而没有疑问。这就更抽象了。可以这么理解，"为人不作亏心事，夜半敲门心不惊"。把你的所作所为和鬼神验证一下，你没有疑惑，那就是修对了。换句话说，你的所作所为不担心会受到鬼神的惩罚，就是对的。

先是"考诸先王而不缪，建诸天地而不悖"，说"不缪"，没有错误，"不悖"，没有错乱，到这里改说"无疑"，没有疑问，为什么？

你从书上记载的往圣先贤的言论出发去进行考量，你能明确地判断对还是不对。比如，将你的想法和《论语》记载的孔子的想法对照一下，吻合不吻合，结论非常明确，所以讲"不缪"，不要出现错误。你和自然规律相印证，也是有一个是否的答案在里边的，该不该行动，是有固定答案的，所以讲"不悖"。关键是你的做法不能与之相违背。但"质诸鬼神"，鬼神是不会出面告诉你这事做得对还是不对，所以这一条衡量标准最后得不到一个明确的答案，而是你自己"无疑"。如果你做完后心里没有任何疑问，没有任何困惑，没有任何犹豫，说明你做的就是对的。

这个衡量标准有点儿神秘主义，但是在生活当中也是很常用的。古人讲“不欺暗室，不欺神明”。只有你一个人在屋里，谁也看不见，这个时候你不欺心，做事不昧良心，才是修行到位了。

第四个方法是“百世以俟圣人而不惑”。

这条就更虚幻了。当你死了很久以后，等待圣人出现，而且还不会困惑、迷惑。什么意思呢？就是你活着的那个年代可能没有圣人，你的所作所为没有办法跟圣人去印证。就好比我们没有和孔子生活在一个时代，不然的话，这个事我做得对不对，我可以去问问孔子，让他给我们一个建议、一个评判。但是，我们这个时代没有圣人，不能说以后也没有。你把你的所作所为写到日记里，记录下来，你死后一百世又出一个孔子那样的伟人，他读到你的记录，也会认为你是对的。你做事时要有这样的自信，相信就是孔子活过来，他也得说你这件事做的是正确的。

加上“征诸庶民”，一共是五个衡量修身的标准。前四个标准是生前，最后一个标准是身后。儒家的修行讲究要修到极致，不仅管生前，还管身后。

当然，要做到这个境界实在是太难了。那就退而求其次，放低标准，先修“征诸庶民”。我认为这个更实在。当然这只是第一步，你得先“征诸庶民”，然后你才能“考诸三王而不缪，建诸天地而不悖，质诸鬼神而无疑，百世以俟圣人而不惑”。我们可以把它理解为修行的五个次第或五个层次。第一层次你先得做到“征诸庶民”，为人处事让你身边的人点头。如果连这个层次你都做不到，你根本就还没有开始修。

我觉得最后两个层次都是美好的愿景，不好做到。但为什么要做到这一点呢？子思下面接着解释。

“质诸鬼神而无疑，知天也”，如果你的所作所为自信可以得到鬼神的认可，对此你没有任何的怀疑和犹豫，说明你已经知道了天道，你已经理解了天道。“百世以俟圣人而不惑，知人也”，留待百世之后，等圣人来评判，都不会感觉到迷惑，都敢相信自己做的是对的，说明你充分地理解了人道。能做到这两条，你就通达了天道，通达了人道。用今天的哲学语言来解析，“天”就是大自然，“人”就是人类社会。做到这两条，可以说你已经充分理解了自然规律和人类社会的规律。

当然，这很难做到，但作为君子，至少要做到以下三个方面，达到下述三个境界：“是故君子动而世为天下道，行而世为天下法，言而世为天下则。”这是君子应有的三种境界。

“君子动而世为天下道”，君子要达到的第一重境界，或者说修到君子的境界所具有的第一个效果是，其行动世世代代成为天下的法则。换句话说，就是君子的行动是天下人世世代代遵守的法则。这件事因为他这么处理，然后大家都跟着学，变成一种规则了，谁不这么做就不行了。

举一个大家都比较熟悉的例子。孔子研究《周易》，他对《周易》的理解和研究方法不就成为两千年来历代学者遵循的规则了吗？这就是“动而世为天下道”。

“行而世为天下法”，这是君子要达到的第二重境界。其实跟第一句差不多，就是君子的行为世世代代成为天下的法则、法度。“言而世为天下则”，君子的语言世世代代成为天下人的准则。

从这里我们能看到，儒家对君子这个概念的评价实在是太高了，能成为君子实在是太不容易了。但是在儒家的概念里边，君子还不是最高的，君子上面才是仁者，仁者上面才是圣王。可见，儒家的修行是没有止境的。

每次读到这儿我都有一个感慨，好像这里说的就是孔子，连第二个人都没有。孔子的言行成为天下人世世代代遵守的法则、行为准则，在中国文化里，还有第二个这样的人吗?

后面相对简单点，标准降下来了。因为子思也知道调门儿起得太高，大家跟不上不行，因此后面要求降低了。

"远之则有望，近之则不厌"，这也是对君子的要求、君子所应达到的境界。什么人能称得上是君子?其一，离他远的人，也就是跟他不怎么接触的人仰望他，非常尊敬他；其二，在他身边的、跟他近的人不讨厌他。标准一下子降下来了，我们还是求这个吧。

君子也分档次，前面说的是最高档次的，现在来个最低的。你若是在为人处事上能做到这两点，你就称得上是一个君子了。也就是经常接触你的人都很喜欢你，而在不熟悉的人当中你口碑又很好。

在这一章里子思讨论的问题是从上到下的。先讨论的是天子，即最高领导人应该怎样；然后降一层，讨论管理者应该怎样；然后再降一层，到君子这个层面，君子就不一定是统治者和管理者了。所以说，他谈问题是从社会阶层由高向低说的，体现了"自天子以至于庶人，壹是皆以修身为本"。

然后引一段《诗经》来结束本章，也是来证明自己上面的观点。

《诗》曰："在彼无恶，在此无射。庶几夙夜，以永终誉。"君子未有不如此而蚤有誉于天下者也。

"在彼无恶，在此无射。""彼"是那，引申为那边的人、那些人；"恶"是厌恶，"无恶"就是不讨厌；"此"是这，引申为在这里的人；"射"，按朱熹的解释应读"dù"，是讨厌的意思，“无射”就是不讨厌。意思是那边的人不讨厌他，这里的人也不讨厌他，总之是没有人讨厌他。

“庶几夙夜，以永终誉。”“庶几”是可能；“夙”是早晨；“夜”是晚上；“永”是永远、长久。意思是你能做到大家都不讨厌你，才可能从早到晚永远保持住你的美好名誉。

然后总结了一句，“君子未有不如此而蚤有誉于天下者也”。“未有”是没有；“不如此”是不这样；“蚤”是通假字，通“早”；“有誉”是有声誉。子思总结说，君子没有不是这样做就能够早早地在天下得到美好名誉的。子思是用否定语气来陈述的，我们若是转化成肯定语气，就是你要想在天下早早确立美名，就必须按前面说的这些去做，就是要从修身做起。

为人处事不惹人讨厌，有美好的名声，而后才能理顺人脉，获得资源，然后才能事业有成。为什么这里单独加了个“早”字？修身要趁早。虽然说“朝闻道，夕死可也”，但是你到临死的前一天才想起修身来，就算把人脉理顺了，身边的人也都和你亲近了，你再做事业也来不及了，只是参加葬礼的人能多一些吧。

所以，修身还是要趁早，“蚤有誉于天下”。趁年轻修行，早早地确立起美好的声誉，然后才能把人脉理顺，大家都不讨厌你，都愿意和你分享资源，你事业自然就走向成功。

第十五讲　祖述尧舜，宪章文武

下面是《中庸》第三十章：

仲尼祖述尧舜，宪章文武，上律天时，下袭水土。辟如天地之无不持载，无不覆帱；辟如四时之错行，如日月之代明。万物并育而不相害，道并行而不相悖，小德川流，大德敦化，此天地之所以为大也。

“仲尼祖述尧舜，宪章文武”，是说孔子推崇和效法的是尧舜、周文王、周武王这些古代圣王。

后代儒家有所谓的道统说，最早好像是唐朝的韩愈提出来的。道统，就是认为存在一个道的继承谱系。从尧、舜、禹、汤、文、武，到孔子、曾子、子思、孟子，以及后来的宋明理学都非常推崇这个道统，朱熹《中庸章句》的序言里就讲到了这一点。

若按这个追溯的话，儒家这套学说的历史则相当久远，一直到尧、舜、禹那个年代。儒家认为，孔子传播的思想并不是孔子的发明，孔子是“述而不作，信而好古”的，孔子是继承了尧、舜、禹、汤、文、武等古代圣王传播的道。

孔子自身能做到“上律天时，下袭水土”。“律”是遵循，

“袭”是沿袭、不违背。孔子个人的所作所为，向上来说能够遵循天时、能够顺应天道，向下来说能够符合一方的水土，就是符合当时、当地的要求。这是讲孔子的伟大之处。

“辟如天地之无不持载，无不覆帱。”孔子的伟大譬如天地，天地没有什么不承载，没有什么不覆盖，也就是说，孔子的思想、孔子的精神伟大到可以涵盖天地间的一切，就像天地无不承载、无不覆盖一样。

“辟如四时之错行，如日月之代明。”“四时”是四季；“错”是交错、交替；“代”是替代、交代。孔子的精神不仅是广大的、博大的，是所有都涵盖的，而且还是与时俱进的，就好像四季在交错运行，就好像日月在轮流照明一样。

“万物并育而不相害，道并行而不相悖。”“悖”是错乱，万物都在他的养育之下，使之不相互构成危害，所有的道在这里都能够并行而不错乱。各种道在孔子这里都能够得到推行，而这些道彼此之间还不相互错乱。

“小德川流，大德敦化”，从小的方面讲，他的美德就像大河、大江那样滔滔不绝；从大的方面说，他的美德能厚重地促进教化，促成对社会的培育。

“此天地之所以为大也”，这就是天地之所以伟大的原因。我们讲天地是伟大的、大自然是伟大的，为什么呢？因为天地什么都承载、什么都涵盖，然后自己能运行，日月轮流更替来照明，万物都在天地的养育之下而不相危害，所有的道在天地之间并行而互相不错乱。

前面讲孔子，后面怎么说到天地上去了？言外之意，孔子就像天地一样，孔子的伟大和天地的伟大是相等同的。就是孔子实现了前面说的“可以赞天地之化育”“可以与天地参矣”。

唯天下至圣，为能聪明叡知足以有临也，宽裕温柔足以有容也，发强刚毅足以有执也，齐庄中正足以有敬也，文理密察足以有别也。溥博渊泉而时出之，溥博如天，渊泉如渊。见而民莫不敬，言而民莫不信，行而民莫不说。是以声名洋溢乎中国，施及蛮貊。舟车所至，人力所通，天之所覆，地之所载，日月所照，霜露所队，凡有血气者莫不尊亲，故曰配天。

这是《中庸》第三十一章。

“唯天下至圣为能聪明叡知”，只有天下最高境界的圣人，达到极致的圣人，才能做到聪明睿智。“足以有临也”，才足以君临天下。这是“至圣”的第一个方面，因为聪明睿智，才足以君临天下。

“宽裕温柔足以有容也”，他待人宽厚、性格温柔，因此他才足以做到“有容”，就是能够包容他人。这是“至圣”的第二个方面。

“发强刚毅足以有执也”，他是奋发的、坚强的、刚毅的，因此他才足以来判断是非，他才来执掌法则。这是“至圣”的第三个方面。

“齐庄中正足以有敬也”，达到像斋戒时那样敬畏、端庄，能守着中庸之道，因此他能得到大家的尊敬。这是“至圣”的第四个方面。

“文理密察足以有别也”，他能去修饰这个道理，他所察觉的这些东西是非常缜密的，因为这个原因，所以他才是能够分别事务的。这是“至圣”的第五个方面。

这是“至圣”五个方面的特点，或是在五个方面所能达到的境界。

“溥博渊泉而时出之，溥博如天，渊泉如渊。”这里用“溥博”形容广大，用“渊泉”形容深邃。“溥博渊泉”，“至圣”的思想是广大的、深邃的；“而时出之”，而且时时能表现出来。“溥博如天”，“至圣”的思想广博得就好像天一样；“渊泉如渊”，思想深邃得就像深渊一样。

“见而民莫不敬，言而民莫不信，行而民莫不说。”“见”是通假字，读“xiàn”，是表现的意思；“莫”是没有；“说”是通假字，通“悦”，喜悦。达到天下“至圣”的境界之后，他的任何表现民众没有不充满尊敬的，也就是说他的所作所为老百姓都充满了敬意，不是他干什么都得到人的尊敬，而是他做的都是令人尊敬的事。他的所有言论老百姓没有不相信的，所有行为老百姓没有不喜欢的。

“是以声名洋溢乎中国，施及蛮貊。”“是以”是因此的意思；“施”是恩惠、施恩；“及”是达到；“蛮貊”是对少数民族的通称。因此，他的名声在中国洋溢，他的恩泽达到少数民族地区。

简单地解释一下，这里说的“中国”和我们今天说的中国的内涵是不一样的，这里的“中国”是指中原地区，是统治的核心区、文化的核心区。所以，达到“至圣”的境界之后，在中原地区、在文化发达的地区洋溢着他的美名。作为“至圣”，他的思想给全人类带来恩惠，不仅中原地区，连偏远地区、少数民族居住区都受到他的思想的恩惠，这叫“声名洋溢乎中国，施及蛮貊”。

“舟车所至，人力所通，天之所覆，地之所载，日月所照，霜露所队。”这说的就更大了。“舟车所至”，船和车所能达到的地方。船代表水路交通工具，车代表陆路交通工具，也就是不论水路、陆路，凡是交通工具可以抵达的地方。“人力所通”，靠人力所能通过的地方。“天之所覆”，天所覆盖的地区。

“地之所载”，地所承载的地方。“日月所照”，日月所照亮的地方。“霜露所队”，霜和露所降临的地方。上述这些地方都能受到他的恩惠。我们给他总结一下，就是所有已知世界都会受到他思想的恩惠。

这说的是受他恩惠的空间范围，然后是说受他恩惠的物种。

“凡有血气者莫不尊亲”，凡是有血有气的，没有不尊敬他、亲近他的。有血有气的不止人类，还包含动物。

最后一句话是总结。因为“至圣”能达到上面的效果，“故曰配天”，所以我们说“至圣”和天是相等同的、相匹配的。

说完“至圣”之后，下一章谈“至诚”。

唯天下至诚，为能经纶天下之大经，立天下之大本，知天地之化育。夫焉有所倚？肫肫其仁，渊渊其渊，浩浩其天。苟不固聪明圣知达天德者，其孰能知之？

这是《中庸》第三十二章。

“唯天下至诚”，只有达到天下那种极致的诚，或者说将诚修到最高境界；“为能经纶天下之大经”，才能够治理、确立天下最根本的法则；“立天下之大本”，才能够确立天下最根本的那些东西；“知天地之化育”，才能知道天地化育万物的规律。这是讲至诚所能达到的境界。

“夫焉有所倚”，哪里有所偏倚呢。“肫肫其仁”，他非常诚恳地表现出他的仁。“渊渊其渊”，他非常深邃地表现出他的深度。“浩浩其天”，他能够很博大、很广大地表现出他和天道相吻合的地方。以上说的是达到至诚的人的外在表现。

“苟不固聪明圣知达天德者，其孰能知之？”假如不是本来就聪明圣智并且通达天道的人，谁能够知道这一点呢？知道什么呢？知道至诚。就是说，假如你不是一个本来自身就拥有聪明圣智的本质又通达天道的人，那么你是不能够真正理解至诚的。你不能理解至诚，就修不出至诚，也就不能达到至诚如神的境界。

以下是《中庸》的第三十三章，也是最后一章。我觉得这一章的思想并不是很深刻，但是文字很典雅，先是引《诗经》来证明自己的观点，然后谈一段总结，所以相对不太好理解。但是全文要结束了，所以并没有新的思想。

《诗》曰“衣锦尚䌹”，恶其文之著也。故君子之道暗然而日章，小人之道的然而日亡。君子之道，淡而不厌，简而文，温而理，知远之近，知风之自，知微之显，可与入德矣。

这句诗出自《诗经·卫风·硕人》。

“衣”应该读四声，是动词，就是穿的意思；“尚”就是上、上面；“䌹”是古代加在衣服外面的罩衣。“衣锦尚䌹”，穿着锦绣的衣裳，在上面加一个罩衣。什么意思呢？就是你本身具有美好的、光辉灿烂的地方，要在外面将之遮掩起来，言外之意就是含蓄一点。

子思解释说“恶其文之著也”。“恶”是讨厌；“文”指丝织物上的美好花纹；“著”是显，显现出来。为什么“衣锦尚䌹”呢？因为讨厌将美好的花纹显现出来，所以加个罩衣，遮掩一下。意思是不要充分地表现自己的优点，要学会内敛，这才是涵养。

子思接着引申诗的意义，去谈什么是君子之道。你身上有美好的、灿烂的一面，但是你要把它弄得隐讳一点，不要到处去炫耀你的美德和优点。“暗然”，就是弄得隐讳一点；“章”是彰显。你越是内敛，你的美德就越是“日章”，日益彰显出来。君子越是涵养自己的美德，不去特意表现自己的美德，他的美德越是会每天增长，每天都向外闪耀，这才是君子之道，所以说“君子之道，暗然而日章”。

小人之道正相反。“的然”就是充分表现出来；“日亡”是一天天消失。小人之道是把自己身上美好的东西充分地展示出来，结果是其身上的美德就会一天天消失、减少。

这是我们在修行的过程中需要注意的问题。君子之道，是不特意去表现自己的美德，甚至对自己的美德要涵养一些。但你越这么做，越说明你修行得精进和到位，而且你的美德每日都在增长，这种增长使你的美德会掩饰不住，不自觉地流露出来，这才是君子之道。如果你身上有一点儿美德就特意地表现给人看，你越是这么做，你的美德就越受到伤害，就越会每天消亡，一天比一天少，这是小人之道。或者说，前者才是君子的修行方法，后者是小人的修身方法。

然后是子思对君子之道的归纳。真正的君子，“淡而不厌”，和人交往是平淡的，但是谁都不讨厌他。“简而文”，和人的接触是简单的，却是文雅的。君子和人接触不追求繁文缛节，也不追求把自己搞得多么光辉灿烂或多么深奥，他和人接触就是守着《中庸》后半篇的核心词“诚”，但在别人的眼里他是很文雅的。“温而礼”，君子和人的接触是温和的，也是达礼的。君子是通情达理的，守着礼，有礼貌，讲礼仪。前面三句谈的是一个层面，是比较具体的，就是君子之道的体现。换句话说，作为君子，和人交往要做到这三点：首先是平平淡淡但不令人讨厌，其次是简简单单但让人觉得你做得很到位，再次是要温文尔雅并让人觉得你非常明事理。这才是君子之道。

后面谈的三点相对抽象一些，说君子还应该做到的更高的境界。前面三点是日常生活，后面三点是较高境界。

“知远之近，知风之自，知微之显”，就是知道远的和近的，知道风和风从哪里来，知道微妙的和显现的。

但我觉得，将“之”解释成和，虽然容易理解，但这句话的高度就上不去了。“之”的意思应该解释为由。“知远之近”，就是他能够由近处推知远处，这是格物致知所达到的境界，我觉得这么解释才更符合《中庸》的精神。《中庸》的“庸”，按朱熹的解释，是日用平常，这就是“近”，切近生活的东西。能从日用平常、切近生活的东西里边推导出为人处事的规律性的东西，推导出人生哲理，这叫“知远之近”。能够对切近生活的日用平常的事情进行总结、归纳、提升、抽象，进行规律性总结；能够从身边的事情推导出来远方是什么样子，从和你生活最切近的事情推导出未来社会向哪个方向发展。我觉得这么解释才有高度、有深度。

“知风之自”，君子能够知道目前流行的这些东西的源头是什么，也就是说知道它是从哪里来的。这也是格物致知要达到的境界。

比方说，现在都喜欢看好莱坞大片儿，这是一个“风”。这个风气是怎么形成的呢？你要能认识到这个事物的源头，就不仅能对这个事物本身有更清晰的认识，还能推导出这个事物的未来发展方向，还能从中引申、抽象出来一些规律性的东西。如果你是演艺圈的人，你能把美国大片儿为什么流行研究透了，如果让你当导演，你就也能导出一个大片儿来，这就是“知风之自”。

“知微之显”，就是由显现出来的事物推知那些非常微妙的事物。在我看来，自然科学的研究都是“知微之显”，或者说，由现象推到本质，包括了解他人。《诗经》所说“他人有心，予忖度之”，也是从显现出来的推知没有表现出来的那些微妙的心理变化。这说的还是格物致知应达到的一个境界。作为君子之道，作为君子的修身，就是从格物致知开始的。

如果你能做到格物致知的话，你就应该能做到“知远之近，知风之自，知微之显”，就能从你身边的事物推知遥远的事物，能从近期的事情推知遥远的未来，能从目前流行的东西里探讨出一些规律性的东西，能从显现的事物推导出那些还没有成型、没有表现出来的微妙的事物。这里实际上是在讲格物致知。

而要能做到“淡而不厌，简而文，温而理”，这样去和人接触，就必须有格物致知的修养，要做到“知远之近，知风之自，知微之显”。或者说，君子之道表现出来的，在他人能看见的是“淡而不厌，简而文，温而理”，但支撑他达到这种境界的，是“知远之近，知风之自，知微之显”。

换句话说，你要理顺人脉，得通过格物致知练出对事物的分析和预判能力，既能由近及远，又能由显及微。锻炼出这个能力，然后将之用于处理人际关系，你才能了解自己、了解他人。你处理人际关系时才能表现为你是平淡的但不令人讨厌，你是简单的而又是做到位的，你是文雅的而又是守正义的。要达到这个境界，格物致知是根本。

然后总结说，你要是能达到前面这些境界啊，“可与入德矣”！那就可以和你一起进入道德修养的另一个层面了。换句话说，你只有通过格物致知达到上面说的这些境界，你才能真正进入品德修养的范畴，也才真正开始了修身。

《诗》云：“潜虽伏矣，亦孔之昭。”故君子内省不疚，无恶于志。君子之所不可及者，其唯人之所不见乎！

“潜虽伏矣，亦孔之昭”，不管你隐藏得有多么深，也会很明显地表现出来。

子思的文章是一环扣一环的，引这句诗与前面的引诗“衣锦尚絅”密切相关。前面引诗讲穿着锦绣衣裳，外面加个罩衣，就是隐含、遮掩。这句诗告诉你，不管隐藏得多么深，最后还是会很明显地表露出来，这也就是君子之道“暗然而日章”。引这两句诗，其内涵是环环相扣的。

引完这句诗后子思解释，为什么隐藏很深最后还会表现出来。因为“君子内省不疚”。作为君子，向内进行自我反省，没有任何愧疚的地方。“无恶于志”，人生志向没有坏的方面。“君子之所不可及者，其唯人之所不见乎”，对于君子来说，一般人比不上他的地方是人看不见的那个方面。

君子之道，“暗然而日章”。作为君子，不管你多么深入地去隐含自己的美德，最后你的美德还是会很明显地表现出来，大家都看到了你身上的美德。你做到了“内省不疚，无恶于志”，而且你身上有那种普通人所比不上的修养，这是你无论怎么隐藏，最后大家都能很明显地感觉到的。而君子这种一般人比不上的修养，就体现在他人看不见的地方。

《诗》云：“相在尔室，尚不愧于屋漏。”故君子不动而敬，不言而信。

这句诗出自《诗经·大雅·抑》。

“相在尔室，尚不愧于屋漏”，看你在你自己房间里的表现，就是屋子漏出窟窿让人看见你的所作所为，尚且也不会愧疚。这是字面意思。其实，这就是“慎独”。慎重地对待你独自一人的时候，这对人的修行是一种考验。在众目睽睽之下，在大家的注视和监督之下，我们都能保证基本的道德操守。但是，当你独自一人在屋子里没有人看见你的情况下呢？如果在这种状态下你仍旧能坚持自己的操守，这才说明你的修养真是过硬的。

你独自一个人在房间的时候，你这个时候的状态才能体现出君子的修养，这叫“相在尔室”。君子要达到什么境界？就像这房子有窟窿，人家能通过那个窟窿偷窥你一样，所作所为都是问心无愧的，这叫“尚不愧于屋漏”。这句话在古代是很流行的，问一个人的修养追求达到什么境界，可以回答“不愧于屋漏”。

“故君子不动而敬，不言而信。”这句话的意思是，因为能修到前面那个境界，因此君子不用行动就能得到大家的尊敬，不用说话大家就能相信他。君子修到了“不愧于屋漏”的境界，他不用有所行动就能获得，不用特意去做什么，就能得到大家的尊重和信任。

《诗》曰：“奏假无言，时靡有争。”是故君子不赏而民劝，不怒而民威于𫓧钺。

这句诗出自《诗经·商颂·烈祖》。

“奏”是演奏；“假”，注解讲是大，特指在宗庙祭祀的时候演奏的音乐，被称为大乐；“无言”是不要说话。“奏假无言”的意思是，在宗庙祭祀音乐声响起，已经开始演奏祭祀音乐的时候，在场的人谁也不敢说话了。“时”，这个时候；“靡”，没有；“有争”是有所争辩、争执。“时靡有争”，这个时候没有谁敢有所争辩了。在祭祀、祭祖等重大祭祀场合，当祭祀音乐已经开始演奏的时候，没有谁再敢跟人家争执、发生争辩了。

比方说，我们现在升国旗，国歌已经奏起来了，这是一个非常庄严肃穆的场合，这个时候是没有人说话的，也没有人还在这个时候跟人争辩。子思要讲的是这么一个道理，便引了这句诗来说明这么一个现象。实际上这就是对前面“不动而敬，不言而信”的一个注解。怎么能不行动就让人尊敬呢？宗庙祭祀音乐响起的时候，所有人不都肃然起敬吗？这个时候没有任何行动啊！没有人说话了，更没有人在这种场合跟人发生争执了，这不就是“不动而敬”吗？

“是故君子不赏而民劝”，因此君子不用去奖赏，民众就能自动自觉地努力。我觉得这就是一个企业家带团队应该达到的比较高的境界，不用增加奖金，员工都自动自觉努力。有人会问：这可能吗？可能，但前提是你自己先做到“不愧于屋漏”，你能修到这个境界，你就“不动而敬，不言而信”，然后就能“不赏而民劝”了。

“不怒而民威于𫓧钺”，“𫓧”和“钺”是两种斧头，在古代是两种刑具，是重刑。君子不用去发怒，而老百姓对他的威严就感觉好像有“𫓧”和“钺”在后面威胁着一样。

前面讲的是赏，后面讲的是罚。有人说儒家仅有道德教化，不强调法制，这是不对的。儒家要达到的境界，是不必动用刑罚，刑和法是一种外在的威胁，就像原子弹一样，而原子弹最大的威力是在没使用之前。

因此，只要君子能达到这个境界，他不用赏，老百姓就知道自动自觉努力；他也不用生气发怒去惩罚，老百姓就好像有严刑酷法威胁着一样守规矩。这可以说是带团队的至高境界了。

《诗》曰：“不显惟德，百辟其刑之。”是故君子笃恭而天下平。

这句诗出自《诗经·周颂·烈文》。

“不”是通假字，通“大”，“不显”就是最大的显现。“不显惟德”，只有美德才能够在现实生活中有最大的体现和表现。换句话说，其他的东西能发挥的影响和作用都是有局限性的，只有美德发挥的影响和作用才是最大的。

“百辟其刑之”，这是众多的诸侯都去效法的。效法谁？天子。尧、舜、禹、汤、文、武这些古代圣王们最突出的表现就是他们的美德，而他们的美德能得到他们手下诸侯的效法、模仿，他们是靠这个带团队的。

“是故君子笃恭而天下平”，因此，君子只要做到“笃”和“恭”，天下就能太平。“笃”是诚恳，“恭”是恭敬。能够做到诚恳而恭敬，不论是与人接触，与人交往，还是带团队，都诚恳而恭敬，那么自然一切都会理顺。

《诗》云：“予怀明德，不大声以色。”子曰：“声色之于以化民，末也。”

这句诗出自《诗经·大雅·皇矣》。

“予”是我，“予怀”就是我拥有；“明德”，美好的品德；“大”是重视，“不大”就是不重视；“声”是声音，在这里特指高声训斥人，疾言厉色；“以”是与，就是和的意思；“色”指发怒的面色。我如果具有了美好的品德，就不用重视以疾言厉色来要求人、约束人了。为什么？因为“不动而敬，不言而信”“不赏而民劝”。所以不用假以“声”和“色”了。

然后子思引孔子一段话，“子曰：‘声色之于以化民，末也。’”孔子说，用这个“声”和“色”，也就是上面说的疾言厉色来教化老百姓，是排最末位的，是最后的方法，是最下乘的手段。这是我们今天带团队的人需要思考的。靠训斥员工、瞪眼睛使之服从是最下乘的方法。

最上乘的方法是什么呢？修身！“自天子以至于庶民，壹是皆以修身为本。”

《诗》曰“德輶如毛”，毛犹有伦；“上天之载，无声无臭”，至矣。

这句诗出自《诗经·大雅·烝民》。

“輶”最开始是指一种轻便的马车，后来引申为轻。《诗经》上说，品德再轻也如同鸿毛。

“毛犹有伦”，就是说鸿毛再轻也是可以类比、可以比较的，它还是有轻重的。这很好理解，用我们今天先进的科学技术来说，就是将两根羽毛放到高精度的称上去称，也能分出轻重来，它的重量肯定不是完全相等的。人的美德再小、再轻，哪怕小到鸿毛那样，也是可以分别和排比的，之间也是有区别的，也是能分出来谁多一点、谁少一点的。

用这个作为整篇文章的结束语，是在鼓励人修养。不要觉得你美德少，再少也能分出轻重来啊！哪怕你只修那么一丁点儿，也比一点儿没修的强；哪怕你修的美德轻如鸿毛，也比没修强。这是一种鼓励。

“上天之载，无色无臭”，老天对这个世界的承载，既没有声音，也没有气味。“至矣”，达到极致了。人的修养要参悟老天，老天对这个世界的承载，或者说地球对这个世界的承载，在哪里体现出来？你轻易感觉不到吧？它没有发出声音，也没有发出气味，你无法感知。但是它是不是存在，它是不是承载着你啊？这才是达到极致的一个境界。

我们的修身就是从“德輶如毛”开始，从轻如鸿毛的那么一点点修行开始。哪怕你这种修行轻如鸿毛，没有声音、没有气味地表现出来，但是你身边的人也能感受到你身上微妙的变化。这种修身方法是达到极致的为人处事的方法，是达到极致的人生哲学。

最后用这么一个感慨来结束全文，还起到鼓励我们去修身的作用，哪怕你只修了那么一点点！

附录　《中庸》原文

天命之谓性，率性之谓道，修道之谓教。道也者，不可须臾离也，可离非道也。是故君子戒慎乎其所不睹，恐惧乎其所不闻。莫见乎隐，莫显乎微，故君子慎其独也。喜怒哀乐之未发谓之中，发而皆中节谓之和。中也者，天下之大本也；和也者，天下之达道也。致中和，天地位焉，万物育焉。

仲尼曰："君子中庸，小人反中庸。君子之中庸也，君子而时中；小人之中庸也，小人而无忌惮也。"

子曰："中庸其至矣乎！民鲜能久矣。"

子曰："道之不行也，我知之矣：知者过之，愚者不及也。道之不明也，我知之矣：贤者过之，不肖者不及也。人莫不饮食也，鲜能知味也。"子曰："道其不行矣夫！"

子曰："舜其大知也与！舜好问而好察迩言，隐恶而扬善，执其两端，用其中于民，其斯以为舜乎！"

子曰："人皆曰予知，驱而纳诸罟擭陷阱之中，而莫之知辟也。人皆曰予知，择乎中庸而不能期月守也。"

子曰："回之为人也，择乎中庸，得一善，则拳拳服膺而弗失之矣。"

子曰："天下国家可均也，爵禄可辞也，白刃可蹈也，中庸不可能也。"

子路问强，子曰："南方之强与？北方之强与？抑而强与？宽柔以教，不报无道，南方之强也，君子居之。衽金革，死而不厌，北方之强也，而强者居之。故君子和而不流，强哉矫；中立而不倚，强哉矫；国有道不变塞焉，强哉矫；国无道至死不变，强哉矫。"

子曰："素隐行怪，后世有述焉，吾弗为之矣。君子遵道而行，半途而废，吾弗能已矣。君子依乎中庸，遁世不见知而不悔，唯圣者能之。"

君子之道费而隐，夫妇之愚可以与知焉；及其至也，虽圣人亦有所不知焉。夫妇之不肖，可以能行焉；及其至也，虽圣人亦有所不能焉。天地之大也，人犹有所憾。故君子语大，天下莫能载焉；语小，天下莫能破焉。《诗》云："鸢飞戾天，鱼跃于渊。"言其上下察也。君子之道，造端乎夫妇，及其至也，察乎天地。

子曰："道不远人，人之为道而远人，不可以为道。《诗》云：'伐柯伐柯，其则不远。'执柯以伐柯，睨而视之，犹以为远。故君子以人治人，改而止。忠恕违道不远，施诸己而不愿，亦勿施于人。君子之道四，丘未能一焉。所求乎子，以事父未能也；所求乎臣，以事君未能也；所求乎弟，以事兄未能也；所求乎朋友，先施之未能也。庸德之行，庸言之谨，有所不足，不敢不勉，有余，不敢尽，言顾行，行顾言，君子胡不慥慥尔。"

君子素其位而行，不愿乎其外。素富贵行乎富贵，素贫贱行乎贫贱，素夷狄行乎夷狄，素患难行乎患难，君子无入而不自得焉。在上位，不陵下；在下位，不援上。正己而不求于人，则无怨。上不怨天，下不尤人。故君子居易以俟命，小人行险以徼幸。子曰："射有似乎君子，失诸正鹄，反求诸其身。"

君子之道，辟如行远必自迩，辟如登高必自卑。《诗》曰：

“妻子好合，如鼓瑟琴。兄弟既翕，和乐且耽。宜尔室家，乐尔妻帑。”子曰：“父母其顺矣乎！”

子曰：“鬼神之为德其盛矣乎！视之而弗见，听之而弗闻，体物而不可遗，使天下之人齐明盛服以承祭祀，洋洋乎如在其上，如在其左右。《诗》曰：‘神之格思，不可度思，矧可射思。’夫微之显，诚之不可揜如此夫！”

子曰：“舜其大孝也与！德为圣人，尊为天子，富有四海之内，宗庙飨之，子孙保之。故大德必得其位，必得其禄，必得其名，必得其寿。故天之生物，必因其材而笃焉，故栽者培之，倾者覆之。《诗》曰：‘嘉乐君子，宪宪令德。宜民宜人，受禄于天。保佑命之，自天申之。’故大德者必受命。”

子曰：“无忧者其惟文王乎！以王季为父，以武王为子，父作之，子述之。武王缵大王、王季、文王之绪，壹戎衣而有天下，身不失天下之显名，尊为天子，富有四海之内，宗庙飨之，子孙保之。武王末受命，周公成文武之德，追王大王、王季，上祀先公以天子之礼。斯礼也，达乎诸侯、大夫及士、庶人。父为大夫，子为士，葬以大夫，祭以士；父为士，子为大夫，葬以士，祭以大夫。期之丧达乎大夫，三年之丧达乎天子，父母之丧无贵贱，一也。”

子曰：“武王、周公其达孝矣乎！夫孝者，善继人之志、善述人之事者也。春秋修其祖庙，陈其宗器，设其裳衣，荐其时食。宗庙之礼，所以序昭穆也。序爵，所以辨贵贱也。序事，所以辨贤也。旅酬下为上，所以逮贱也。燕毛，所以序齿也。践其位，行其礼，奏其乐，敬其所尊，爱其所亲，事死如事生，事亡如事存，孝之至也。郊社之礼，所以事上帝也。宗庙之礼，所以祀乎其先也。明乎郊社之礼、禘尝之义，治国其如示诸掌乎！”

哀公问政。子曰："文武之政，布在方策，其人存则其政举，其人亡则其政息。人道敏政，地道敏树。夫政也者，蒲卢也。故为政在人，取人以身，修身以道，修道以仁。仁者，人也，亲亲为大；义者，宜也，尊贤为大。亲亲之杀，尊贤之等，礼所生也。在下位不获乎上，民不可得而治矣。故君子不可以不修身，思修身不可以不事亲，思事亲不可以不知人，思知人不可以不知天。"

天下之达道五，所以行之者三。曰君臣也，父子也，夫妇也，昆弟也，朋友之交也，五者天下之达道也。知、仁、勇三者，天下之达德也，所以行之者一也。或生而知之，或学而知之，或困而知之，及其知之，一也。或安而行之，或利而行之，或勉强而行之，及其成功，一也。"子曰：好学近乎知，力行近乎仁，知耻近乎勇。知斯三者，则知所以修身；知所以修身，则知所以治人；知所以治人，则知所以治天下国家矣。

凡为天下国家有九经，曰：修身也，尊贤也，亲亲也，敬大臣也，体群臣也，子庶民也，来百工也，柔远人也，怀诸侯也。修身则道立，尊贤则不惑，亲亲则诸父昆弟不怨，敬大臣则不眩，体群臣则士之报礼重，子庶民则百姓劝，来百工则财用足，柔远人则四方归之，怀诸侯则天下畏之。齐明盛服，非礼不动，所以修身也。去谗远色，贱货而贵德，所以劝贤也。尊其位，重其禄，同其好恶，所以劝亲亲也。官盛任使，所以劝大臣也。忠信重禄，所以劝士也。时使薄敛，所以劝百姓也。日省月试，既廪称事，所以劝百工也。送往迎来，嘉善而矜不能，所以柔远人也。继绝世，举废国，治乱持危，朝聘以时，厚往而薄来，所以怀诸侯也。凡为天下国家有九经，所以行之者一也。

凡事豫则立，不豫则废。言前定则不跲，事前定则不困，行前定则不疚，道前定则不穷。

在下位不获乎上，民不可得而治矣。获乎上有道，不信乎朋友，不获乎上矣。信乎朋友有道，不顺乎亲，不信乎朋友矣。顺乎亲有道，反诸身不诚，不顺乎亲矣。诚身有道，不明乎善，不诚乎身矣。诚者，天之道也。诚之者，人之道也。诚者，不勉而中，不思而得，从容中道，圣人也。诚之者，择善而固执之者也。

博学之，审问之，慎思之，明辨之，笃行之。有弗学，学之弗能弗措也。有弗问，问之弗知弗措也；有弗思，思之弗得弗措也；有弗辨，辨之弗明弗措也；有弗行，行之弗笃弗措也。人一能之，己百之；人十能之，己千之。果能此道矣，虽愚必明，虽柔必强。

自诚明谓之性，自明诚谓之教。诚则明矣，明则诚矣。

唯天下至诚为能尽其性，能尽其性则能尽人之性，能尽人之性则能尽物之性，能尽物之性则可以赞天地之化育，可以赞天地之化育则可以与天地参矣。

其次致曲。曲能有诚，诚则形，形则著，著则明，明则动，动则变，变则化，唯天下至诚为能化。

至诚之道，可以前知。国家将兴，必有祯祥；国家将亡，必有妖孽。见乎蓍龟，动乎四体。祸福将至，善必先知之，不善必先知之。故至诚如神。

诚者自成也，而道自道也。诚者物之终始，不诚无物，是故君子诚之为贵。诚者非自成己而已也，所以成物也。成己，仁也；成物，知也。性之德也，合外内之道也，故时措之宜也。

故至诚无息。不息则久，久则征，征则悠远，悠远则博厚，博厚则高明。博厚所以载物也，高明所以覆物也，悠久所以成物也。博厚配地，高明配天，悠久无疆。如此者，不见而章，不动而变，无为而成。天地之道可壹言而尽也。其为物不贰，则其生物不测。天地之道，博也，厚也，高也，明也，悠也，久也。今夫天，斯昭昭之多，及其无穷也，日月星辰系焉，万物覆焉。今夫地，一撮土之多，及其广厚，载华岳而不重，振河海而不泄，万物载焉。今夫山，一卷石之多，及其广大，草木生之，禽兽居之，宝藏兴焉。今夫水，一勺之多，及其不测，鼋鼍鲛龙鱼鳖生焉，货财殖焉。《诗》曰“维天之命，於穆不已”，盖曰天之所以为天也。“於乎不显，文王之德之纯”，盖曰文王之所以为文也，纯亦不已。

大哉圣人之道，洋洋乎发育万物，峻极于天，优优大哉！礼仪三百，威仪三千，待其人然后行，故曰“苟不至德，至道不凝焉”。故君子尊德性而道问学，致广大而尽精微，极高明而道中庸，温故而知新，敦厚以崇礼。是故居上不骄，为下不倍，国有道其言足以兴，国无道其默足以容。《诗》曰“既明且哲，以保其身”，其此之谓与！

子曰：“愚而好自用，贱而好自专，生乎今之世，反古之道，如此者，灾及其身者也。”非天子不议礼，不制度，不考文。今天下车同轨，书同文，行同伦，虽有其位，苟无其德，不敢作礼乐焉。虽有其德，苟无其位，亦不敢作礼乐焉。

子曰：“吾说夏礼，杞不足征也。吾学殷礼，有宋存焉。吾学周礼，今用之，吾从周。”

王天下有三重焉，其寡过矣乎！上焉者虽善无征，无征不信，不信民弗从；下焉者虽善不尊，不尊不信，不信民弗从。故君子之道，本诸身，征诸庶民，考诸三王而不缪，建诸天地而不悖，质诸鬼神而无疑，百世以俟圣人而不惑。质诸鬼神而无疑，知天也。百世以俟圣人而不惑，知人也。是故君子动而世为天下道，行而世为天下法，言而世为天下则，远之则有望，近之则不厌。《诗》曰：“在彼无恶，在此无射。庶几夙夜，以永终誉。”君子未有不如此而蚤有誉于天下者也。

仲尼祖述尧舜，宪章文武，上律天时，下袭水土。辟如天地之无不持载，无不覆帱；辟如四时之错行，如日月之代明。万物并育而不相害，道并行而不相悖，小德川流，大德敦化，此天地之所以为大也。

唯天下至圣，为能聪明叡知足以有临也，宽裕温柔足以有容也，发强刚毅足以有执也，齐庄中正足以有敬也，文理密察足以有别也。溥博渊泉而时出之，溥博如天，渊泉如渊。见而民莫不敬，言而民莫不信，行而民莫不说。是以声名洋溢乎中国，施及蛮貊，舟车所至，人力所通，天之所覆，地之所载，日月所照，霜露所队，凡有血气者莫不尊亲，故曰配天。

唯天下至诚为能经纶天下之大经，立天下之大本，知天地之化育。夫焉有所倚？肫肫其仁，渊渊其渊，浩浩其天。苟不固聪明圣知达天德者，其孰能知之？

《诗》曰“衣锦尚絅”，恶其文之著也。故君子之道暗然而日章，小人之道的然而日亡。君子之道，淡而不厌，简而文，温而理，知远之近，知风之自，知微之显，可与入德矣。《诗》云：“潜虽伏矣，亦孔之昭。”故君子内省不疚，无恶于志。君子之所不可及者，其唯人之所不见乎！《诗》云：“相在尔室，尚不愧于屋漏。”故君子不动而敬，不言而信。《诗》曰：“奏假无言，时靡有争。”是故君子不赏而民劝，不怒而民威于鈇钺。《诗》曰：“不显惟德，百辟其刑之。”是故君子笃恭而天下平。《诗》云：“予怀明德，不大声以色。”子曰：“声色之于以化民，末也。”《诗》曰“德輶如毛”，毛犹有伦；“上天之载，无声无臭”，至矣。

跋

2015年3月21日起我开始给弟子们讲《中庸》，一周一次，八周讲完。当时并没有考虑过《中庸》的版本问题，手头只有岳麓书社出版的朱熹《四书集注》精装一册，还是我读书时买的，就依着这个版本一句一句地讲下去。因此，欠考虑的地方很多。

以前读书的时候，听吕师绍纲先生讲过《中庸》的部分内容，但当时年少不学，后来多已忘记，只是对他讲的什么叫“中庸”、什么为“执两用中”等内容印象比较深刻。现在要给人讲，不得不重拾旧业。惜恩师已归道山，虽有许多疑惑，已无处执卷请益了。只得就古人注疏，时加己意，串讲一遍。

后来深圳的弟子曹鹏天易根据讲课录音整理成书，我又通改了一遍，就形成现在呈现给读者诸君的这本书。

本书的一“讲”，就是当时一次课的内容。“讲”的名字是该次起讲的《中庸》的第一句，仅是为了便于读者查阅。以首句为章名，已是先秦典籍的一贯做法，也姑且可视为仿古。因为上课时有课间休息，我往往休息前讲的时间比较长，休息后讲的时间要短一些。本书各“讲”也是从课间休息处分开，因而文字量不太均衡。这样划分可能不大合乎逻辑，不过保留了讲课的原貌。对《中庸》原文的分段，基本依据岳麓书社《四书集注》本。

《中庸》作为儒家“四书”之一，有很多精彩内涵对当下仍具有指导意义，可惜我们挖掘得并不充分。我很想在这方面做一些工作，但限于水平，实感力不从心。此书姑且为引玉之砖，至于振聋发聩、有益道俗，则有待于博雅君子。

本书虽粗浅谬陋，但水平如此，也无法藏拙，希望对初读《中庸》的朋友有所帮助和启发。

杨　军

2019 年 11 月 7 日于闲置斋